당신은
마음에게
속고
있다

당신은 마음에게 속고 있다

정신과 전문의 최병건의
마음 탐구 22장면

푸른숲

마음에 성역은 없다

1

내리사랑이라 배웠다. 어버이의 은혜는 '가이없다'고. 그에 비하면 참으로 철없고 이기적인 게 자식이라고. 그러니 평생 죄스러워하며 살라고. 그렇게 배웠다.

운명의 그날, 데이비드에게도 엄마가 생겼다. 사랑이 시작되었다. 엄마에 대한 사랑. 우리 모두가 경험하는 생의 첫사랑.

그 사랑은 보답받지 못했다. 그는 버려졌다. 그래도 그는 엄마를 사랑한다. 진짜 아이가 되면 엄마가 사랑해줄 거라며 블루 페어리를 찾아다닌다. 2천 년 동안. 2천 년 동안……

자그마한 로봇의 슬픈 사랑.

왜 그렇게 좋을까, 자기를 버린 엄마가? 답은 간단하다. 프로그래밍되었기 때문이다. 그렇게 만들어졌기 때문에 데이비드는 작동이 멈출 때까지 엄마를 사랑할 수밖에 없다.

〈A.I.〉(2001)는 로봇 이야기가 아니다. 인간의 이야기다. 인간의 아기들도 그렇게 프로그래밍되어 태어난다. 누군가를 사랑하도록. 그 누군가가 아무리 실망스럽고 못돼먹었어도, 괜히 소리 지르고 구박해도, 굶기고 때려도, 심지어는 그 누군가에게 버려져도, 그래도 사랑하도록.

세상에 그런 사랑이 또 있는가? 그러니 내리사랑 같은 소리 하지 말자.

아이와 부모 중 누구에게서 먼저 미움이 시작될 것 같은가? 엄마 힘들게 하려고 아기가 잠 안 자고 울 것 같은가? 뭔가 괴로우니까 울 뿐이다. 부모 속 썩이려고 공부 안 하고 '나쁜 친구들'과 어울릴 것 같은가? 공부가 싫고 친구가 좋을 뿐이다. 부모를 사랑하는 마음에는 변함이 없다. 공부와 사랑이 무슨 상관인가? 그런데 공부 안 하면 원수 취급은 누가 하는가? 아이가 좋아하는 친구를 비난하고 모욕하는 게 누구인가? 부모 자식 사이에, 상관도 없는 제 삶의 온갖 문제를 끌어들여 그 관계를 먼저 비틀어버리는 것이 누구인가?

아이는 착하고 부모는 못됐다는 이야기가 아니다. 뜬금없이 성선설을 주장하자는 것도 아니다. 세상의 모든 부모는 죄책감을 느껴야 한다는 이야기도 아니다. 누군들 아이로 안 태어나고 누군들 부모가 안 되는가. 하고 싶은 이야기는 이것이다. 문제는 늘…… 마음에서 일어난다는 것.

아이는 착하고 부모는 못돼서가 아니라, 아이에게는 아직 없는 마음이라는 것이 부모에게는 있기 때문에, 먼저 문제가 생기는 건 늘 부모 쪽이다.

인간의 마음에, 아니 DNA에 부모에 대한 눈먼 사랑이 새겨져 있는 건 생존을 위한 것이다. 부모를 사랑하는 아이의 마음도 그저 본능일 뿐이다. 미화될 일은 아니다.

아이가 자라서 복잡한 마음을 갖기 시작하면, 진짜 내리사랑이 시작된다. 부모는 아이만 바라보는 해바라기가 되고 아이는 부모에게 퉁명스러워진다. 별일 아니다. 그저 누가 누구에게 중요한지가 바뀌고, 권력관계의 역전이 일어날 뿐이다. 내가 아쉬우면 해바라기가 되는 것이 인지상정 아닌가? 이 사회의 효孝 이데올로기는 그 역전이 너무 서러워서 만들어진 것일 게다.

이 이야기가 거북하고 민망한가? 불경하게 들리는가? 그런 '위험한' 생각을 가지고는 자식 된 도리를 할 수 없을 거라 생각하는가? 정말 하고 싶은 이야기는 지금부터다. 그렇게 생각한다면 이 책을 덮기를 권한다. 당신은 아직 마음을 들여다볼 준비가 되어 있지 않으므로.

이런 도발로 책을 시작하는 건, 한 가지를 분명히 해두고 싶어서다. 마음을 알아감에 있어 성역聖域은 없어야 한다는 것. 이래야 한다, 저래야 한다는 세상의 모든 '국민정서'도 당연한 것으로 받아들여서는 안 된다는 것. 마음의 어떤 부분도 손댈 수 없는 부분으로 남겨놓아서는 안 된다는 것을 강조하려 함이다(불효자가 되라는 건 아니니 오해 없으시길).

인간은 세상을 있는 그대로 경험할 수 없다. 마음을 통해야만 한다. 인간의 경험은, 세상에 대한 마음의 해석이다. 또는 왜곡이다. 그 왜곡이 숱한 문제를 만들어낸다. 그리고 그 왜곡은, 마음을 들여다보는 일에도 똑같이 적용된다. 마음이라는 대상을 들여다보는 주체 또한 마음이다. 그런데 마음은 자기 노출을 극도로 꺼린다. 그 안이 어떻게 생겼고 무슨 일이 일어나고 있는지 보여주려 하지 않는다. 게다가 그럴듯한 가짜를 만들어 슬며시 내비치기까지 한다. 그렇게 마음은, 숨고 위장하고 속인다. 여간해서 포착되지 않는다. 비문증飛蚊症의 부유물처럼, 어렴풋이 느껴지지만 제대로 보려 하면 날쌔게 미끄러져버린다. 마음이란, 그렇게 어려운 것이다. 마음을 들여다본다는 건 고통스러운 일이고, 피하고 싶은 일이다.

어떤 사람들은, 그래서 심리학이나 정신분석 책을 읽는다. 마음을 알기 위해서라고 말하지만, 실제로는 마음을 외면하기 위해서. 그들은 책의 내용에 제 마음과 남의 마음을 끼워 맞추고는 뭔가를 알았다고, 답을 찾았다고 생각한다. 책은 쉽기 때문이다. 진짜 마음은 어렵고, 아프기 때문이다.

그들이 거짓말을 한다는 게 아니다. 책을 읽는 이유가 마음을 알기 위해서라는 것은 진심이다. 그런데, 바로 이 '진심'이 마음의 속임수다. 전혀 다른 것을 보고 있으면서도 마음을 들여다보고 있다고 느끼게 만드는 것. 마음이란 그렇게 교활한 것이다. 그러므로 들여다보고 있을 때조차 무엇을, 왜 들여다보고 있는지 생각해야 한다. 그러지 않으면 마음에 관한 책을 읽으면서 마음을 외면하기 십상이다.

나는 이 책이 그렇게 읽히기를 원하지 않는다. 그러므로 정신분석이라 하면 연상되는 적당히 낭만적인(또는 그로테스크한) 도 튼 소리나 '포스트모던'적인 알 듯 말 듯한 단어의 향연을 기대하는 사람들, 꼼꼼하게 따져보면 아무 뜻도 없는 따뜻한 단어의 나열을 원하는 사람들, 한 권의 책을 읽고 '성장'이나 '치유' 같은 걸 찾으려는 사람들, 정신분석이 인간에 대한 답을 줄 거라 기대하는 사람들, 큰 이름(이 책에도 등장할)에 주눅 드는 사람들에게는, 이 책을 권하고 싶지 않다. 그런 욕구를 만족시키고 일시적으로 결핍을 채워줄 책들은 세상에 차고 넘친다. 그런 말랑말랑한 책들 사이에 꽂힐 책을 쓸 마음은 없다.

살다가 정말로 마음이 뭔지 궁금해진 사람들, 하지만 결국 그 답은 스스로 찾을 수밖에 없음을 받아들이는 사람들, 끼워 맞추려 하지 않고 참고만 할 줄 아는 사람들이 이 책을 읽고 마음이라는 것을 바라보는 한 가지 시각을 맛볼 수 있었으면 좋겠다. 그리고 마음이라는 것을 어떻게 대할 것인지, 그 태도에 대해서도 생각해봤으면 좋겠다.

이 책에서 다루는 정신분석 이론에 대해 간단한 언급이 필요할 것 같다. 이 책은 프로이트로부터 이어진 자아심리학, 클라인학파의 이론, 그리고 대상관계 이론을 기반으로 한다. 자기심리학은 이야기할 게 별로 없어서 뺐고, 융이나 라캉은 내가 생각하는 정신분석과 많이 다르기 때문에 배제했다. 어떤 글은 자기심리학이나 라캉을 연상시킬 수 있지만, 그들의 이론에 근거한 것이 아님을 밝혀둔다.

이 책을 읽고, 정신분석에 대해 으레 기대 또는 예상했던 것과 다르다는 느낌을 받는 사람들이 많을 것이다. 그 가장 큰 이유는 정신분석의 개념이 잘못 알려져 있기 때문이라고 생각한다. 이 책의 의도 중 하나는 정신분석에 대한 오해를 바로잡는 것이다. 이런 시건방진 이야기는 하지 않는 것이 예의이겠지만, 정신분석에 대한 왜곡과 오해가 너무 만연해서, 무례를 범하기로 마음먹었다.

2

영화 〈콘택트〉(1997)에서 엘리는 베가에 다녀온 놀라운 경험을 남들에게 전하지 못한다. 말로는 표현할 수 없다고, 시인을 보냈어야 했다고 그녀는 말한다. 그녀의 황홀한 여행은 남의 눈에는 아무 것도 아닌 찰나에 불과했다(인생이라는 게 다 그런 것 아니겠는가? 나에겐 구구절절하지만 남의 눈엔 별것 아닌, 기껏해야 네이버 인명사전에 몇 줄로 요약되는). 내 경험을 남과 공유할 방법은 없다. 새롭고 독특한 것일수록 더 그렇다. 지구 최강의 생물, 인간이 자랑하는 최고의 소통 수단, 언어로도 어림없는 일이다.

우주여행에 비할 바는 아니겠지만, 정신분석이라는 시각으로 세상과 사람을 보는 것 또한 예사로운 경험은 아니다. 당연히 그 경험을 나누고 싶은 욕심이 생기지만, 그 경험을 말로 설명한다는 건 시작도 하기 전에 한숨부터 나오는 일이다. 내 재주로는 기껏해야 뭐라는지도 모를 웅얼거림밖에는 안 될 게 뻔하다. 정말 시인이 해야 할 일일지 모른다. 그럼에도 뭔가 말해 보려 하는 건, 그것이 중요하기 때문이다. 정신분석이 아니라 사람의 마음이. 알다가도 모를 것, 사람의 마음. 훌륭한 삶은커녕 사람 구실하며 사는 것마저 쉽지 않게 만들어버리는 우리의 마음. 그것에 대해서 하고 싶은 이야기가 있기 때문이다.

그저 진술하게, 소박하게 쓰려 했다. 글 욕심이 있는 건 아니었으니까. 그런데 웬걸? 쓰다 보니 생겼다, 글 욕심이. 문득 정신을 차려보니 나도 모르게 없는 재주를 부리고 있다. 황새 쫓아가다 가랑이가 찢어진 뱁새 꼴이 되어 있다. 그렇게 엉거주춤. 황새걸음은 안 되고, 뱁새걸음은 잊어버리고. 이제는 어떻게 걸어야 하는지도 모르면서, 그래도 끝까지는 가겠다고 어기적거리고 있다. 재주도 없으면서 욕심만 들키게 되어 부끄럽다.
황인종으로 살고, 남자로 살고, 자식으로 살고, 형제로 살고, 배우자로 살고, 부모로 살고, 의사로 살고, 정신분석을 공부하며 산다. 그 정도가 나는 이렇게 살았다고 이야기할 만한 전부일 줄 알았다. 그런데 복병을 만났다. 글을 쓴다는 게, 그 반열에 기어이 끼겠단다. 이거야 원.

몰랐다. 남에게 보이려고 글을 쓰는 게 이런 것인지. 알았으면 시작도 안 했을 것이다. 먹고 살기 위해 울면서 글을 쓴다는 분이 떠오른다. 세상의 모든 작가들에게 고개 숙여 경의를 표한다.

지난 몇 년 동안 나에게 이 책은, 세상에서 제일 재미있는 놀이터이자 단 하루의 외출도 허락되지 않는 감옥이었다. 황홀했지만 숨막혔다. 그 황홀함이 해석보다 창작은 어떨까 생각하게 했지만 이 나이에 없던 재주가 생길 리 없으니 체념이 어렵지는 않았다. 창작하는 이들이 부러울 따름이다. 동시에 그들의 괴로움은 또 어떨까 생각하면 다른 호구지책糊口之策이 있다는 게 천만다행이라는 생각이 든다.

감사의 말을 쓰자니 뭐 대단한 일을 했다고 수상 소감 흉내내는 생각이 들고, 안 쓰자니 너무 감사한 분들이 많다. 진료실 안팎에서 삶의 얘기를 들려주신 모든 분께 깊이, 깊이 감사드린다.

차례

머리글 4

1장

_장

마음이 당신을 휘두른다

모든 것이 무의식적으로 이루어지기 때문에 사람들은 자신의 생각과 행동의 '진짜 이유'를 알지 못한다. 뭐에 화가 났는지, 정말 바라는 것이 무엇인지, 왜 어떤 연예인은 좋고 어떤 연예인은 싫은지 알지 못한다. 하지만, 안다고 생각한다. 최소한 자신에게만은 지극히 합리적인 이유가 있다고 생각한다. 그 이유가 바로 무의식이 만들어서 의식으로 넘겨준 '가짜'다. 그 가짜가 사랑을, 미움을, 신념을 만들어낸다.

정신분석Psychoanalysis은 마음에 관한 학문이다. 하지만 마음에 관한 학문이 정신분석만 있는 것은 아니다. 심리학Psychology도 있고 정신의학Psychiatry도 있다. 철학, 문학을 비롯한 인문학이나 예술 또한 사람의 마음을 빼고는 별로 다룰 게 없을 것이다. 뇌에 대한 지식이 축적되면서 다양한 자연과학 분야에서도 점차 마음에 대한 연구가 진행되고 있다. 그렇다면 각각의 학문에는 어떤 차이가 있는가?

프로이트는 심리학은 의식적인 현상을, 정신분석은 무의식적인 현상을 주로 다룬다는 점으로 구분할 수 있다고 생각했다. 하지만 정신분석이 의식적인 부분을 배제하는 것도, 심리학이 무의식적인 부분을 배제하는 것도 아니기 때문에 이 구분은 정확하지 않다. 심리학이나 정신의학은 자연과학적인, 또는 실험적인 방법을 많이 사용하기 때문에 더 '객관적'이라는 주장도 가능할 것 같지만, 정신분석 역시 자연과학의 발견을 적극 수용하기 때문에 이 구분도 맞는다고 볼 수 없다. 그렇다면 정신분석의 특징은 무엇인가? 무엇이 정신분석을 정신분석일 수 있게 하는가?

다양한 의견이 있겠지만, 대부분의 전문가는 다음의 두 가지를 정신분석의 전제로 본다.

첫째, 사람의 마음에는 무의식Unconscious이라는 영역이 있다는 것이다. 무의식無意識. 말 그대로 의식할 수 없다는 뜻이다. 마음속에 있지만 우리 자신은 알 수 없는 부분. 그것을 정신분석에서는 무의식이라 부른다. 무의식 속에 무엇이 있는지 우리는 알지 못한다. 우리가 '아는' 것, 우리가 '마음'이라 부르는 것은 의식^{Conscious}의 영역에 속한 것들이다.

무의식은 DNA에 새겨진 인간의 본능과 마음이 만나는 곳이다. 프로이트에 의하면 무의식은 외설적이고 폭력적인 내용의 원시적인 욕구로 가득 차 있다. 그래서 우리는 무의식을 '몰라야 한다'. 알게 되면 속 시끄러워진다.

하지만 무의식 속의 것들은 어떻게든 표현되어야 한다. 어떤 생물이든 본능이 표현되지 않는다면 어떻게 살아남겠는가? 그래서 무의식은 재주를 부린다. 원시적인 욕구를 여러 번 바꿔서, 용납할 수 있을 정도의 내용으로 포장한 다음 의식의 영역으로 넘긴다. 의식은, 아니 우리는 그것을 마음이라고 굳게 믿는다.

정신분석의 두 번째 전제는, 사람의 마음에서 일어나는 모든 현상에는 그렇게 될 수밖에 없는 이유가 있다는 것이다. 그 이유는 물론 무의식이 만들어낸다. 아니, 만든다기보다는 어떤 사람의 무의식이 어떻게 생겼는지에 따라 그 사람의 마음에서 어떤 현상이 일어날 것인지가 결정된다. 이런 생각을 정신결정론$^{Psychic Determinism}$이라 부른다.

모든 것이 무의식적으로 이루어지기 때문에 사람

들은 자신의 생각과 행동의 '진짜 이유'를 알지 못한다. 뭐에 화가 났는지, 정말 바라는 것이 무엇인지, 왜 어떤 연예인은 좋고 어떤 연예인은 싫은지 알지 못한다. 하지만, 안다고 생각한다. 최소한 자신에게만은 지극히 합리적인 이유가 있다고 생각한다. 그 이유가 바로 무의식이 만들어서 의식으로 넘겨준 '가짜'다. 그 가짜가 사랑을, 미움을, 신념을 만들어낸다.

이 두 가지 생각이 학문으로서 정신분석에 정체성을 제공하는 큰 틀이다. 이 큰 틀 안에서 정신분석의 다양한 학파는 각자의 이론을 전개한다. 무의식은 무엇으로 이루어져 있는지, 인간의 중요한 본능에는 어떤 것이 있는지, 대상이라는 것은 무엇인지 등에 대해 각 학파는 치열한 논쟁을 벌인다. 하지만 이 두 가지 생각에 대해서만큼은 이의를 제기하지 않는다. 이것을 부정한다면, 그건 정신분석 이론이 아니라는 의미이다.

프로이트 하면 대부분 리비도Libido나 이드Id, 자아Ego, 초자아Superego 같은 단어를 떠올릴 것이다. 또는 구강기, 항문기, 오이디푸스기 어쩌고 하는 이야기를 떠올리는 사람들도 있을 것이다. 어떤 사람들은 프로이트의 이론을 흥미로워할 것이고(또는 그의 숭배자가 될 것이고), 어떤 사람들은 길에서 변태라도 만난 듯 불쾌해할 것이다.
뭘 느끼든, 그런 개념들이 프로이트의 이론에서 가

장 중요한 것이라고 많은 사람들이 알고 있다. 하지만 프로이트를 정신분석의 창시자로 부르는 까닭은 그런 개념들 때문이 아니라, 이 장에서 다루게 될 개념들 때문이다.

영화에 비유해서 말하자면, 프로이트는 영화라는 장르 자체를 만든 사람이다. 물론 그 자신도 영화를 찍었다. 당시로서는 '성인 전용 상영관'에서도 개봉하기 힘든 영화를 찍었다. 많은 사람들이 열광했다. 반면에 싫어한 사람들도 많았다. 그중에는 영화라는 장르 자체를 싫어하는 사람들도 있었지만, 프로이트가 찍은 그 영화만 싫어하는 사람들도 있었다. 그들은 프로이트의 방법을 이용해서 다른 내용의 영화를 찍었다. 클라인은 하드코어 호러물을 찍었고 위니콧은 휴먼 드라마를 찍었다.

프로이트가 정신분석의 아버지인 이유는, 정신분석의 어느 학파도 부정하지 않는 위의 개념들(또한 이 책에서는 다룰 수 없지만, 치료에 있어서 가장 중요한 개념인 자유 연상, 전이, 역전이, 저항 같은 개념들) 때문이다.
이제 학파를 초월해서 정신분석이라는 학문의 뼈대를 이루는 개념들에 대한 이야기를 해보자. 첫 장의 주인공은 당연히 프로이트다.

당신 마음은
당신 게 아니다

무의식
10분 전 레너드의 음모

내 안에······ 나 있다

살다가 문득 내가 낯설어진다. 난 누군지, 뭘 하고 있는지 스스로 묻는다. 익히 알고 있던 내가 아닌 내 모습에서, 내 속에 나 아닌 누군가를 느낀다. 통제할 수 없는, 아니 오히려 나를 지배하는.

〈메멘토〉(2000)의 주인공 레너드에겐 모든 것이 늘 낯설다. 그래서 그는 끊임없이 묻는다. "여기가 어디지?", "난 뭘 하고 있었지?"* 방금 있었던 일을 그는 기억하지 못한다. 기억할 수 있는 건 단 10분. 10분을 넘기면 그의 기억은 말끔히 사라진다.

* 그러나 정작 물어야 할 "나는 누구인가?"는 묻지 않는다. 오히려 제가 누구인지, 뭘 하고 있다고 알고 있다고 여러 번 말한다. 물론 불안에서 오는 '오버'다.

아내를 구하려다가 머리를 맞고 쓰러진 날부터 그의 기억에 문제가 생긴다. 사건 전의 일은 모두 기억하지만 사건 이후의 일은 깨끗이 증발해버린다. 잠에서 깰 때마다 그는 아내가 살해당한 장면에서 다시 시작해야 한다. 여기가 어딘지, 난 무얼 하고 있었는지, 날 알아보는 이자는 누군지.

늘 모든 게 새롭고 낯선 세상에서 그가 믿는 것은 자신이 남긴 메모뿐이다. 만나는 사람마다 사진을 찍어 어떤 사람인지 적어둔다. 기억해야 할 모든 것을 메모하고, 중요한 것은 몸에 문신으로 새겨 넣는다. 기억해야 할 것이 그리 많지는 않다. 아내를 살해한 자를 찾아 죽이는 것이 유일한 목표이기 때문이다. 그 일에 관계된 자료만 모으면 된다.

이 영화는 마지막 장면까지 진실을 숨긴다. 또한 독특한 구성으로 관객에게 계속 앞 장면을 기억할 것을 요구한다. 기억에 관한 영화로 관객의 기억력을 시험하는 기발한 도발. 당신의 기억력은 안녕하신지?

영화가 진행되면서 레너드가 이용되고 있다는 것이 드러난다. 그가 테드라고 알고 있는 갬멜 형사는 범죄자를 처단하는 데 그를 이용하고, 자신의 편이라 믿었던 나탈리에게도 그는 복수의 도구일 뿐이다. 레너드는 아무것도 모르는 불쌍한 희생자인 것처럼 보인다. 그러나 진실은 훨씬 엄청난 것이었다. 레너드를 이용하고 있는 또 한 사람. 가장 은밀하게, 가장 악랄하게. 그것은 레너드 자신이었다.

그는 이미 오래전에 아내의 복수를 마쳤다. 그런데 왠지 그 사실만은 기록하지 않는다. 범인을 죽인 후 문신을 새기려 했던 왼쪽 가슴은 끝까지 비어 있다. 경찰의 수사 기록도 일부 없애고 아직 범인을 못 찾은 듯, 피에 굶주린 짐승처럼 죽일 사람을 찾아 헤맨다. 모든 것을 잃어버렸기 때문에 삶의 의미나 목적을 만들어내기 위해 이런 짓을 계속하는 거라고 갬멜은 말한다. 더구나 아내를 죽게 만든 것도 레너드 자신이란다. 그 사실을 인정할 수 없어서 새미라는 상상 속 인물을 만들어 마치 그의 이야기인 것처럼 자신의 과거를 기억한다는 것이다. 기억의 조작.

마음속 숨겨진 부분, 무의식

지금으로부터 약 백 년 전, 오스트리아의 정신과 의사 프로이트는 사람의 마음속에는 그 자신도 알지 못하는 무엇이 있어, 그 사람의 모든 생각과 감정에 영향을 끼친다고 생각했다. 그 무엇을 그는 무의식이라 불렀다. 내 마음의 주인이 내가* 아니라 무의식이라는, 알 수 없는 무엇이라는 그의 주장은 사람의 마음에 대한 생각을 완전히 바꾸어놓았다.

그에 의하면 사람의 마음은 의식과 무의식이라는 두 부분**으로 이루어진다. 이

* 정확히 말하자면, '나'라는 개념으로 경험되는 무엇. 의식적인 경험의 주체로서의 나.

** 의식, 무의식의 개념은 무척 복잡한 것이다. 프로이트는 이 개념을 여러 가지 뜻으로 사용했는데, 일단 이 글에서는 무의식을 마음의 한 부분이나 영역을 뜻하는 정도로만 이해하는 것이 좋겠다. 좀 더 자세한 이야기는 나중에 나올 것이다.

모두에는 생각, 느낌, 감정, 욕구 등이 들어 있다. 차이가 있다면, 의식에 있는 것은 쉽게 느낄 수 있지만, 무의식에 있는 것은 느낄 수 없다는 것이다.

콧노래를 흥얼거리고 있는 사람을 떠올려보자. 그는 자신이 그러고 있다는 걸 알 수도 있고 모를 수도 있다. 알고 있다면 의식하는 것이고 모르고 있다면 의식하지 못하는 것이다. 모르고 있을 때 누군가 "기분 좋은가 보네. 노래를 다 하고."라고 말하면, 그는 자신이 노래하고 있었다는 걸 깨닫는다. 의식하게 된 것이다.

인간의 행동 대부분이 의식적인 것이라 생각하기 쉽지만, 사실은 반대다. 예를 들어 운전할 때 사람의 뇌는 눈과 귀, 손과 발로부터 무수한 정보를 받아들이고 파악해서 적절하게 반응한다. 이 과정은 대부분 의식과 상관없이 진행된다. 앞 차와의 거리, 앞 차와 내 차의 속도, 옆 차의 움직임, 신호등 색깔, 경적 소리 등 무수한 정보가 순간순간 처리된다. 이것을 모두 의식적으로 하나하나 생각해야 한다면 운전은 불가능하다.

괴롭혀주고 싶은 사람이 있다면 그가 운전할 때 옆에 앉아 친절을 베풀어보라고 권하고 싶다. "뒤에 뭐 있다, 앞에 차 끼어든다, 신호등 바뀐다." 이렇게 중계방송을 해주다 보면 곧 그가 버벅거리는 것을 보게 될 것이다. 무의식에서 빠르고 유연하게 처리되어야 할 정보를 의식으로 끌어들여 생각하게 만들기 때문이다.

추신수가 투수가 던진 공을 칠 때 '몸 쪽 느린 커브니까 중심을 뒤에 두고 당겨 쳐야겠다.'고 중얼거리지는 않는다. 짧은 순간 공의 속도와 방향을 파악하고 배트 위치와 속도를 몸으로 느끼면서 공을 맞춘다. 모든 건 찰나에 이루어진다. 어떻게 쳤다는 생각은 나중에 나 든다. 무아경에 빠져 첼로를 켜는 장한나의 찌푸린 얼굴이 아름다운 건 그녀가 음악과 하나가 되어 있기 때문이다. 그 순간 그녀의 의식에는 언어로 표현할 수 없는 어떤 느낌 외에는 아무것도 없음을 그 표정이 보여준다. 어느 손가락으로 어느 현을 누를지, 활에 어느 정도 힘을 실을지 생각하지 않는다. 무의식이 알아서 한다.

우리 무의식은 한순간도 쉬지 않고 수많은 정보를 처리한다. 자는 동안에도 무의식은 일한다. 추우면 이불을 끌어당기게 하고 갈증이 나면 잠을 깨워 물을 마시게 한다. 꿈이라는 기괴한 것을 의식으로 쏘아올리기도 한다. 무의식은 늘 작동한다.

앞에서 예로 든 콧노래처럼 무의식에서 일어나는 현상 중 어떤 것들은 주의만 기울이면 쉽게 의식된다. 반면 어떤 현상들은 여간해서 의식되지 않는다. 그럴 경우 그 사람은 마음속에 그런 것이 있다는 것 자체를 전혀 눈치채지 못한다.

어떤 사람에게 최면을 걸어 깨어나면 창문을 열라고 하면, 그 사람은 깨어난 후 창문을 연다. 왜 열었는지 물어보면 더워서 또는 공기가 탁해서라고 대답한다. 그 사람은 최면 상태에서 받은 지시를 의식하지 못하고 있는 것이다. 하지만 그 사람이 창문을 열었다는 건 마음속에 무언가가 '기억'되어 있다는 뜻이다. 그 기억이 창문을 열게 했다. 정작 본인은 알아채지 못하지만.

마음속엔 우리가 모르는 기억이 있다

프로이트의 시대는 과학과 이성의 시대였다. 모든 것을 자연과학으로 설명할 수 있으리라는 것이 당시의 믿음이었다. 프로이트도 그 믿음을 공유했고, 사람의 마음이 무엇인지 자연과학으로 밝히려 했다.* 그러나 그건 당시로서는 턱없는 일이었다. 그래서 그는 마음을 설명하는 가설을 만들어내는 데 만족해야 했다.

최근 인간의 뇌에 대한 연구가 발전하면서, 오직 세심한 관찰과 집요한 사색만으로 프로이트가 사람의 마음속 까마득히 깊은 곳에서 찾아낸 것들이 하나하나 과학적으로 증명되고 있다. 그렇다면, 과학은 무의식에 대해 어떤 설명을 제공하는가? 이를 이해하려면 기억에 대한 기본적인 지식이 필요하다.

> * 아이러니컬하게도 그가 밝혀낸 것은 인간의 이성이 전혀 믿을 만한 것이 아니라는 점이었다. 이 때문에 프로이트는 모더니즘을 무너뜨리는 데 결정적 역할을 한 사람 중 하나로 평가받는다. 그러나 그는 끝까지 사람의 마음 중 비이성적인 부분까지도 이성적이고 과학적인 사고로 이해하고 모든 문제를 해결할 수 있으리라 믿었다. 그런 의미에서, 그는 여전히 모더니즘의 틀 안에 머물렀다고 볼 수 있다.

최면의 예에서 보았듯이, 사람의 마음속에는 '기억되지만 의식되지 않는 것들'이 있다. 이는, 사람들이 흔히 기억이라고 알고 있는 것과는 다른 종류의 기억이 있다는 의미다.

사실 학문적으로 기억을 분류하는 것은 꽤나 복잡한 일이다. 통일된 분류 체계가 있는 것도 아니다. 여기서 자세히 다룰 필요는 없다. 다만 외현기억Explicit Memory과 암묵기억Implicit Memory이라는 개념만 알면 될 듯하다. 보통, 사람들이 기억이라 말하는 것은 외현기억이다. 언제 어디서 무슨 일이 있었다는 기억(신생아실 창 너머로 처음 본 내 아이의 투명한 손가락, 오물거리는 입술) 또는 객관적 사실에 대한 기억(역사적 사실이나 수학 공식) 등을 예로 들 수 있다. 이 기억은 뇌 부위 중 해마Hippocampus와 대뇌피질Cerebral Cortex에서 다루어진다.

암묵기억은 저장되는 과정도, 나중에 상기되는 과정도 우리가 의식하지 못한 채 이루어지는 기억이다. 자전거 타는 법, 첼로 켜는 법 등 어떤 기술을 '몸으로' 기억하는 것이 대표적인 예*다. 운전과 마찬가지로 어떻게 해야겠다고 일일이 생각하며 자전거를 타는 사람은 없다. 몸이 알아서 움직인다. 다른 예로, 어떤 냄새를 맡거나 음악을 들으면 왜 그런지도 모르게 강한 감정이 느껴지는 경험을 누구나 해보았을 것이다. 그런 현상은, 구체적인 장면은 기억에서 사라졌지만, 그 냄새나 음악과 그 당시의 감정이 같이 기억되어 있기 때문에 생긴다. 그런 것도 암묵기억이다. 최면의 예에서 창문을 연 것도, 그 사람은 의식하지 못하지만 창문을 열어야 한다는 생각이 암묵기억으로 저장되어 있기 때문이다. 암묵기억 중 동작에 관한 기억은 기저핵Basal Ganglia, 감정에 대한 기억은 편도Amygdala라는 구조에서 다루어진다.

어떤가? 이쯤 되면 짐작되지 않는가? 암묵기억과 그 암묵기억이 사람의 마음에서 어떤 역할을 하는지에 대한 가설이 무의식에 대한 신경과학의 설명이다.**

* 자전거 타는 법을 배우던 날의 기억이 날 수는 있다. 그건 외현기억이다. 하지만 자전거 타는 법 자체가 몸에 익혀지는 것은 암묵기억이다.

그런데 의식, 무의식, 여러 종류의 기억 등. 사람의 마음은 어쩌다 이렇게 복잡하게 만들어졌을까? 여기에 대한 답은 인류를 탄생시킨 이 별의 역사에서 찾아야 한다.

** 기억만으로 무의식을 설명하는 건 지나친 단순화의 결과다. 사람의 뇌에 대한 연구는 아직 하나로 통합된 가설이 존재하지 않을 만큼 다양하게 전개되고 있다. 무의식에 대한 연구도 마찬가지다. 이 글에서는 가장 쉬운 설명으로 기억이라는 주제를 택한 것이다. 무의식적 현상을 설명하기 위해 빼놓을 수 없는 개념이지만, 기억에 관한 연구가 무의식에 대한 신경과학 연구의 전부는 아니다.

인간은 진화의 산물이다

동의하지 않는 사람들도 있겠지만, 인간은 진화의 산물이다. 그래서 다른 동물로부터 많은 것을 물려받았다. 뇌도 그렇다. 인간의 뇌는 하나로 통일된 것이 아니라 각각 고유한 기능을 가지는 여러 구조로 구성된 복잡한 것이다. 그리고 각각의 구조는 진화의 어느 단계에 이른 동물에서부터 발견된다.

기저핵은 파충류에서 처음 발견된다. 동물에게는 종 특유의 습성(영역 표시 등)을 만들고, 사람에게는 동작을 기억하게 한다. 편도는 다른 여러 구조들과 함께 변연계Limbic System를 이루는데, 변연계는 하등 포유류에서 처음 발견되며, 감정을 다루는 부위다. 외현기억에 관여하는 해마도 해부학적으로는 변연계에 속한다. 의식적인 사고에 필수적인 대뇌피질은 영장류에 이르러서야 기능적인 중요성을 갖는다. 그중에서도 가장 고차원적인 정신활동을 담당하는 전전두엽Prefrontal Cortex은 사람에게만 잘 발달되어 있다(그래서 다른 동물과 달리 사람의 눈썹 위에는 수직으로 올라가는 넓은 이마가 있다).

결국 파충류의 뇌 위에 포유류의 뇌가, 그 위에 영장류의 뇌가 얹히고, 마지막으로 그 일부가 비대해져서 이루어진 것이 사람의 뇌다. 비유하자면, 처음부터 그 전체가 일관성 있게 설계되어 건설된 깔끔한 도시가 아니라 오래된 도심에 신도시가 덧붙여진, 그것도 제각각 다른 모습으로 여러 번 덧붙여진 복합 도시 같은 것이다. 그 도시에는 현재와 과거, 문명과 야생이 공존한다.

역시 동의하지 않는 사람들이 있겠지만 마음은 뇌에서 만들어진다. 그런데 지금 살펴본 바와 같이 사람의 뇌는 꽤나 복잡하다. 이것이 사람의 마음이 왜 복잡한지에 대한 신경과학의 답이다. 뇌를 구성하는 각각의 구조들은 쉼 없이 뭔가를 만들어낸다. 그중 어떤 것은 의식되고 어떤 것은 의식되지 않는다. 그것이 모두 모여 만들어지는 것이 사람의 마음이다. 우리의 마음에는 매 순간 파충류의 습성과 포유류의 감정과 인간의 합리적인 이성이 뒤얽혀 있다.

기억이 느낌을 만든다

무의식적 정신활동에는 날아오는 돌을 피하는 것처럼 단순한 것도 있지만 비 오는 날의 밤길 운전처럼 매우 복잡한 것도 있다. 이런 복잡한 현상이 무의식적으로 일어나는 것이 어떻게 가능한가?

우리는 매 순간 환경으로부터 방대한 양의 정보를 받아들여 그에 알맞게 반응한다. 첫 단계는 새로운 정보를 기존의 정보, 즉 뇌에 저장된 기억과 비교하는 것이다. 그 결과 낯선 상황으로 파악됐을 때만 의식이 작동한다. 익숙한 상황에서 의식은 개입하지 않는다. 비교에서 반응까지 모든 게 무의식적으로 이루어진다.

그렇게 무의식적으로 비교와 판단이 진행되려면 당연히 비교의 기준이 되는 기억도 무의식적인 것이어야 한다. 따라서 이 과정에서 참조되는 기억은 암묵기억이다. 그러므로 암묵기억이 어떤 자극에 대해 무의식적으로 어떤 반응을 보일 것인지를 결정한다고 할 수 있다. 서로 다른 암묵기억을 가진 두 사람은, 똑같은 자극에 다른 반응을 보인다. 자라 보고 놀란 사람은 솥뚜껑 보고도 놀라고, 그런 적이 없는 사람은 놀라지 않는다. 기억이 다르기 때문이다. 만일 놀란 사람이 자라를 봤던 걸 기억한다면 그건 외현기억이다. 그 사람은 왜 놀랐는지 안다. 자라를 본 걸 기억하지 못한다면 자라에 대한 두려움만 암묵기억으로 남은 것이다. 그 사람은 놀란 이유를 모른다. 솥뚜껑이 무섭게 생겼다고 말할 것이다.

어떤 자극에 대한 불쾌감을 기억하는 것은 암묵기억 중에서도 감정기억Emotional Memory의 한 예다. 이 감정기억이 우리 마음을 복잡하게 하는 가장 중요한 원인이다.

앞의 예들은 가벼운 내용이지만, 실제 사람의 뇌에 저장되는 감정기억은 훨씬 격렬하다. 폭력, 학대, 거절, 배신, 버려짐. 그런 것들에 대한 공포와 분노, 갈망, 절망, 질투가 마음속에 생생히 저장된다. 그렇게 없는 듯 있다가 어떤 계기가 생기면 강한 감정을 의식으로 쏘아올려 우리 마음을 장악한다. 극심한 불안과 공포, 손가락 하나 까딱할 수 없는 무력감, 일순간 화산처럼 폭발하는 분노. 그런 것에 사로잡히면서도, 우리는 왜 그런지 모른다. 암묵기억이 만들어내는 감정이기 때문이다. 외현기억은 사라지고 없다.

그런데 거기서 끝이 아니다. 놀랍게도, 그런 출처 없는 감정을 경험하는 순간, 우리에겐 그 감정의 이유가 같이 떠오른다. 최면에서 깨어난 사람이 방이 더워 창을 열었다고 말하는 것처럼.

그가 나를 화나게 했다고, 그가 나를 버렸다고, 그를 너무 사랑해서 그러는 거라고……. 무의식이 만들어낸 가짜 이유지만 우리는 그 사실을 모른다. 그것을 진짜라 믿고 울고 웃고 원망하고 분노할 뿐이다. 감정의 정체를 숨기고 바깥세상에 이유를 만드는 것. 그것이 무의식이 우리를 지배하는 방식이다. 은밀하게, 소리 없이.

먼 길을 돌아 마침내 찾아낸 마음의 비밀은 실망스럽게도 귀가 닳도록 들어온 이야기다. 이성과 감정의 대립. 식상한 말이지만, 신경과학의 시각으로 그 의미를 이해하고 나면 그보다 더 사람의 마음을 간결하고 정확하게 표현하는 말도 없음을 알게 된다. 우리의 의식은 합리적인 사고를 하려고 노력하지만 무의식은 늘 감정을 앞세워 의식의 발목을 잡는다. 의식과 무의식 사이의 갈등과 타협. 그것이 프로이트가 생각한 우리 마음의 참모습이다. 그리고 그 무게중심은 사람들의 생각과는 달리 무의식 쪽으로 한참 기울어져 있다.

우리를 지배하는 유년의 기억

한 가지 의문이 든다. 마음을 뒤흔들 만큼 강한 감정기억을 만들어낸 일이라면 뭔가 대단한 것이었을 텐데 어떻게 그것을 잊을 수 있을까? 아무리 시간이 지나도 그런 일을 잊을 수는 없다. 오히려 어떤 일이 있었는지는 기억나고 그 당시의 감정이 퇴색하는 것이 일반적이다. 그렇다면 외현기억은 사라지고 감정기억만 남는다는 게 어떻게 가능할까? 그 답 또한 사람의 뇌에서 찾을 수 있다.

개체 발생은 계통 발생을 반복한다. 사람의 뇌도 그렇다. 더 진화한 것이 덜 진화한 것보다 늦게 발달한다. 태어날 때 이미 변연계는 어느 정도 발달해 있다. 감정은 아주 일찍부터 기억될 수 있다는 뜻이다. 반면에 해마와 대뇌피질은 세 살 정도가 되어야 충분히 발달한다. 그 이후에만 외현기억이 저장된다는 의미다. 그래서 우리는 아이 때를 '기억'하지 못하는 것이다. 하지만 그때의 일들이 흔적 없이 사라지는 것은 아니다. 감정기억으로 고스란히 마음에 남아 우리를 지배한다.

버려졌던 아이는 거절에 예민해지고 맞고 큰 아이는 폭력적이 된다. 공포는 공포를 낳고, 분노는 분노를 낳는다. 감정은 확대 재생산 된다. 변연계만으로 세상을 살아야 했을 때* 우리 마음에 각인된 것이 사는 내내 우리를 사로잡는다. 마음속 깊은 곳에서 엉뚱한 감정을 쏘아올리면서 바깥세상에 가짜 이유를 만

* 즉, 감정만으로 정보처리를 해야 했을 때. 감정은 자극에 대한 단순한 반응이 아니다. 생각처럼, 감정도 생존 확률을 높여주는 진화의 산물이다. 아기의 울음은 엄마를 부른다. 겁 많은 아이의 두려움은 싸움을 피하게 한다. 친근한 웃음은 상대의 경계심을 누그러뜨린다. 심지어는 죄책감이나 정의감 같은 복잡한 감정도 생존 확률을 높인다고(타인의 호감을 유발해서) 진화론에서는 주장한다.

든다. 그 가짜에 우린 울고 웃고 분노한다.

10분 후 레너드의 세상

10분 전 레너드는 10분 후 레너드의 무의식이다. 갬멜이 발설한 진실을 10분 전 레너드는 견딜 수 없었다. 그래서 갬멜은 제거되어야 했다. 진실과 함께.

10분 전 레너드는 갬멜이 죽어야 할 이유를 만들고, 잠시 모든 것을 잊기로 한다. 10분 후면 마음속 진실은 사라지고 다시 바깥세상에서 살아야 할 이유와 복수의 대상을 찾을 수 있을 것이다. 시내로 차를 몰면서 레너드는 뇌까린다.

"마음 바깥에 세상이 있다는 걸 믿어야 한다. 기억하지 못할지언정 내 행동에 의미가 있다는 걸 믿어야 한다. 눈을 감아도 세상은 그대로 있다는 걸 믿어야 한다."

핸들을 잡은 손을 쳐다본다. 새미*를 기억하라는 문신이 새겨져 있다. 눈을 감는다. 앞이 안 보이는 채 차는 질주한다. 빠르게 지나가는 다른 차들.

"하지만, 그런가? 나는 정말로 그렇게 믿고 있을까?"

빠르게 흐르는 거리의 풍경. 침대에 아내와 다정히 누워 있는 모습. 왼쪽 가슴에는 복수를 마쳤다는 문신이 새겨져 있다.

* 그가 만들어낸 새미. 진실을 은폐하기 위해 바깥세상에 만들어낸 바로 그 새미. 그 새미를 믿는다는 건 바깥세상이 있음을 믿는 것이다.

"마음 바깥에 정말 세상이라는 것이 있을까?"

쿵. 가슴이 뛴다. 눈을 뜬다.

"그럼, 물론이지."

차의 방향을 바로잡는다. 크게 숨 쉰다. 세상을 다 빨아들일 것 같은 눈길로 거리를 훑어본다.

"누구나 자신을 규정할 무언가가 필요하다. 나도 마찬가지다."

문신 가게를 발견하고 급히 브레이크를 밟는다. 타이어가 비명을 지르며 차가 멈춰 선다.

"그건 그렇고…… 뭘 하고 있었더라?"

10분 후 레너드의 세상이 다시 시작된다.

우리 모두에게는 레너드가 있다. 속마음을 꼭꼭 숨기고 마음 바깥에 이유를 만들어내고 대상을 만들어내는. 그렇게 삶의 의미까지 지어내는.

똑똑똑. 당신의 레너드는 안녕하신지?

_〈메멘토〉(2000)

HM과
레너드

1953년, 미국의 한 병원에서 약으로 치료되지 않는 간질을 앓고 있던 환자(나중에 HM이라 불리게 된)의 양쪽 해마를 제거하는 수술이 시행되었다. 해마의 과도한 흥분이 간질의 원인이라고 생각했기 때문이었다. 간질은 멈췄고 치료는 성공한 듯했다. 그런데 이상한 일이 일어났다. 수술 후부터 HM은 자신에게 일어나는 일을 기억하지 못했다. 누가 다녀갔는지, 점심에 무엇을 먹었는지, 아니 점심을 먹었는지 안 먹었는지. 레너드처럼 그도 새로운 일을 기억으로 저장하는 능력을 잃어버린 것이다.

기억 외의 기능에는 이상이 없다는 것도 레너드와 같았다. 말도 할 수 있었고 상황에 따른 적절한 판단도 내릴 수 있었다. 게다가 새로운 학습도 가능했다. 예를 들어 심리검사를 반복했을 때 HM은 검사를 받은 사실은 늘 잊었지만 점점 높은 점수를 받았다. 검사를 거듭하면서 뭔가 그의 뇌에 기억되었다는 뜻이다.

뇌 손상이나 뇌에 생기는 다른 병으로 인해 발생하는 특이한 현상들은 사람의 뇌가 어떻게 작동하는지에 대한 많은 정보를 제공해왔다. HM은 기억에 대한 이야기를 할 때 많이 인용되는 대표적인 사례다. 그가 보인 특이한 현상에 힘입어 외현기억과 암묵기억, 단기기억과 장기기억 등에 대한 많은 연구가 촉발되었다. HM이 수술 이후에 새로운 외현기억을 형성할 수 없었던 것은 해마를 제거했기 때문이다. 반면에 수술 이전의 오래된 기억들(장기기억)은 그대로 남아 있었다. 그런 기억의 저장 부위는 해마가 아니기 때문이다. 또한 수술 후의 일이라도 심리검사에 대한 '요령' 같은 암묵기억은 저장될 수 있었다.

수술이나 특별한 질병을 제외하고 레너드 같은 경우가 외상에 의해 발생할 확률은 거의 없다. 뇌에 충격을 받아 그렇게 해마만 완벽하게 손상된다는 것은 있을 수 없는 일이기 때문이다.

<table>
<tr><td>+2
암묵
기억의
존재</td><td>

1911년 에두아르 클라파레드^{Édouard Claparède}라는 의사에게는 뇌 손상으로 인해 새로운 기억을 저장하지 못하는 여자 환자가 있었다. 레너드와 HM처럼. 그래서 아침 회진 때마다 새로 만난 것처럼 자기소개를 해야 했다. 어느 날 그는 한 가지 실험을 했다. 손에 핀을 쥐고 악수를 한 것이다. 그 후 다시 악수를 하려 했을 때 환자는 거절했다. 악수를 거절한 명확한 이유를 그녀는 설명할 수 없었다. 그가 누구인지도, 언제 왔었는지도 기억하지 못했지만 악수에 대한 불쾌감이 기억된 것이다. 암묵기억, 그중에서도 감정기억이 그녀의 행동에 영향을 미친 것이다.

</td></tr>
</table>

반대로 레너드의 왜곡된 기억 속에 등장하는 새미는 실험을 할 때마다 전기가 통하는 물체를 덥석 집어 들고 의사에게 욕을 한다. 이것이 그의 기억상실이 뇌 손상에 의한 것이 아니라 심리적인 것이라는 증거라고 레너드는 말한다. 뇌 손상에 의한 기억상실이라면 '본능적으로' 전기가 통하는 물체를 피하게 된다는 것이다. 틀린 이야기다. 피하게 하는 것은 본능이 아니라, 전기가 통하는 물체를 집으면 불쾌감을 느낀다는 암묵기억이다. 만일 암묵기억을 다루는 부위에도 손상을 받았다면 새미처럼 될 수 있다. 그러므로 새미의 상태가 뇌 손상이 아니라는 결론도 틀린 것이다.

자유? 당신에게 그런 게 있을까?

정신결정론
당신이라면, 방아쇠를
안 당겼을까?

어느 날, 아이가 없어졌다. 생사조차 알 수 없다. 애끓는 그리움과 죄책감이 뒤범벅된 6년이 흘렀다. 어딘가에 살아 있을까? 많이 컸을 텐데 알아볼 수 있을까? 그러던 어느 날 우연히 아이를 유괴한 자와 맞닥뜨린다. 뻔뻔스럽게도 기념 촬영까지 한 후 아이를 통에 넣어 바다에 던졌다고 한다. 통에 갇혀 가라앉을 동안 아이가 느꼈을 공포와 절망감이 가슴을 쥐어짠다. 그렇게 아이를 죽인 자가 앞에 있고 손에는 총이 들려 있다. 어떻게 할 것인가? 어떻게 할 수 있겠는가?

〈마이너리티 리포트〉(2002)는 인간의 자유에 대한 질문을 던진다. 신체의 자유나 정치적 자유 같은 것이 아니라, 마음의 자유, 이

른바 자유의지에 대한 질문이다. 어떤 상황에서도 우리는 스스로의 의지로 무언가를 결정할 수 있을까? 아이를 죽인 자가 눈앞에 있다는 극단적인 설정으로 이 영화는 묻는다. 당신에게 선택의 여지가 남아 있는가?

모범생 스필버그의 영화답게 주인공 앤더튼은 예언을 벗어나는 선택을 한다. 그러나 훨씬 잔인하게 같은 질문을 던지는 속 시끄러운 영화 〈세븐〉(1995)의 결말은 다르다. 밀스 형사는 결국 방아쇠를 당긴다. 그것이 그의 의지인가? 사람은 제 의지로 행동을 결정할 수 있는 존재가 아니라고 〈세븐〉은 말한다. 범인을 죽이는 것 외에 밀스 형사가 선택할 수 있는 건 없었다고, 그의 행동은 이미 결정되어 있었다고.

범죄가 일어나기 전에 범인을 체포한다?

결정론의 개념에 대해 마크 롤랜즈Mark Rowlands는 이렇게 설명한다. "결정론은 두 가지 명제가 결합된 것이다. 첫째는 인과관계에 대한 명제이고 둘째는 그것이 인간의 자유에 미치는 영향에 대한 명제이다. 결정론에 의하면 1) 인간의 모든 행위와 선택, 결정에는 원인이 있다. 2) 따라서 인간의 행위, 선택, 결정은 자유롭지 않다."

결정론자들은 왜 원인이 있다는 것이 자유롭지 않음을 의미한다고 주장하는 걸까? 그들의 주장에 의하면 어떤 원인이 필연적인 결과를 낳기 때문이다. 여기서 말하는 원인은 무엇인가? 우선 부분적 원인과 총체적 원인을 구분해야 한다. 가령 불꽃은 폭발의 원인이 될 수 있지만, 그건 단지 부분적 원인일 뿐이다. 폭발이 일어나려면 가연성 가스와 충분한 산소 등의 조건이 갖춰진 곳에서 불꽃이 일어야 한다. 필요한 조건의 총합. 그것이 총체적 원인이다. 폭발의 총체적 원인이 성립하면 폭발도 반드시 일어나야 한다.

모든 것에는 이유가 있다는 결정론의 명제는 총체적 원인이 갖추어지면 필연적으로 특정한 결과가 발생한다는 명제로 이어진다. 이 결정론이 사람의 생각이나 행동에도 적용될 수 있을까? 만일 그렇다면, 특정한 개인이 특정한 상황에 처하면 필연적으로 같은 일이 일어난다는 것을 의미한다. 그것이 〈마이너리티 리포트〉에서 범죄가 발생하기 전에 어떤 사람을 범인이라 규정하고 체포하는 근거다. 정말 그럴까? 사람이라는 게 그런 걸까?

밥값을 못 받는 식당 주인

〈마이너리티 리포트〉나 〈세븐〉 같은 극단적인 경우로 결정론이나 자유의지에 대해 이야기하는 건 사실 비겁한 일이다. 사흘 굶은 사람 앞에 밥을 갖다 놓고, 그걸 먹으면 결정론의 증거라고 결론짓는 것과 별반 다르지 않다. 그렇다면 이런 건 어떨까?

미국에서 중국 음식점을 하던 A라는 사람이 있었다. 다른 일을 하다가 잘되지 않아 음식점을 시작했는데, 그 결과 전혀 예상치 못했던 엉뚱한 일이 생겼다. 알고 지내던 많은 사람들과 서먹해진 것이다. A가 조금이라도 안면이 있는 사람에게는 음식값을 받지 않았기 때문이다. 아무리 값을 치르려 해도 극구 사양했는데, 실랑이가 길어지면 자신의 호의를 거절한다고 섭섭해할 정도였다. 두 번째에도, 세 번째에도 그는 요지부동이었다. 사정이 이렇다 보니 사람들의 마음이 불편해져 발길을 끊게 되었다. A의 고집이 사람들을 밀어낸 것이다. 하지만 그는 그렇게 생각하지 못하고 무척 섭섭해했다.

아는 사람에게 음식값을 받는 것은 A에게는 몹쓸 짓이다. 돈밖에 모르는 인간이나 저지를 법한 일이다. 돈을 안 받아서 사람들이 못 오는 거라고 막역한 친구가 일러주어도 소용없었다. 그에게는 선택의 여지가 없었다. 사람들과 멀어질망정 음식값을 받을 수는 없었다. 그저 진심을 몰라주는 사람들이 야속할 뿐이었다.

A가 왜 그런지는 알 수 없다. 정신분석이라도 해보기 전엔. 그의 무의식엔 모든 사람을 거두어 먹이는 보스의 카리스마가 숨어 있을지도 모른다. 혹은 뭔가 착한 일을 해야만 용서받을 수 있을 것 같은 엉뚱한 죄의식이 들어 있을지도 모른다. 혹은, 그가 들으면 펄쩍 뛰겠지만 정말로 사람들과 멀어지고 싶은 마음에 그들을 밀어냈을지도 모른다. 그러나 이런 생각들은 그의 마음을 제대로 알기 전에는 무의미한 공상일 뿐이다. 그의 마음속에서 밥이라는 것이 어떤 의미인지, 돈은 또 어떤 의미인지 아무도 모른다. 그도 모른다.

하지만 한 가지는 확실하다. 그가 또 음식점을 열게 되면 그는 분명히 또 사람들을 공짜로 먹일 것이다. 아무리 싫다고 해도 밥상 위 고기반찬을 한사코 아들 앞으로 밀어놓는 어머니처럼. 미국이라는 장소도, 중국 음식점이라는 업종도 총체적 원인의 조건은 아닌 것 같다. 그가 있고 그의 음식점이 있으면 된다. 그것으로 총체적 원인은 성립한다. 그는 그런 사람이다.

난 왜 이렇게밖에 못 살까?

세상엔 두 종류의 사람이 있다. 약 먹고 물 먹는 사람과 물 먹고 약 먹는 사람. 세상엔 두 종류의 사람이 있다. 남자와 남자가 아닌 사람, 어른과 어른이 아닌 사람, 백인과 백인이 아닌 사람, 부자와 부자가 아닌 사람, 힘 있는 사람과 힘없는 사람, '정상인'과 '정신병자'. 하지만 세상엔 한 종류의 사람만이 있다. 삶의 아픔을 겪고 있는 사람.

누구에게나 삶은 아프다. 사고, 질병, 이별, 때론 이별보다 더 아픈 사랑. 누구도 이런 아픔을 피해갈 수 없다. 아픔은 인간의 숙명이고, 그런 아픔에 우린 서로를 위로한다. 그 위로가 때론 큰 힘이 된다. 하지만 세상엔 위로받을 수 없는 아픔도 있다. 자초한 아픔이 그렇다. 우린 늘 스스로를 아프게 한다. 조금을 못 기다리는 조바심, 지나가는 말에도 마음을 베이는 과민함, 거절이 두려워 손 내밀지 못하는 소심함, 내민 손도 잡지 못하는 의구심, 호의마저 기어이 고깝게 받아들이는 비뚤어짐, 한순간도 기댈 수 없는 자존심, 아무도 채워줄 수 없는 외로움, 사랑이란 이름의 집착, 그런 것들로.

자초한 아픔은 고스란히 혼자의 몫이다. 이런 아픔은 이해받지 못한다. 남들은 말한다. "넌 어떻게 생겨먹은 애가 그 모양이니?"

남이야 무시할 수도 있다. 내 모습이 맘에 든다면, 반듯하게 살고 있다고 확신한다면. 하지만 뭔가 어긋났다고 생각될 때, 삶이 뒤죽박죽되었을 때, 나 또한 스스로에게 묻는다. '난 어떻게 생겨먹은 인간일까? 왜 이렇게밖에 못 살까?'

그렇게 사는 건, 그렇게 생겼기 때문이다. 다르게는 살 수 없도록 그렇게 결정되었기 때문이다. '생김새', 그것은 구속이다. 늘 똑같이 세상을 바라보고 똑같이 행동하게 만드는, 세상을 내 언어로만 이해하고 내 잣대로 재야만 직성이 풀리는 아둔한 고집이다.

이 '생김새'란 무엇일까? 왜 사람에겐 그런 게 있는 걸까? 답은 의외로 간단하다. 인간이 동물이라는 걸 잊지 않았다면.

반사, 어쩔 수 없는

'생김새'라는 개념은, 반드시 '생긴 대로' 행동한다는 걸 의미한다. 어떤 자극에 대해 꼭 같은 반응을 보인다는 것이다. 그런 맥락으로 보자면, 인간에게든 다른 생물에게든 가장 단순하고도 절대적인 생김새의 예는 반사^{Reflex}다. 가끔 코미디 소재로도 쓰이는 무릎반사를 비롯한 각종 반사를 우리는 잘 알고 있다. '파블로프의 개'도 친숙한 개념이다.

인간의 마음을 반사로 설명한다는 게 너무 모욕적인가? 하지만 이렇게 생각해보자. 파블로프를 모르는 사람이 종소리만 나면 침을 흘리는 개를 본다면 어떨까? A가 음식값을 안 받는 것보다 더 신기하지 않을까? 당장 방송국에 제보할 것이다. 실제로 방송에는 희한한 행동을 하는 동물들이 자주 등장한다. 사람들은 인간의 마음을 대입해서 그 행동의 의미를 해석하곤 한다. 만일 그런 게 조건반사에 불과하다고 한다면, 그것도 동물에 대한 모욕일까?

세상의 모든 개가 종소리에 침을 흘리지는 않는다. 파블로프의 개만 흘린다. 다른 개는 안 되고 다른 소리도 소용없다. 꼭 그 개, 꼭 종소리여야 한다. 그것이 필요충분조건이다. 필요충분조건. 뭔가 생각나지 않는가? 그렇다. 파블로프의 개와 종소리로 총체적 원인이 성립된다. 이제 침은 반드시 분비된다. 그 개에게 선택의 여지는 없다. A처럼 그 개도 이제 생김새를 가지게 됐다.

물론 인간의 복잡한 정신활동들은 반사가 아니다. 정의상 그럴 수 없다. 하지만 사람마다 고유한 마음의 생김새가 생기는 근본적인 기전은 조건반사가 만들어지는 기전과 그리 다르지 않다. 칸델Eric R. Kandel은 아플리시아 칼리포니카Aplysia Californica라는 달팽이를 이용해서, 조건반사는 뇌에 구조적인 변화(뉴런들 사이의 연결)가 생겨서 성립되는 것임을 밝혀냈다. 그의 실험은 큰 의미가 있다. 인간이 왜 그렇게 생김새를 벗어나지 못하는지, 왜 꼭 생긴 대로만 사는지에 대한 답을 주기 때문이다. 달팽이 실험 결과처럼 우리 머릿속에 있는 뇌의 신경세포들도 서로 연결되어 생김새를 만들고 있단다. 어쩐지. 그러니 그놈의 생김새가 쉽게 바뀌겠는가?

신경회로, 기억이 저장되는 곳

조건반사는 반복에 의해서 이루어진다. 딱 한 번 종소리를 들려주고 음식을 준다고 바로 그다음부터 종소리만으로 개가 침을 흘리게 할 수는 없다. 반복이 필요하다.

반복은 학습을 의미하고, 학습에는 기억이 필수적이다. 조건반사가 이루어지려면 종소리와 음식에 대한 기억이 먼저 존재해야 한다. 그래야 종소리를 들었을 때 음식이 떠오르면서 침을 흘리는 것이다. 이 기억들은 어디에 저장되고 어떻게 연결되는 걸까?

오래전에는 뇌의 특정 부위에 특정한 기억이 저장된다고 믿었다(단일 뉴런-단일 기억 이론One Neuron-One Idea Theory). 엄마를 기억하는 엄마 뉴런(또는 한 부위에 모여서 엄마를 표상하는 여러 뉴런들), 할머니를 기억하는 할머니 뉴런. 그런 식이다. 이 믿음은 래슐리Karl Lashley에 의해 무너진다. 그는 개의 대뇌피질을 조금씩 수술로 제거해가는 실험으로 특정 부위의 피질이 많이 제거되어도 기억에 별 영향이 없다는 것을 증명했다. 개의 기억은 전체적으로 일정량 이상의 피질이 제거되고 나서야 손상되기 시작했다. 기억이라는 것이 하나의 뉴런, 또는 뇌의 한 부위에 저장되는 게 아니라 넓은 영역에 걸친 다수의 뉴런에 분산 저장된다는 이야기다.

즉, 엄마 뉴런이 있는 게 아니라 엄마를 보았을 때 동시에 활성화되는, 광범위하게 분포된 수많은 뉴런의 조합이 엄마를 표상하는 것이다. 동시 활성화가 반복되다 보면 이 뉴런들 사이에는 연결(시

* 동시에 활성화되는 뉴런들이 연결되는것(Cells that fire together, wire together)을 '헤브의 법칙 Hebbian Theory'이라 한다.

냅스)이 형성된다.* 이렇게 연결된 뉴런들의 집합을 신경회로Neural Circuit라 한다('엄마 신경회로', '할머니 신경회로'). 이 신경회로가 기억과 학습의 기본 단위가 된다.

정신결정론, 세 살 버릇은 여든까지 간다

태어날 때 미숙한 상태였던 사람의 뇌는 자라면서 계속 발달한다. 우선 엄마 얼굴의 예처럼, 외부(시각, 청각, 온도 등)와 내부(감정, 신체의 느낌 등)로부터의 모든 자극이 제각각 뇌 속에 회로를 만든다. 각각의 회로는 무언가를 표상(또는 기억)한다. 뇌에는 약 백억 개의 뉴런이 있고 뉴런 하나는 6만에서 10만 개 정도의 다른 뉴런과 시냅스로 연결된다. 한 뉴런이 한 회로에만 쓰이는 것도 아니다. 여러 회로에 사용된다. 백억 개의 전구를 가진 전광판을 상상해보자. 어느 순간 백억 개의 전구 중 어디에 불이 들어오느냐에 따라 나타나는 글씨가 정해진다. 만들어질 수 있는 신경회로의 수는 사실상 무한하다는 뜻이다.

다음 단계는 회로와 회로의 연결이다. 이 연결도 반복적인 경험에 의해 만들어진다. 엄마가 보일 때마다 좋은 일이 일어나면 엄마 회로와 '좋은 기분 회로'가 연결된다. 엄마를 볼 때마다 고통스런 일이 생기면 엄마 회로는 '고통 회로'와 연결된다. 당연히 개의 조건반사보다는 복잡하지만 근본적으로 다를 것은 없다. 그다음부터는 자동이다. 연결된 대로 느끼고 반응해야 한다. 다른 선택은 없다.

나중에 무엇을 경험할 것인지 이미 이전 경험에 의해 결정되어 있다는 것. 이것이 정신결정론이 의미하는 바다.

과거의 경험은 어린 시절까지 거슬러 올라간다. 결국 사람의 현재 모습을 결정하는 것은 그 사람의 어린 시절이라는, 정신분석의 또 하나의 전제가 성립된다. 어린 시절에 결정된 생김새로 사람은 평생을 산다. 세 살 버릇은 여든까지 간다. 기어이 가고야 만다.

삶의 주제와 패턴

본 Susan Vaughn은 사람의 마음속에 이야기를 엮어내는 장치 Story Synthesizer가 하나씩 있다는 말로 정신결정론을 설명했다. 이 장치는 살면서 겪는 무수한 경험으로부터 마음의 생김새에 따라 계속 비슷한 이야기를 엮어낸다.

하늘의 구름을 볼 때 자동적으로 어떤 형체가 보이는 건 사람의 뇌가 무엇에서든 패턴을 찾는 경향이 있기 때문이다. 세상의 모든 것, 모든 경험에서 사람의 마음은 패턴을 읽어낸다. 한 사람에게 있어, 그 패턴은 늘 같다. 생김새가 이미 정해놓았기 때문이다. 그 패턴이 삶의 주제다. 사람은 누구나 평생 그 주제를 우려먹고 산다. 한 주제를 계속 변주하는 클래식 음악처럼.

누군가의 주제는 폭력과 공포다. 세상은 전쟁터다. 서로는 서로의 적이다. 늘 경계해야 한다. 대화나 타협 같은 건 없다. 당하지 않으려면 먼저 쳐야 한다.

누군가의 주제는 죄책감이다. 세상은 비난으로 가득하다. 남의 비난보다 더 무서운 것은 자책이다. 숨 쉬는 한 떼어낼 수 없는 자책. 늘 남의 눈치를 봐야 하고 내 생각을 의심해야 한다.

누군가의 주제는 수치심이다. 세상은 모욕으로 가득하다. 약하고 모자라게 보여선 절대 안 된다. 어떻게든 남보다 잘나야 한다.

누군가의 주제는 버려짐이다. 세상에 나를 좋아하는 사람은 없다. 끊임없이 사랑을 확인하려 하지만 확인되는 것은 늘 거절이다.

자유의지는 없는 걸까?

그렇다면 인간에게 자유의지 같은 건 없다는 것이 정신결정론의 주장인가? 나아가, 인간은 자신의 행동을 책임질 수도, 질 필요도 없다는 것인가? 또한 총체적 원인을 이해하기만 하면 인간을 마음대로 조종할 수도 있다는 것인가?

〈세븐〉의 살인마 존 도는 밀스 형사로 하여금 방아쇠를 당기게 한다. 〈양들의 침묵〉(1991)에서 렉터 박사는 말 한마디로 옆 방 죄수를 자살하게 만든다. 이런 예들은 인간의 자유의지를 부정한다. 〈마이너리티 리포트〉의 결론은 다르다. 버지스가 존 도나 렉터만큼 똑똑하지 못해서? 스필버그가 순진하고 착하기만 해서?

결정론은 예정설과는 다른 개념이다. 결정론은 현재 시점에서 총체적 원인이 갖추어지면 특정한 결과가 만들어진다는 주장이고 예정설은 현재가 어떻든 결과는 같다는 주장이다. 예정설에서는 변화의 가능성이 원천 봉쇄되어 있지만, 결정론에서는 현재가 변하면 미래도 변한다.

영화의 후반부에 앤더튼은 버지스에게 말한다. "당신은 미래를 알고 있으니 원한다면 미래를 바꿀 수 있소. 아직 당신에게는 기회가 있으니. 나처럼." 앤더튼이 크로우를 죽이지 않은 건 미래를 보았기 때문일 거라고 나는 생각한다. 미래를 목격하고, 제 눈을 뽑아가면서까지 진실을 밝혀가는 과정에서 어떤 생각을 했겠는가? 사람을 죽일 수밖에 없는 상황을 상상해보지 않았을까? 누굴 만나면 반드시 죽이게 될지, 마음속 어디에 건드리면 터지는 폭탄이 숨어 있는지 생각해보지 않았을까? 그렇게 마음을 들여다보는 동안 그에게는 미래를 바꿀 힘이 생겼을 것이다.

어느 한 시점을 놓고 보면 인간은 파블로프의 개보다 나을 것이 없는지도 모른다. 하지만 인간에게는 일이 벌어진 이후에라도 자신에 대해 생각할 수 있는 능력이 있고, 그렇게 함으로써 자신을 바꾸려고 노력할 수 있는 능력이 있다. 그것이 우리가 가진 자유의지다.

진리를 알지니 진리가 너희를 자유케 하리라

정신결정론은 한번 결정된 미래는 절대 바뀌지 않는다고도, 사람의 미래를 예언할 수 있다고도 주장하지 않는다. 실제 치료에서의 정신결정론은 모든 생각, 느낌, 행동에는 이유가 있고 우연('그냥') 이란 존재하지 않는다는 명제로 적용된다. 내가 왜 지금 이런 모습 인지, 그 이유를 알면 '생김새'를 바꿀 수 있다는 의미다.

〈이터널 선샤인〉(2004)에서 조엘과 클레멘타인은 지워진 기억 속에서 그들이 원래 연인 사이였다는 것을 알게 된다.* 그들은 심한 성격 차이 때문에 헤어졌고 그 아픈 기억을 지웠다. 과거의 결론이 옳다면, 둘의 성격 차이가 아무리 노력해도 안 될 정도라면 헤어지는 게 옳다고 그들의 이성은 말한다. 그러나 그들은 똑같은 결말이 반복될지도 모를 사랑을 다시 시작한다. 또 고통스런 결말이 기다리고 있을 가능성은 농후하다. 사람은 쉽게 변하지 않으니까. 하지만 변할 수 없는 것은 아니다. 뼈를 깎는 노력이 필요하겠지만, 가능성은 있다. 그들의 사랑도 달라질 수 있다. 이전에 왜 실패했는지, 상대가 아닌 내가 뭘 잘못했는지 진지하게 생각해보면. 앤더튼이 그랬던 것처럼.

*기억을 모두 지웠는데도 같은 사람과 다시 사랑을 시작하는 것. 정신결정론에 정확히 들어맞는 이야기다. 기억은 지웠어도, 마음의 생김새는 남아 있기 때문에 같은 대상을 사랑하게 되는 것이다.

** 변화를 시도하려는 의지가 생길 것인지의 여부 또한 미리 결정되어 있는 게 아니냐는 질문이 가능하다. 실제로, 그렇다. 어떤 동기에 의해서든 마음을 들여다보려는 의지가 생기는 것 또한 모든 사람에게 가능한 것은 아니고, 그것이 치료로서의 정신분석이 갖고 있는 가장 큰 한계다.

변화는 앎에서 시작된다. 총체적 원인을 바꾸면 미래는 바뀐다. 과거를 앎으로써 미래를 바꿀 수 있다. 반복되고 있는 주제를 찾아내서 바꾸는 것이 정신분석이 미래를 바꾸는 방법이다. 정신결정론

의 메시지는 체념과 순응이 아니라 변화와 도전이다.[**]

당신에게도 당신만의 주제가 있다. 그 변주의 무한반복을 멈춰야 하지 않겠는가?

_〈마이너리티 리포트〉(2002)

Commentary

+3

칸델의 달팽이

칸델이 아플리시아 칼리포니카를 선택한 데는 이유가 있다. 달팽이 하면 흔히 조그만 달팽이를 떠올리지만, 이 달팽이는 길이가 무려 30센티미터나 되는 바다생물이다. 하지만 크기에 비해 뇌는 비교적 간단한 구조를 가지고 있어서, 뉴런의 개수가 2만 개 정도에 불과하다. 게다가 이 달팽이의 뉴런 중에는 굵기가 1밀리미터에 이르는 두꺼운 것들도 있어, 육안으로 관찰이 가능할 정도라고 한다. 단순한 구조와 거대한 뉴런. 이것은 뇌에서 발생하는 현상을 문자 그대로 들여다보며 실험할 수 있다는 것을 의미한다.

이 달팽이는 아가미로 호흡하는데, 수관이라는 부위로 물이 들어가 아가미를 통과하면서 산소가 추출된다. 이 수관을 건드리면 달팽이는 재빨리 아가미를 오므린다. 아가미를 보호하기 위한 반사다. 칸델은 이 반사를 이용하여 몇 가지 실험을 했다. 같은 자극으로 수관을 반복해서 건드리면 나중에는 아가미를 오므리지 않는다. 반사가 둔화되기 때문인데, 이런 현상을 습관화라고 한다. 반대로 자극을 받은 후에, 비슷하지만 다른 자극이 오면 더 강한 반사가 일어나는데 이것을 민감화라 한다.

습관화나 민감화는 간단한 학습의 예다. 선행 자극에 의해서 나중 자극에 대한 반응이 변하는 것인데, 이런 변화는 시냅스에서 분비되는 신경전달물질의 양이 늘거나(민감화), 줄기(습관화) 때문에 생긴다. 이런 효과는 30분 정도 지속된다. 단기학습인 셈이다.

칸델은 습관화와 민감화를 장기적으로도 시도해보았는데, 그 결과는 놀라운 것이었다. 자극을 오랜 시간 동안 지속적으로 가하면 뉴런의 단백질 합성에 변화가 생겨서 뉴런 자체가 변했다. 습관화에서는 시냅스의 수가 줄어들었고 민감화에서는 늘어났다. 단기학습은 신경전달물질의 분비에 변화를 유발했지만, 장기학습은 뉴런의 구조 자체를 바꿨다는 의미다. 구조의 변화는 학습의 효과가 매우 오래 지속된다는 것을 뜻하고, 그 효과를 없애는 것이 그만큼 힘들다는 것을 의미하기도 한다. 이것이 생김새의 '내구성'에 대한 자연과학의 설명이다.

칸델은 파블로프의 조건반사를 응용한 실험도 했다. 먼저 달팽이 수관에 새우즙을 투여하고 0.5초 후에 전기 자극을 가한다. 달팽이는 전기 자극에 반응해서 아가미를 오므린다. 같은 과정이 여러 번 반복되면 새우즙이 수관에 닿기만 해도 달팽이는 아가미를 오므린다. 조건반사가 이루어진 것이다. 물론 이 경우에도 뉴런의 변화가 관찰되었다.

지금 못 놓는 건
평생 못 놓는다

정신 결정론
당신의 매일이
똑같은 이유

적응

스위스의 심리학자 피아제Jean Piaget는 새로운 상황에 적응 Adaptation하는 데는 동화Assimilation와 조정Accommodation이라는 두 가지 방법이 있다고 했다. 동화는 이미 갖고 있는 도식Schema*에 근거해서 새로운 정보를 판단하는 방식이고, 조정은 기존의 도식을 벗어나는 정보를 수용해서 새로운 도식을 만드는 방식이다.

* 세상을 해석하는 틀 또는 관점.

동화는 세상을 빨리, 효율적으로 파악하는 방법이다. 동화 덕분에 우리는 기존의 도식을 이용해 깊게 생각할 필요 없이 일상에서 벌어지는 대부분의 상황을 빠르게 파악할 수 있다. 예를 들어 언어를 습득하는 과정에서 과일과 채소라는 개념에 대한 도식이 생기고 나면, 따로 배우지 않아도 사과, 배, 바나나, 딸기 등이 과일이라는 것을 추측할 수 있다. 한 명 한 명 외우지 않아도 존대해야 할 사람과 말을 놓아도 될 사람을 구분할 수 있다. 누가 일러주지 않아도 장례식장에 청바지를 입고 가지는 않는다. 이상한 번호로 전화가 걸려와 신용카드가 사용되었다는 둥 헛소리를 하면 끊어버린다. 출근했는데 뭔가 살벌한 분위기가 감지되면 조용히 숨죽이고 있는 게 상책이다. 어떤 상황마다 그것이 무엇인지 정확히 파악하지 않아도 직관적으로 알 수 있다.

반면에 조정은 세상을 정확하게 파악하는 방법이다. 기존의 도식에 들어맞지 않는 정보를 접했을 때 우리는 생각에 빠진다. 그리고 그 새로운 정보를 아울러 설명할 수 있는 새로운 도식을 만들어낸다. 토마토가 과일이 아니라 채소라는 것을 알았을 때 과일과 채소에 대한 도식은 수정된다. 나보다 어려도 직장 상사에게는 존대를 해야 한다는 것도, 누군가 먼저 금발로 염색하고 돌아다니기 시작하면 따라 할 수 있게 되는 것도 도식이 수정되는 예다. 물론 수정된 도식은 다시 동화에 이용된다.

인간은 끊임없이 새로운 상황에 적응해야 한다. 그 모든 상황을 일일이 심사숙고할 수는 없다. 일상적인 일들은 빨리 처리되어야 한다. 그래서 우리의 마음은 늘 조정보다 동화를 먼저 택한다. 달리 표현하면, 웬만하면 주어진 상황을 동화로 처리한다. 그게 빠르고 편리하기 때문이다. 그래서 무의식은 절대적으로 동화를 편애한다.

거기서 삶의 많은 문제가 발생한다. 동화의 다른 이름은 선입견이기 때문이다. 동화 때문에 우리는 늘 섣불리 판단한다. 백인은 멋있고 흑인은 무지하고 아랍인은 위험하다고 판단한다. A형은 소심하고 B형은 괴팍하고 O형은 단순하다고 판단한다. 남자는 다 그렇다고, 여자는 또 다 그렇다고 판단한다. 경상도 사람은 어떻고 전라도 사람은 어떻다고 판단한다. 어디서 누굴 만나든 우린 일단 판단한다. 각자의 조건반사대로. 뇌 속 신경회로의 연결 패턴에 따라. 그결과, 마술이 일어난다. 매일 똑같은 날이 반복된다.

보고 싶은 것만 보고 듣고 싶은 것만 듣는다

〈사랑의 블랙홀〉(1992)이라고? 제목이 주는 선입견을 믿었어야 했는데 네이버 평점에 '낚였다'. 영화의 재미에 관한 내 취향은 평범하다고 생각하는데 이 영화의 평점은 불가사의다. 나쁜 평을 받을 정도는 아니지만 '걸작의 반열'에 들 정도도 아닌 것 같은데. 혹시? 마음속 음모론이 슬며시 고개를 쳐든다. 뭐, 그건 그렇고.

매일 아침 눈을 뜨면 똑같은 일이 일어난다? 물론 불가능한 이야기다. 하지만 아주 조금만 달리 생각해보면 그런 것만도 아니다. 우린 늘 '매일 똑같은 현대인의 무미건조한 일상' 같은 이야기를 구호처럼 외치며 살지 않는가? 이 영화 속처럼 똑같은 하루는 불가능하지만 다른 의미의 똑같은 하루는 우리에게 매우 친숙하다. 지겨운 것, 벗어나고 싶은 것. 입버릇처럼 우린 때려치우고 싶다, 떠나고 싶다고 말하지만 그런 이야기의 끝은 늘 먹고살려니 어쩔 수 없다는 것이다.

그러면서 돈이 얼마만 있으면, 딸린 식구만 없으면, 이것만 되면, 저것만 되면, 이것만 아니면, 저것만 아니면…… 지금과 다른 상황이 되면 마치 해탈解脫이라도 할 것처럼 이야기한다. 정말 그런가? 천만에, 알면서. 지금 못 놓는 건 평생 못 놓는다.

일상이 늘 똑같은 건 세상 때문이 아니라 마음 때문이다. 자라 보고 놀란 가슴 솥뚜껑 보고 놀란다. 솥뚜껑이야 어디에나 있다. 그래서 자꾸 놀란다. 깜짝깜짝. 그러곤 투덜댄다. 이놈의 세상엔 왜 이렇게 솥뚜껑이 많으냐고, 오늘도 또 놀랐다고. 매일 자기가 시비를 걸면서 오늘도 또 '싸가지 없는' 놈을 만났다고 투덜댄다. 자극적인 사회면 기사를 탐독하면서 세상 무서워서 살겠느냐고 투덜댄다. 조선일보를 보면서 '빨갱이들' 때문에 나라가 망한다고 한다. 매일 클럽에 가면서 오늘 만난 애도 마찬가지라고, 왜 난 이런 애만 걸리느냐고, 세상에서 내가 제일 운이 없을 거라고 불평한다.

우리의 하루는 동화로 시작해서 동화로 끝난다. 고집스럽게 우리는 보고 싶은 것만 보고 듣고 싶은 것만 듣는다. 선입견은 편리할 뿐더러 내 문제는 돌아보지 않고 세상 탓만 하기에 그지없이 좋은 도구이기 때문이다.

조정해야 할 때도 우리는 어떤 꼬투리라도 잡아서 동화 쪽을 택한다. 각자의 선입견에 따라. 그렇게 우린 누구를 만나도 내 마음속 대상을 *끄*집어내고(대상에 대해서는 4장에서 본격적으로 이야기할 것이다). 또 그런 인간을 만났다며 억울해한다. 왜 내 인생에는 이런 인간들뿐이냐고 분개한다. 그렇게 우리의 매일은 똑같이 반복된다. 똑같은 사람들을 만나서 똑같은 일을 당하고 똑같은 기분이 되어 똑같이 투덜대고 똑같이 벼른다.

동화의 다른 이름은 반복이다. 그리고 그것의 또 다른 이름은 정신결정론이다. 세상은 정확히 우리가 생겨먹은 대로 살아지는 것이다. 매일 똑같이.

내일도 모레도 똑같을 것이다. 당신이 달라지지 않는 한.

_〈사랑의 블랙홀〉(1992)

당신의 미련은
당신의 결심보다
강하다

정신결정론
이번에는 진짜 사랑을

당신의 그 표정은 사실 좀 우습긴 합니다. 웃기려 배운 거니 그럴 수밖에요.

당신만의 기묘한 버릇이라 하셨지만, 그 정도 기묘함은 우리 모두에게 있습니다.

그 표정이 튀어나오는 걸 당신이 어찌할 수 없듯이, 우리도 어찌할 수 없는 분노에, 공포에, 연민에, 자학에, 매혹에 시도 때도 없이 사로잡힙니다. 고압선에 감전된 것처럼, 거미줄에 걸린 나비처럼. 꼼짝없이.

세상의 많은 아버지들처럼 당신 아버지도 자식 중 하나에게 미운털을 박았습니다. 하필 당신이었네요. 하나는 아팠고, 하나는 그 잘난 아들이었으니까요.

딸인 주제에 아프지도 않은 당신이 마냥 못마땅해서, 제 감정을 삭이지 못할 때마다 당신에게 배설했나 봅니다. 무슨 변기라도 되는 것처럼.

다 그렇지요. 어디 자식 잘되라고 화내는 부모 있나요?

세상의 많은 어머니들처럼 당신 어머니도 당신을 지켜주지 못했습니다.

세상의 많은 아버지들처럼 당신 아버지도 뒤늦게 후회하더군요. 그렇죠. 꼭 그런 식이죠. 맘 편히 미워할 수도 없게. 당한 건 당신인데, 죄책감까지 느끼게.

썩은 동아줄이었던 당신의 남자들도 똑같았습니다. 무슨 짓을 하는지도 모르면서 당신을 난도질하곤 제 감상에 취해 뒤늦은 눈물을 흘렸지요. 당신에게 필요한 건 그 따위 눈물이 아닌데 말이죠.

그 못난 당신의 남자들처럼, 까르륵 웃으며 해맑게도 당신을 쳐죽인 애새끼들처럼, 아무것도 모르는 척 천진난만하게, 삶은 오늘도 우리 등짝을 후려칩니다.

썩은 줄이 끊어질 때마다 우리도 이를 악물고 결심합니다. 이번이 끝이라고, 이젠 아무도 안 믿을 거라고, 아무것도 붙잡지 않을 거라고. 혼자 걸어갈 거라고.

하지만 어디 결심이라는 게 미련의 상대나 되겠습니까? 당신처럼 우리도 언제 그랬냐는 듯 벌떡 일어나 또 다른 썩은 줄을 찾아 나섭니다. 태엽 감긴 장난감 로봇처럼, 멈추지 못합니다. 이번엔 진짜 사랑일 거라고, 이것만 성공하면 행복해질 거라고, 미끼를 무는 물고기처럼, 이제까지는 운이 없었을 뿐이라고, 또 덥석 썩은 줄을 움켜잡습니다.

결심이 반복되고, 미련도 반복됩니다.
당신도, 우리도, 그렇게 생겨먹었습니다.
어쩔 수 없습니다.

당신처럼 우리도 돌아가고 싶은 곳을 마음에 품고 삽니다. 당신처럼 우리도 거기서 듣고 싶은 말이 있습니다.
당신처럼 우리도 압니다, 그곳에는 못 간다는 걸. 그래서 아우성입니다. 아무 데서라도, 아무에게라도, 비슷한 말이라도 들어보겠다고.
참으로 수고하셨습니다. 견뎌내느라, 살아내느라.

오카에리, 마츠코 상.

_〈혐오스런 마츠코의 일생〉(2006)

2장

당신이 사는 세상은
현실이 아니다

우리 모두 21세기 대한민국에 산다. 하지만 누군가는 이슬람 국가에서도 선교를 해야 직성이 풀리는 주님의 세상에 살고, 누군가는 미국이 줄기세포 기술을 빼돌린 음모의 세상에 산다. 누군가는 멋진 빅뱅과, 누군가는 재수 없는 빅뱅과 같은 세상에 산다. 같은 세상을 살고 있는 듯 보이는 우리는, 실제로는 제각각의 세상을 산다.

앞 장에서는 사람의 마음속에 무의식이라는 영역이 있다는 것과 그 무의식이 어떻게 사람을 속박하는지에 대해 이야기했다.

무의식이라는 개념의 핵심은 의식하지 못한다는 것이다. 그렇다면 무의식은 어떻게 정체를 숨기는 것일까? 방어Defence라는 특별한 수법을 이용해서다. 방어를 통해서 무의식은 실제와 사뭇 다른 뭔가를 만들어서 의식으로 보낸다. 우리는 그것이 자신의 마음이라 믿는다. 그것으로 세상을 바라보고, 그것으로 행동한다. 무의식이 만들어낸 가짜. 그것이 우리의 생각, 감정, 행동을 결정한다. 결국 무의식은 한 사람이 경험하는 세상의 모습을 결정한다. 그렇게 결정되는 세상, 객관적인 세상이 아닌 사람마다의 주관적인 세상을 정신적 현실Psychic Reality이라 부른다.

정신분석에 관한 프로이트의 생각은 40여 년에 걸쳐 전개된다. 그 긴 시간 동안 그는 사람의 마음을 설명하는 세 가지 이론을 제시했다. 첫 번째가 정동-외상 이론Affect-Trauma Theory, 두 번째가 지정학적 이론Topographical Theory, 세 번째가 구조적 이론Structural Theory이다.

앞 장에서 이야기한 무의식의 개념은 두 번째 이론에 속하는 개념이다. 방어는 이 이론의 핵심 개념이지만, 역설적이게도 이 이론을 포기하고 세 번째 이론을 만들게 된 결정적인 이유가 되기도 했다. 이에 대한 이야기는 이번 장의 글들과 코멘터리에서 다루게 된다.

　　이번 장의 주제는 방어(그것이 무의식에 속하든 자아의 기능이든)와 정신적 현실이다. 아울러 프로이트의 세 번째 이론이 언급된다. 여전히 주인공은 프로이트다.

마음이 당신을 속이는 법

방어
그레이스가 죽을 수 없었던 이유

방어, 마음을 보호하라

무의식은 마음속 깊은 곳에서 우리를 속박한다. 누구도 무의식으로부터 자유로울 수 없다. 그래서 모든 인간은 비합리적이고 충동적이다. 그리고 무엇보다도 어리석다. 얼마나 어리석은가 하면, 제가 어리석다는 걸 전혀 모를 만큼 어리석다. 오히려 스스로는 꽤나 이성적이라는 착각에 빠져 산다. 그 착각 또한 무의식의 작품이다.

사람의 마음에 관한 프로이트의 이론은 크게 두 번 수정되는데* 지금껏 우리가 이야기한 무의식의 개념이 핵심을 이루는 것은 지정학적 이론이라 불리는 두 번째 이론이다. 그 이론에 따르면 사람의 마음에는 의식과 무의식이라는 두 영역이 있고 그 둘의 갈등에 의해 마음에서 여러 현상이 일어난다. 무의식은 원시적이고 충동적인 것, 비합리적이고 모순적인 것, 현실을 무시한 채 욕망의 즉각적인 충족만을 원하는 것이고 의식은 정반대로 합리적이고 이성적인 것, 현실을 잘 파악하는 것이다. 한마디로 무의식은 마음의 충동적이고 본능적인 부분, 의식은 이성적인 부분이라는 것이 프로이트의 생각이었다. 하지만 그는 곧 마음이 그렇게 단순히 구분될 수 있는 게 아니라는 걸 깨닫는다. 그의 깨달음에는 여

* 프로이트는 새로운 현상을 마주할 때마다 가차 없이 자신의 생각을 바꿨다. 자기주장이라고 해서 무조건 합리화하고 우기는 사람이 아니었다. 만일 그가 살아 있다면 그의 이론에는 여러 번의 변화가 더 있었을 것이다. 그의 이론을 전체적으로 보지 못하고 지엽적인 데 매달려 그를 맹신하거나, 반대로 무조건 거부하는 사람들이 많다. 그런 현상은 정신분석, 또는 프로이트에 대한 환상(사랑이든 미움이든) 때문에 생긴다. 어떤 사람들은 정확한 것을 알려 하지 않는다. 마음에 드는 것만 본다. 그들은 환상을 버리기를 완강히 거부한다. 정신분석을 가르치기도, 배우기도 어려운 데는 그 환상이 큰 몫을 차지한다. 그 환상의 다른 이름은 물론, 전이|Transference|다.

러 이유가 있지만, 가장 중요한 것이 나중에 방어라 부르게 되는 현상의 발견이다.

방어를 이해하기 위해 다시 최면 이야기를 해보자. 최면에 걸린 사람이 더워서 창문을 열었다고 말한다면 그건 거짓말이다. 자신도 모르는 거짓말, 무의식의 속임수다. 여기까지는 이미 한 이야기다.

이제 한 가지 질문이 더 떠오른다. 어떻게 무의식이 거짓말을 만들어내느냐는 질문이다. 만일 무의식이 비합리적이고 비이성적이기만 한 것이라면, '더워서'라는 그럴듯한 답이 무의식에서 만들어질 수는 없다. 그렇다면 그 답은 의식에서 만들어진 것인가? 그것도 불가능하다. 의식에서 일어난 일이라면 대답한 사람 자신이 그게 거짓말이라는 걸 알고 있어야 하기 때문이다. 그건, 우리가 흔히 말하

는 거짓말이다. 무의식의 속임수는 전혀 다른 것이다.

이 문제에 관해서는 오직 한 가지의 답만이 가능하다. 무의식이 매우 영리해서, 논리적인 사고를 할 수 있다는 것이다. 이 결론은 인간의 마음에 관한 프로이트의 두 번째 이론을 완전히 무너뜨린다. 결국 그는 무의식과 의식의 갈등으로 마음을 설명했던 이론을 포기하고 이드, 자아, 초자아라는 세 구조가 때로는 서로 대립하고 때로는 협력하면서 모든 복잡한 생각과 감정을 만들어내는 것이라는, 새로운 이론을 제시한다. 그것이 그의 세 번째 이론, 구조적 이론이다.

이드는 무의식적인 것이다. 우리는 이드의 존재를 직접 느낄 수 없다. 반면에 자아와 초자아는 무의식적인 부분과 의식적인 부분을 모두 갖고 있다. 이드는 두 번째 이론이 무의식에 부여한 성질을 이어받았다. 본능적인 욕구를 만들어내고 현실을 무시한 채 즉각적인 충족을 원한다. 초자아는 그 욕구를 검열하는 규칙을 제공한다. 이 규칙과 현실을 고려해서, 표현되어도 되는 형태로 이드의 욕구를 바꾸는 것이 자아의 역할이다. 이때 자아가 동원하는 것이 방어다. 자아의 개념을 도입함으로써 프로이트의 고민은 해결되었다. 자아가 의식적인 부분, 무의식적인 부분을 모두 갖고 있고, 방어는 그중 무의식적인 부분에 속한다(따라서 방어는 프로이트의 두 번째 모델에서는 무의식의 기능이고, 세 번째 모델에서는 자아의 기능이다).*

방어는 이드가 만드는 욕구에 대해서

* 프로이트의 자아는 광범위한 기능을 갖는 구조다. 의식적, 무의식적 지각은 물론 학습을 비롯한 정보처리 과정의 대부분이 자아에 의해 수행된다고 생각하면 된다. 흔히 사람들이 말하는 '자아'를 찾는다고 할 때의 자아와는 전혀 다른 개념이다. 그때의 자아는 정신분석적으로는 정체성Identity에 가까운 개념이다.

만 일어나는 것이 아니다. 의식적으로 느껴지면 불편한 모든 것에 대해 방어는 일어난다. 생각이든, 감정이든, 기억이든, 그 무엇이든. 원래 그것이 무의식적인 것이었든 의식적인 것이었든 가리지 않는다. 맘에 안 들면 무조건 무의식으로 끌고 내려가 바꿔버린다. 맘에 들게 바뀌기 전까지는 절대 의식으로 올려보내지 않는다. 이름 그대로 방어의 기능은 보호하는 것이다. 방어가 보호하는 것은 의식이다. 무의식에서 올라오려고 하는 모든 불편한 것들로부터 방어는 의식, 즉 사람들이 흔히 말하는 마음을 보호한다.

그레이스도 그렇게 제 마음을 보호했다.

진실은 위험하다

〈디 아더스〉(2001)는 아이들에게 창세기 이야기를 들려주는 엄마의 목소리로 시작된다. 빛과 생명, 그리고 창조주 하느님의 이야기. 하지만 그 목소리는 죽은 자의 것이다.* 자신이 죽어 유령이 되었다는 사실을 모르는 여자의 이야기는 이렇게 역설적으로 시작된다.

이름에 걸맞게 그레이스는 신앙심이 깊은 여자다. 전쟁에서 생사불명이 된 남편, 섬까지 쳐들어온 독일군, 그녀와 아이들만 남겨두고 도망쳐버린 마을 사람들.

* 평화로운 가정도, 창조와 생명에 대한 이야기도 유령의 세상에 속한 것이었다. 이런 역설을 더 절묘하게 보여주는 것은 아이들의 햇빛 알레르기다. 사람이었을 때 아이들은 빛을 피해 어둠 속에서 지내야만 했다. 마치 유령처럼. 반면에 유령이 된 아이들은 빛을 두려워하지 않아도 된다. 가정, 창조, 생명, 빛. 이런 것들이 유령의 세계에 속하고 인간 세상은 어둠 속에 잠겨 있다는 역설. 산 자의 세상은 밝고 따뜻하고, 죽은 자의 세상은 어둡고 괴기스러울 것이라는 편견으로 섣불리 '우리'와 '그들'을 판단하지 말라고 경고한다.

한 치 앞을 내다볼 수 없는 삶(실은 죽음)의 한가운데 던져진 그녀가 믿고 의지할 건 오로지 신앙뿐이다. 그래서 그녀는 절박하게 신앙에 매달린다.

절박함은 곧잘 강박과 폭력을 불러오는 법. 그레이스의 신앙도 그랬다. 천 길 낭떠러지 위 외나무다리를 건너는 것처럼 다른 무엇도 쳐다보지 않으려, 생각하지 않으려 안간힘을 쓰면서 그녀는 신앙에 매달린다. 앤이 책에서 본 유령 이야기는 어리석은 생각이라 일축하면서 또 다른 책, 성경의 이야기는 한 줄 한 줄 적힌 대로 믿으라 한다. 목숨이 위태로워도 신을 부정해서는 안 된다고, 그렇게 하면 지옥에 떨어져 영원히 고통 받게 될 거라고 아이들을 협박한다.

집 안 전체에 설치된 이중문과 두꺼운 커튼은 그녀의 마음에 대한 은유다. 한 조각 빛도 새들지 못하게 하는 완벽한 방어.

그녀가 필사적으로 차단하려 했던 건 햇빛이 아니라 마음속 진실이다. 그 진실로부터 격리시키려 했던 것 또한, 아이들 이전에 그녀 자신이다. 그녀가 '던져진' 곳은 외딴섬의 텅 빈 저택이 아니라, 아이들을 죽이고 스스로 목숨을 끊어 이제는 유령이 되어 그 저택 안을 떠돌고 있다는 끔찍한 진실의 한가운데다.

그 진실을 직면할 수 없었기에, 그레이스는 그날의 일을 망각하고 이후에 집 안에서 벌어지는 해괴한 일들도 모두 외면한다. 거듭 나타나는 명백한 증거에도 불구하고 집 안에 누군가 있다는 앤의 말을 들으려 하지 않는다. 피아노 사건으로 더 이상 외면이 불가능해지자 마침내 신부를 찾아 나서지만, 죽은 줄 알았던 남편을 만나 집에 돌아온 후에는 아무 일 없었다는 듯 다시 행복한 가정을 선포한다. 남편이 돌아왔다고 달라진 건 없음에도 불구하고.

그런 그녀에게 앤은 심각한 위협이다. '그날'을 자꾸 들먹이고 신앙에 의문을 품고 집 안에 누군가 있다는 불편한 진실을 언급하는 아이. 드레스를 입은 앤이 마귀할멈의 모습으로 보인 장면은 그레이스의 두려움을 잘 보여준다. 그래서 영화 내내 그레이스는 앤의 입을 틀어막는다.* 진실을 탄압하기 위해서.

> * 애초에, 그래서 아이들이 죽었다. 독일군으로부터 아이들을 '방어'하기 위해서 베개로 입을 틀어막았기 때문에. 무척 상징적인 설정이다.

방어의 종류

무의식 속 불편한 것들에 대항하는 자아의 무기, 방어에는 여러 종류가 있다. 〈메멘토〉에서 10분 전 레너드(무의식)는 증거를 조작해서 10분 후 레너드(의식)로 하여금 갬멜을 죽이게 한다. 직접 하지 않은 건, 죄 없는 사람을 죽이는 개운치 못함을 피하기 위해서다. 일말의 죄의식 없이 방아쇠를 당기기 위해 10분 전 레너드는 갬멜에게 죽어 마땅한 죄를 덧씌운다. 합리화Rationalization라는 방어가 작동한 것이다. 합리화란 어떤 행동에 합당한 이유를 만들어내는 것이다. 갬멜이 범인이라면, 그를 죽이는 것은 정당하다.

종로에서 뺨 맞고 한강에서 화풀이한다는 속담은 방어의 다른 예를 보여준다. 누군가에게 화가 났는데 그걸 표현할 수 없을 때 우리는 엉뚱한 사람에게 화풀이를 한다. 이처럼 누군가에 대한 감정이나 욕구(분노든, 소유욕이든, 인정 욕구든, 무엇이든)를 다른 대상에게 느끼는 것을 전치^{Displacement}라고 한다.

또 다른 예로 반동 형성^{Reaction Formation}을 들 수 있다. 실제 마음과 반대로 행동하는 것이다. 동생을 본 어린아이는 엄마를 뺏어간 동생을 해코지하고 싶지만, 그랬다가는 단단히 혼날 거라는 걸 알고 있다. 야무지게 할퀴어버리려고 손을 뻗지만 막상 동생 얼굴에 손이 닿는 순간, 사랑스럽게 그 얼굴을 쓰다듬는다.

집단적인 방어도 있다. 희생양 만들기^{Scapegoating}가 대표적이다. 예를 들어, 가족 중 한 명, 주로 아이 하나가 집안의 골칫거리가 된다. 식구들은 한마음으로 그 아이를 미워한다. 서로에 대한 감정이 그 아이에게 전치되었다는 생각은 꿈에도 못 하고, 미운 짓을 해서 미워하는 거라 확신한다. 남들에겐 다 보이는 차별을 본인들만 모른다. 희생양은 집단 내의 복잡한 갈등을 해결해준다. 한 아이의 희생으로, 쓰레기 더미 위에 흰 눈이 소복이 덮이듯 가족 내의 다른 갈등은 가려진다. 아이는 나머지 가족의 화합을 위한 제물이 된다.

그레이스의 마음속에서 작동한 첫 번째 방어는 억압^{Repression}이다. 억압은 무의식 속 무언가를 찍어 눌러 의식으로 올라오지 못하게 하는 것이다. 억압된 것은 철저히 망각되어 전혀 의식되지 않는다. 그런 것이 마음속에 있다는 생각조차 못한다. 불편한 것이 어떤 형태로도 의식에 올라오지 못한다는 점에서 프로이트는 억압을 궁극적인 방어기제라고도 생각했다. 성공적인 억압의 결과, 그레이스는 그날의 일을 전혀 기억하지 못한다.

그레이스의 마음이 동원한 두 번째 방어는 부인Denial이다. 말 그 대로 인정하지 않는 것, 또는 외면하는 것이다. 우리 마음은 때로 무 언가를 통째로 부인하기도 하고, 때로는 그것의 의미를 부인하기도 한다. 예를 들어 치명적인 병을 진단받은 사람은 병에 걸렸다는 것 자체를 부인하기도 하고, 그 사실은 받아들이지만 자신이 죽을 리는 없다고 생각하기도 한다. 이런 현상은 물론 벌어진 일이 그냥 받아 들일 수 없을 만큼 충격적이기 때문에 생긴다. 그레이스가 집 안에 서 벌어지는 이상한 일들을 계속 외면하는 것도, 그 일들이 '그날'의 진실과 연관되어 있기 때문이다.

공구함을 가득 채운 공구 세트처럼 우리 마음속에는 '방어 세 트' 한 벌씩이 있어서, 누구든 모든 방어를 전부 사용한다. 하지만 주로 사용되는 방어는 사람마다 다르다. 어떤 방어가 많이 쓰이는지 에 따라 결정되는 것이 사람의 성격이라고 정신분석은 생각한다.

예를 들어, 투사Projection를 많이 사용하는 사람들의 특징은 피해 의식이다. 이 사람들은 자신의 적개심을 남에게 투사해 세상은 악 의로 가득하다고 믿는다. 등을 보이면 바로 비수를 꽂는 약육강식의 정글이 그들이 생각하는 세상이다. 그러므로 항상 의심하고 경계해 야 한다. 절대로 약점을 보이면 안 된다. 당하지 않으려면 먼저 공격 해야 한다. 있지도 않은 잔인한 적과 싸우느라, 제 마음에서 지어낸 흉측하고 잔인한 세상에서 살아남느라 그들은 여념이 없다. 겉으로 는 매우 사납지만 그들의 마음속 깊은 곳은 공포로 가득하다.

분열Splitting을 많이 쓰는 사람은 세상을 선과 악으로 이분한다. 내 편 아니면 적, 날 사랑하는 사람 아니면 날 싫어하는 사람. 중간은 없다. 전부 아니면 전무全無. 완벽 아니면 쓰레기. 그들은 완벽하지 못하다고 스스로를 학대하고, 완벽한 사랑을 내놓으라며 타인을 고문한다. 때문에 스스로를 사랑할 수도, 남의 사랑을 받을 수도 없다. 자기혐오와 외로움, 공허함이 그들의 숙명이다.

어떤 사람들은 감정을 격리Isolation한다. 이들은 이성을 숭배한다. 이들에게 감정은 미개한 것, 일을 망치는 원인이다. 논리와 확률이 삶의 법칙인 이들에게 세상은 통제의 대상이다. 모든 것은 제자리에 있어야 하고, 모든 일은 제시간에 이루어져야 한다. 이들은 일탈을 견디지 못한다. 자신의 일탈도, 남의 일탈도. 노는 것도 마찬가지다. 철저히 계획해서 정확히 놀아야 한다. 사전 계획대로 놀지 못하면 그들은 몹시 날카로워진다. 제대로 못 놀았기 때문에. 그들에게 놀이란 없다. 과제만 있을 뿐이다.

위의 예는 편집적 성격, 경계성 성격, 강박적 성격에 대한 도식적 설명이다. 실제 사람의 성격이 그렇게 간단하게 설명될 수 있는 것은 아니다. 하지만 어떤 사람이 어떤 성격을 갖게 되는지는 어떤 방어의 조합이 주로 사용되는지에 달려 있다고 할 수 있다.

마음속 싸움을 우리는 알 수 없다

프로이트의 세 번째 이론에 의하면, 중요한 일들은 모두 무의식에서 일어난다. 느껴서는 안 될 욕망, 감정, 환상 등이 호시탐탐 표현되려는 기회를 노리며 자리 잡고 있는 곳도, 그것들을 억압하거나 다른 형태로 바꾸는 방어가 일어나는 곳도 모두 무의식이다. 무의식 속에서는 표현되려는 힘(이드)과 억누르는 힘(자아) 사이의 끝없는 싸움이 계속된다.

하지만 그렇다는 걸, 우린 알지 못한다. 치열한 투쟁이 끝나고 두 힘 사이의 타협으로 만들어진 최종 결과물, 그것만이 우리가 알 수 있는 전부다. 무의식(자아의 무의식적 활동)의 치밀한 작업 때문에 우리는 마음속을 투명하게 들여다볼 수 없다.

머리글에서 말했듯, 우리는 왜곡 없이 세상을 경험할 수 없다. 왜곡은 여러 차례 일어난다. 인간이라는 종이 가지고 태어난 감각기관에 의해서, 그리고 여러 번의 방어에 의해서. 최종적으로 우리가 보고 듣고 생각하고 느끼는 모든 것은 여러 단계의 왜곡을 통해 마음에서 재구성되는 것이다.

우리가 사는 세상은 일종의 가상현실이다. 그 가상현실을 정신분석에서는, 정신적 현실이라 부른다. 죽었지만 그 사실을 받아들일 수 없었기에 그레이스는 여전히 살아 있었다. 유령이 되어서도 알아채지 못한 정신적 현실 속에서.

_〈디 아더스〉(2001)

이 글을 읽고 한 가지 의문점이 들 수 있다. 프로이트가 두 번째 이론을 포기했으면 의식과 무의식이라는 용어 자체가 없어져야 하는 것 아니냐는 생각이다. 맞는 이야기다. 그랬어야 했다. 그런데 프로이트는 그 용어들을 없애지 않았다(다른 말로 바꾸기만 했어도 좋았을 텐데). 그래서 〈메멘토〉의 각주에서 언급했듯이 프로이트의 의식, 무의식 개념은 매우 복잡해졌다. 그에 대한 이야기를 조금만 해보자.

이전까지의 글들에서 의식과 무의식을 마음의 영역이라 생각하자고 했지만, 보다 정확히 말하자면 프로이트의 두 번째 이론에서 의식과 무의식은 마음의 모든 현상들이 일어나는(혹은 처리되는) '시스템'이다. 그리고 이럴 경우, 이 책에는 언급하지 않았지만 또 하나의 시스템으로서의 전의식Preconscious 의 개념이 더해진다. 이렇게 사용될 때의 무의식을 다르게 사용할 때와 구분하기 위해 'System Unconscious'라 부르고, 대문자로 표기하기도 한다.
세 번째 이론인 구조적 이론에서 프로이트는 시스템으로서의 의식, 무의식의 개념을 포기했지만 용어 자체는 그대로 사용했다. 세 번째 이론에서 의식, 무의식은 가장 일반적인 뜻, 즉 느끼느냐 느끼지 못하느냐를 구분하는 용도로 쓰인다. 느끼지 못하는 현상을 무의식적인 현상, 느끼는 현상을 의식적인 현상이라고 부르는 것이다. 무의식이라는 용어가 이렇게 사용될 때는 서술적 무의식Descriptive Unconscious 이라 부른다.
이렇게 정의할 경우, 뭔가를 느낀다는 것, 즉 의식한다는 것 자체는 세 가지 구조 중 자아의 기능에 속한다. 그렇기 때문에 정의상

이드와 초자아에서 발생하는 것들은 그 자체로 의식될 수 없다. 따라서 세 번째 이론을 엄밀하게 적용할 경우, '자아와 초자아는 무의식적인 부분과 의식적인 부분을 모두 갖고 있다'는 말은 틀린 것이다. 초자아 전체가 무의식적인 것이 되어야 맞다.

마음에 관한 모델이 하나가 아니라는 것이 프로이트의 이론을 이해하기 어렵게 만든다. 의식과 무의식이라는 단어가 문맥에 따라 다른 뜻을 갖기 때문이다(실은 자아라는 단어도 프로이트의 저작 전체에서 통일된 의미로 사용되지 않는다. 이야기가 너무 복잡해지므로 여기서는 언급하지 않겠다).

많은 분석가들이 프로이트의 두 번째 이론과 세 번째 이론을 섞어서 사용한다. 이론적으로 엄밀히 말하자면 그렇게 해서는 안 되지만 실제 치료에 있어서는 그렇게 해도 무리가 없을뿐더러 매우 유용하기 때문이다. 두 번째 모델이 나름의 유용성 때문에 살아남은 것이다(그래서 프로이트를 이해하기가 더 어려워졌다). 이 책에서도 두 모델이 같이 쓰이고 있다. 이드와 자아에 대한 이야기를 하면서도 시스템 혹은 영역으로서의 의식. 무의식의 개념을 섞어 쓰고 있다. 꼼꼼하게 읽으면 의식과 무의식이라는 용어가 때로는 영역이나 시스템의 개념으로, 때로는 서술적인 의미로 쓰인다는 것을 알 수 있을 것이다.

전문적으로 정신분석을 공부하는 사람들에게도 어려운 이야기다. 몰라도 상관없으니 두통거리를 만들지는 마시길.

당신만의 세상

사람은 누구나 두 가지 세상에 산다. 객관적 세상과 주관적 세상. 지금 우리는 21세기 대한민국이라는 시공간을 공유하며 산다. 하지만 누군가는 이슬람 국가에서도 선교활동을 해야 직성이 풀리는 주님의 세상에 살고, 누군가는 미국이 줄기세포 기술을 빼돌린 음모의 세상에 산다. 누군가는 멋진 빅뱅과 같은 세상에 살고, 누군가는 재수 없는 빅뱅과 같은 세상에 산다.

같은 세상을 살고 있는 듯 보이는 우리는, 실제로는 제각각의 세상을 산다. 이렇게 나만의 시각으로 구성해낸 현실, 실제보다 더 실제 같은, 아니 나에게는 유일한 현실, 그것이 '정신적 현실'이다.

사람 마음에 대한 깊고 아픈 성찰 〈레볼루셔너리 로드〉

뭘 말하려는 걸까? 영화 전체를 관통하는 불안과 혼란의 정체는 뭘까? 이게 의도된 걸까? 후반부로 가면서 증폭되던 의문은 엔딩 크레디트가 올라가면서 결정적인 마지막 퍼즐 조각이 맞춰지듯 스르륵 풀렸다. 그렇구나, 샘 멘데스였구나. 이 영화는 〈아메리칸 뷰티〉(1999)를 연상시킨다. 보다 진지한 버전, 웃음기가 사라진 〈아메리칸 뷰티〉라 해도 될 것 같다. 이 두 영화를 '미국 중산층의 심리적 공허함'이나 '현대인의 소외' 같은 얄팍하고 상투적인 이야기로 보는 건 멘데스에 대한 실례다. 그는 그렇고 그런 이야기를 하는 그렇고 그런 감독이 아니다. 그의 영화는 인간에 대한 깊고 아픈 성찰을 담고 있다.

이 영화는 프랭크와 에이프릴, 부부로 사는 두 남녀의 혼란과 불안을 그리고 있다. 특별함에 목숨 거는 여자와 평범함에 목숨 거는 남자. 세상의 숱한 부부들처럼 그들도, 왜 싸우는지 모르면서 끝없이 싸운다. 그들의 싸움이 그렇게 처절한 건, 서로가 서로에게 너무 큰 위협이기 때문이다.

그녀의 세상, 그의 세상

에이프릴은 특별하지 않으면 안 되는 여자다. 하고 싶은 건 꼭 해야 한다. 그래서 배우가 되려 했고 그래서 세상에서 가장 흥미로운 남자(인 줄 알았던) 프랭크를 선택했다. 하지만 그녀에겐 재능이 없었고, 프랭크는 실패가 두려워 시도조차 못하는 소심한 남자였다. 두 아이를 낳고 평범한 일상에 눌러앉게 된 현실을 그녀는 견딜 수 없었다.

그녀에게 파리는 마지막 구원이었다. 파리에 못 가면 죽는 것이나 다름없었다. 파리에 가면 프랭크가 자기 시간을 가질 수 있을 것이고, 파리에 가면 프랭크가 자기 재능을 발견할 수 있을 것이고, 파리에 가면 프랭크가 다시 세상에서 가장 흥미롭고 특별한 사람이 될 것이고, 파리에 가면, 파리에 가면……* 하지만 한때 아름답고 특별했던 남자 프랭크는 이제 작은 마을에 그녀를 가둬놓고 질식시키는, 불행의 근원이 되어 있다.

프랭크는 안정(혹은 안전)을 바라는 남자다. 그는 세상의 상식 속에 숨어 평범하게 살기를 원한다. 그에겐 그 시대의 상식, 모두 행복하게 미소 짓는 공익광고 같은 가정이 지상 과제다. 매일 똑같은 일상이 넌덜머리나지만 사랑하는 가족을 위해 기꺼이 '녹스'에 뼈를 묻기로 한다. 한때 한심해 보였던, 하지만 지금은 이해가 되고도 남는 그의 아버지처럼.

그런 그에게 에이프릴의 욕망은 너무 위험하다. 그녀를 행복하게 해주기 위해 파리행을 결심해보지만 아무래도 무리다. 그냥 이렇게 오순도순 살았으면 좋겠는데 에이프릴은 성가시고도 위험한 꿈을 포기하지 않는다.

* 파리에 못 가는 것에 대해 프랭크를 맹비난했지만, 그녀도 파리가 구원이 될 수 있을 것인가에 대한 확신은 없었을 것이다. 그렇지 않으면, 왜 셋째 아이가 생겼다는 걸 알았을 때 바로 지우지 않고 스스로도 '무슨 생각을 하고 있었는지도 모르게 10주가 되도록 방치해두었겠는가.

'레볼루셔너리 로드'의 작고 예쁜 집에 같이 살지만, 둘의 세상은 전혀 다르다. 둘은 다른 세상의 다른 기준으로 서로를 판단하고 비난한다. 서로의 세상, 그 차이에 관한 이야기를 하지 못하고 각자 자신의 세상만을 고집한다.

서로 다른 세상의 만남

사람과 사람의 만남은, 정신적 현실의 만남이다. 모든 관계는 정신적 현실의 어울림이고 충돌이다. 서로 다른 두 세상의 조우, 서로 다르게 연결된 신경회로들의 조우다.

서로 다른 두 세상이 가장 갑작스럽고 격렬하게 부딪치는 것이 아마 결혼이라는 제도일 것이다. 프랭크와 에이프릴에게 그렇듯, 모든 부부에게 결혼의 의미는 제각각이다. 결혼의 사전적 정의는 어떤 부부가 실제 어떻게 사는지에 대해 아무것도 말해주지 않는다. 결혼은 당사자들의 정신적 현실에 의해 다양한 모습으로 펼쳐진다.

남들 눈에 어떻게 보이든 두 사람의 정신적 현실이 잘 어우러지는 경우가 간혹 있다. 백마 탄 왕자를 원하는 여자가 구원 환상을 가진 남자를 만나면 둘만의 판타지가 이루어진다. 세상에서 제가 제일 잘났다고 생각하는 남자는, 세상에서 제일 잘난 남자의 아내가 되고 싶은 여자를 만나면 행복할 수 있다. 남들 눈에 어떻게 보이든 당사자들이 만족한다는데 뭐라 할 일은 아니다. 누구나 판타지를 추구할 권리는 있다. 실제로 세상에는 이런 절묘한 궁합을 보여주는 부부들이 종종 있다.

　물론 그런 행운보다는 충돌이 훨씬 많다. 내세울 거라곤 남자라는 것밖에 없는 마초들이 평생 여자의 뼛골을 빼먹는 이야기는 이 사회의 고전이다. 백마 탄 왕자를 꿈꾸는 여자는 모든 불행의 원인을 남편에게 돌리며 살 가능성이 농후하다. 어른들의 평등한 만남이 결혼이라지만 세상에는 아빠와 딸, 또는 엄마와 아들 같은 부부도 많다. 사랑으로 맺어지는 게 결혼이라지만 증오하기 위해 같이 사는 부부도 많다. 그렇게 미우면 헤어질 법도 하지만, 끈질기게 서로를 고문하며 같이 산다. 미워해야 할 사람이 필요해서다.

　가족 단위의 양상은 더 복잡하다. 우리 사회에서 부모가 자식을 자존심(좀 더 정확히는 자기애)의 수단으로 삼는 건 이상해 보이지도 않을 정도다. 부부 갈등이 아이에게 전가되는 것 또한 일상적 광경이다. 부모 자식의 역할이 뒤바뀐 가족도, 자식을 벗어버리고 싶은 짐으로 여기는 부모도 얼마든지 있다. 여자로서 며느리를 질투하는 시어머니나 남자로서 아들에게 경쟁심을 느끼는 아버지도 얼마든지 있다.

　에이프릴의 세상과 프랭크의 세상도 결혼이라는 제도 안에서 격렬히 충돌했다.

그와 그녀의 싸움

두 사람의 정신적 현실이 충돌하는 대표적 예는 큰 싸움이 벌어졌을 때다. 이 영화에는 두 번의 매우 흡사한 장면이 있다. 연극이 끝난 후 차 안에서의 언쟁과 마지막 싸움 장면.

프랭크는 싸움이 커지면 에이프릴에게 다가가려 한다. 그는 갈등 자체를 견디지 못한다. 행복한 가정, 서로 사랑하는 부부가 되는 것이 지상 과제인 그의 정신적 현실을 감안하면 이해하기 어렵지 않은 행동이다. 그렇게 싸우면서도 에이프릴의 사랑을 애걸하는 마지막 싸움 장면이 그의 마음을 잘 보여준다.

상상해보자. 어쩌면 그의 어머니는 불행한 여자였는지 모른다. 어쩌면 어린 프랭크는 어머니의 구원이 되고 싶었는지 모른다. 그녀의 기쁨, 위로가 되고 싶었지만, 어쩌면 그런 그를 그의 어머니는 차갑게 밀어냈는지도 모른다. 에이프릴처럼. 그럴 때마다 어린 프랭크는 죽을 것만 같았는지도 모른다. 그래서 프랭크는 에이프릴의 불행을 견딜 수 없는지도 모른다. 애처롭게 보이는 그녀를 위로해주고 싶은데, 에이프릴은 차갑게 거절한다. 프랭크의 신경회로가 한 바퀴 돈다. 분노가 폭발한다. 눈앞의 에이프릴에게, 마음속 어머니에게.

에이프릴은 싸움이 커지면 프랭크를 밀어낸다. 차 안에서도, 마지막 장면에서도 그랬다. 프랭크를 무서워하는 것 같아 보이지는 않는다. 그보다는 숨 막혀하는 것 같다. 그런 상황에서도 화해와 사랑을 고집하면서 그녀가 마음껏 불행해하지도 못하게 하는 그가 유약하고 이기적이라고 생각했는지도 모른다. 어쩌면 그녀의 아버지도 그랬는지 모른다. 그녀가 조금이라도 불행해 보이면 못 견디는 사람, 그녀를 내버려두지 않는 사람, 감정조차 간섭하려는 사람이었는지도 모른다.

이유가 뭐든, 에이프릴의 정신적 현실 속에서 그럴 때의 프랭크는 혐오스런 괴물이다. 그래서 필사적으로 도망친다. 마지막 싸움에서 내지르는 괴성이 그녀의 마음을 잘 보여준다. 큰 싸움 뒤에는 늘 프랭크가 원하는 아내의 모습이 되어 정성껏 음식을 준비한다. 잔뜩 먹여 괴물을 잠재우고 온순한 프랭크를 다시 불러내는 것처럼. 그러곤 원하는 바를 실행한다. 파리 이야기를 꺼낸 것도, 유산을 결행한 것도 프랭크를 잘 먹인 후였다. 그건 화해가 아니다. 괴물을 잠재우는 제의祭儀일 뿐이다. 그녀의 정신적 현실 속에서 프랭크는 때로는 구원이고, 때로는 괴물이다.

마음에는 모순이란 게 없다

〈레볼루셔너리 로드〉(2008)는 따뜻한 영화가 아니다. 마음을 불편하게 하는 많은 장면을 담고 있다. 낙태 기구를 발견한 프랭크가 에이프릴을 몰아붙이는 장면이 특히 그렇다.

그녀가 임신을 형벌처럼 느끼고 아이들을 낳은 것을 후회한다는 것, 아이들을 꿈을 실현하는 데 거치적거리는 방해물로 여긴다는 것, 에이프릴로서는 도저히 인정할 수 없는 정신적 현실 속의 진실을 프랭크는 무자비하게 까발린다. 에이프릴은 공황에 빠진다. 사랑하는 아이들, 아무 잘못도 없는 순진한 아이들에 대한 강렬한 원망과 미움이 마음속에 있다는 건 당연히 인정할 수 없는 이야기다. 이 세상 부모라면 그녀의 공포를 오롯이 이해할 수 있을 것이다. 모두가 그녀처럼 입 밖에 내지 못할 나쁜 마음을 갖고 있으니까.

하지만 정말 그럴까? 내 아이에 대한 원망과 미움이 마음속에 있다는 게, 에이프릴의 생각처럼 그렇게 나쁜 걸까?

세상에는 근거도 없이 당연하게 여겨지는 것들이 있다. 마땅한 이유가 있어서가 아니라 그것에 대한 의심이나 깊은 생각이 금지되어 있기 때문에 당연하게 여겨지는 것들 말이다. 들춰서는 안 되는 금기. 국민정서.

그런 금기를 만드는 건 초자아다. 마음 한구석을 격렬하게 부정하게 하는 에이프릴의 죄책감도 초자아의 작품이다. 자식을 미워한다는 건 말도 안 된다고, 세상에서 제일 나쁜 거라고, 그녀도 우리도 그렇게 배웠다. 그래서 그런 미움을 인정하지 못한다. 행여 미움이 느껴지면 죄책감에 괴로워하며 완강하게 부인한다.

하지만 사람의 마음은 그런 것이 아니다. 우리의 마음속에는 서로 모순되는 생각과 감정들이 얼마든지 공존한다. 누군가를 사랑한다고 그 사람에 대한 미움이 안 생기는 게 아니다. 사랑과 미움은 숫자를 더하고 빼는 것처럼 상쇄되는 것이 아니다. 얼마든지 우리는 세상에서 제일 사랑하는 누군가를 격렬히 미워할 수 있다. 아니, 늘 그렇다.* 에이프릴의 마음속에서 프랭크가 때로는 구원이고 때로는 괴물이듯이.

* 사랑과 미움이 가장 격렬하게 뒤엉켜 있는 관계는 물론, 가족이다. 가족이란 그런 것이다. 가장 사랑하면서도 가장 미워하는 관계. 결혼이란, 하나의 그런 관계가 해체되고, 다른 하나의 그런 관계가 만들어지는 것이다.

한 사람의 마음속에 존재하는 정신적 현실은 한 가지가 아니다. 마음이란 일목요연한 것이 아니다. 그 속에는 수많은 정신적 현실이 공존한다. 예를 들어, 봉사활동을 하면서 자신의 동기에 대해 고민하는 사람들이 가끔 있다. 정말로 남을 위한 것인지, 자기만족을 위한 것인지, 심지어는 불행한 사람들을 보고 위안을 받으려는 '나쁜' 마음인지. 이중 어떤 것도 유일한 진실이 아니다. 모두가 진실이다. 남을 위한 마음이 충분하면 진심 어린 봉사가 되는 것이지, 그 마음만 있어야 하는 게 아니다. 그렇게 되어야 한다고 생각하는 건 완벽에 대한 집착일 뿐이다. 남의 불행이 위안이 되는 것도 자연스러운 마음이다. 그게 동기의 전부가 아니라면(그게 전부인 봉사 같은 것이 어디 있겠는가) 비난받을 일이 아니다.

하나의 정신적 현실에서 사랑하는 사람은, 다른 정신적 현실에서는 증오의 대상일 수 있다. 그중 어느 것도 유일한 진실이 아니며, 어느 것도 거짓이 아니다. 모두가 마음의 일부고 모두가 진짜다. 마음은 다중의 정신적 현실로 구성된다. 항상 그렇다. 예외는 없다. 모순이라는 개념 자체가 이성의 관점에서 학습된 것일 뿐, 마음속에 모순이라는 것은 애초에 존재하지 않는다.

나의 정신적 현실, 남의 정신적 현실

정신적 현실은 무의식 속의 욕구와 환상, 두려움이 세상을 채색해서 만들어진다. 그것은 왜곡이다. 그리고 그것만이 인간이 경험할 수 있는 현실이다. 왜곡 없는 현실은 인간에게 허락되지 않는다. 우리는 꿈을 꾸듯 산다. 늘 똑같은 저만의 꿈을.

깨어나기 전엔 꿈인 줄 모르듯, 우리는 자신의 현실이 왜곡됐다는 것을 알지 못한다. 왜곡은 무의식*의 소리 없는 작업이기 때문이다. 그래서 내 정신적 현실은 나보다 남에게 더 잘 보인다. 바꾸어 말하면, 내 정신 * 프로이트의 두 번째 모델에서는 무의식, 세 번째 모델에서는 자아. 적 현실은 안 보이고 남의 것은 잘 보인다. 내 눈의 대들보는 안 보이고 남의 눈의 티끌은 잘 보이는 것처럼. 그래서 내 삶은 지극히 타당하고, 남의 삶은 괴상해 보인다. 내 인생은 작품이고 남의 인생은 '막장'이다.

남의 정신적 현실에 관한 진실을 우리는 종종 서로를 할퀴는 데 쓴다. 프랭크와 에이프릴이 서로에게 너무 큰 위협인 이유도 거기에 있다. 싸움이 시작되면 둘은 서로의 진실을 잔인하게 폭로한다. 그는 그녀를 텅 빈 껍데기 같은 여자라 비난하고, 그녀는 그를 작은 함정에 자신을 가둬놓은 무능한 남자라 비난한다. 둘 다 알고 있다. 상대의 비난에서 자유로울 수 없음을. 그 비난이 진실을 내포하고 있음을. 하지만 그걸 인정하는 건 너무 아프고 괴롭기 때문에 역으로 상대를 공격한다. 불편한 진실을 말하는 상대의 입을 틀어막기 위해서. 〈디 아더스〉에서 그레이스가 앤에게 그랬던 것처럼.

공포, 서로를 할퀴게 하는 것

영화의 첫 장면에서 에이프릴은 프랭크에게 하고 싶은 게 뭐냐고 묻는다. 프랭크는 그런 걸 알면 인생이 재미없을 거라 답한다. 이 장면은 영화 전체를 집약한다. 그때 서로 많이 다르다는 걸 알았으면 두 사람의 비극은 없었을 것이다. 하지만 어쩌겠는가. 꼭 지나고 나서 깨닫는 게 삶인 것을.

사장의 제의를 받고 프랭크는 스스로에게 묻는다. 지금 갖고 있는 게 뭔지, 꼭 있어야 하는 게 뭔지, 없어도 되는 게 뭔지. 영화 내내 두 사람은 그 답을 찾지 못한 채 표류한다. 두 사람이 각자 꼭 있어야 한다고 생각한 것은, 실은 없어도 되는 것이었다. 그렇게 특별하지 않아도 삶은 살 만하고, 공익광고처럼 화목하지 못해도 행복한 가정은 가능하다. 조금의 여유가 있었다면 상대가 그렇게 위협적이진 않았을 것이다. 그렇게 서로를 할퀼 필요도 없었을 것이다. 공포가 그들을 싸우게 만든 것이다.

존이라는 인물도 마찬가지다. 그는 관객을 가르치려 드는 감독들이 즐겨 등장시키는 '바른말 하는 아웃사이더'가 아니다. 프랭크 부부의 정신적 현실을 예리하게 읽어내지만, 그걸로 기껏 그가 한 일은 그들을 난도질하는 것뿐이었다. 그는 제 정신적 현실(아마도 세상은 역겨운 위선자들로 가득하다는)이 만들어낸 공포 때문에 아무에게나 칼질을 해대는, 삶에 치인 또 다른 인물일 뿐이다. 프랭크 부부의 파리행에 대해 이야기하다 울어버리는 밀리도, 에이프릴이 죽은 후 험담을 늘어놓는 기빙스 부인도* 모두가 공포와 혼란 속에서 버둥대는 인물들이다. 우리처럼.

삶은 타협이다

마음을 가진 인간으로 사는 한, 우리는 정신적 현실에서 자유로울 수 없다. 설사 정신적 현실의 왜곡을 없앨 수 있다 해도, 그건 인간의 안녕에 도움이 되지 않는다.

하지만 나와 남이 어떤 정신적 현실 속에 살고 있는지 얼마간 알아야 할 필요는 있다. 그래야 내 세상을 강요하거나, 남의 세상에 휘말리지 않을 수 있다. 내가 맞다, 네가 맞다 싸우지 않고 서로의 다름에 대해 이야기할 수 있다. 어울리는 것은 즐기고, 충돌하는 것은 타협할 수 있다.

마음을 알면, 세상에 없어서는 안 되는 게 그리 많지 않다는 걸 깨닫게 된다. 지금으로도 괜찮다는 걸. 두려움이 옅어

* 그녀는 약삭빠른 인물이지만, 마지막 장면은 약삭빠름보다는 그녀의 혼란을 보여준다. 좋은 사람인 줄 알았던 에이프릴이 끔찍한 일을 벌인 것이 그녀를 무척 두렵게 했을 것이다. 그 부부는 원래 이상한 사람들이었다는 말로 그녀는 자신의 혼란을 부인한다.

** 그게 '치료'의 핵심이기도 하다. 오래 같이 지내면 남의 문제는 다 보인다. 치료와 치료가 아닌 것의 차이는, 그 보이는 것으로 무엇을 하는지에 있다. 그래서 치료는 이해관계가 없는 사이에서만 이루어질 수 있다. 이해관계가 있는 한, 남의 정신적 현실을 '이용'할 수밖에 없는 것이 인간이기 때문이다.

지고 양보할 여유가 생긴다. 그렇게 되어야 남의 정신적 현실을, 그 사람을 위해서 말해줄 수도 있다. 할퀴고 이기기 위해서가 아니라.** 삶은 완벽한 조화도 서슬 퍼런 투쟁도 아니다. 타협이다. 내 세상과 남의 세상의.

_〈레볼루셔너리 로드〉(2008)

마음의 약속은 사채 빚보다 지독하다

정신적 현실
린과 셸비의 막장 드라마

마음의 계산법

얼굴의 반은 되어 보이는 톡 튀어나온 이마, 왕방울만 한 눈, 어린애만 한 키. 크리스티나 리치는 셸비 역에 제격이다.* 내가 뭘 잘못했느냐고, 나한테 왜 이러느냐고 린을 원망하는 적반하장. 재판정 장면에서 보여주는 화난 듯, 원망하는 듯 보이는 눈빛과 망설임 없이 린을 가리키는 손가락. 상식의 잣대로는 비난받아 마땅한 아이다. 진짜 몬스터가 린인지 셸비인지(혹은 세상인지) 감독은 묻고 싶었는지 모른다.

하지만 마음이라는 것은 우리의 생각(또는 희망)처럼 상식적으

* 아마도 같은 이유에서 또 다른 '4차원' 캐릭터 〈애니싱 엘스〉의 아만다 역에도 캐스팅된 게 아닌가 싶다. 아, 애초에 〈아담스 패밀리〉에도.

로 움직여주지 않는다. 마음에는 마음만의 계산법이 있다. 셀비의 마음은 무의식의 논리, 정신적 현실에 충실할 뿐이다. 그녀는 우리의 모습이다. 우리가 모르고 있을 뿐, 또는 모르는 척하고 있을 뿐.

프로이트는 무의식이 쾌락 원칙Pleasure Principle을 따른다고 했다. 말 그대로 쾌락을, 쾌락만을 추구한다는 뜻이다. 이 원칙에 의하면, 무의식은 양보하지 않는다. 눈치도 안 본다. 어떤 상황에서도, 어떤 장애를 만나도 굴하지 않고 쾌락을, 쾌락만을 추구한다.

리비도와 쾌락 원칙. 이런 개념들 때문에 프로이트의 이론은 성욕으로 모든 것을 다 설명하려 한다는 오해를 산다. 하지만 리비도는 성욕보다 훨씬 큰 개념이고, 그가 말하는 쾌락 또한 성적인 쾌락에 국한되는 것이 아니다. 이 원칙을 통해서 프로이트가 말하고자 하는 건 마음의 일차적인 목적은 욕구의 만족이라는 것. 바꾸어 말하면 욕구의 만족이야말로 마음이라는 '장치'의 존재 이유라는 것이다.*

* 프로이트는 욕구가 욕동에서 비롯되는 것이라 생각했다. 따라서 그의 이론에서는 모든 욕구는 두 가지 욕동(리비도와 공격 욕동)으로 환원된다. 하지만 그건 닿을 수 없는 무의식 깊은 곳의 이야기고, 우리가 느낄 수 있는 건 욕동이 여러 번 변형되어 (방어에 의해서) 만들어진 다양하고 미묘한 욕구다. 치료 상황에서 다루어지는 것도 의식에 떠오른 욕구지, 무의식 깊은 곳의 욕동이 직접 다루어지는 것이 아니다.

욕구란 복잡한 것이다. 예를 들어, 한 사람이 어떤 대상과 성관계를 갖고 싶어하는 마음은 나르시시즘일 수도, 의존 욕구일 수도, 공격성일 수도 있다. 어떤 마음인지에 따라 그 특정 대상은 매우 중요할 수도 있고, 전혀 중요하지 않을 수도 있다. 다른 동기는 전혀 없는 '순수한 성욕' 같은 건 이론적 개념일 뿐 실제 우리가 느낄 수 있는 것이 아니다. 의식적인 욕구를 곧바로 욕동으로 해석하는 건 잘못이다(프로이트를 잘못 이해한 사람들이 고집하는 방법이기도 하다).

인간의 욕구는 다양하다. 성에 대한 욕구는 그중 하나일 뿐이다. 보호받고 싶은 마음, 이해받고 싶은 마음, 인정받고 싶은 마음, 이기고 싶은 마음, 지배하고 싶은 마음, 받은 만큼 상처주고 싶은 마음. 조금 더 확대해서 생각해보면 버림받기 싫은 마음, 비난받기 싫은 마음. 모든 것이 욕구다. 쾌락 원칙은 기어이 욕구를 실현하려는 마음의 경향성이다. 어떻게든, 남이야 어떻든.

프로이트의 인간은 욕망하는 기계이고, 인간에게 세상은 욕망이 투사된 스크린이다. 그 세상에서 대상은, 욕망의 대상으로만 존재한다. 독립적 주체로서의 타인, 독립적인 마음과 욕망과 취향을 갖는 타인 같은 건 없다. 대상은 마땅히 내 욕망을 충족시켜야 할 의무를 가진 존재다. 그것만이 대상이 존재하는 이유다. 나에게는 원하는 대로 대상을 사용할 권리가 있다. 미안해하지도, 배려하지도 않을 권리가 있다. 그게 쾌락 원칙이고, 그 원칙이 지배하는 것이 인간의 정신적 현실, 마음속 세상이다.

그 세상에선 내가 남을 배신하는 일은 있을 수 없다. 내가 남을 버릴 수도 없다. 내가 버려지고 내가 배신당한다. 셀비는 린을 배신했지만 그건 객관적인 시각에서의 이야기일 뿐, 그녀의 마음속에서 배신당한 건 셀비 자신이다. 분명히 린은 약속했다. 키 아일랜드에 데려가고, 바닷가의 집과 보라색 포르쉐를 사주겠다고. 매일 파티하며 살 거라고.

그걸 믿었느냐고? 물론이다. 셀비 나이에 린은, 나중에 자기가 마릴린 먼로 같은 빅 스타가 될 거라 믿었다. 그녀가 셀비에게 한 말은 '작업 멘트'가 아니었다. 린 자신도 믿어 의심치 않았다. 마음이란 그런 거다.

둘 사이에는 약속이 있었다. 린은 셀비를 세상으로부터 보호하고 행복하게 해주기로 했다. 무슨 일이 생겨도 그렇게 하기로 했다. 말이 안 돼도 약속은 약속이다. 정신적 현실에서 마음과 마음의 약속은 사채 빚보다 더 지독한 것이다. 어쩔 수 없는 상황, 그런 건 없다. 약속은 무조건 지켜져야 한다. 춤바람이 나서 도망갔든 교통사고를 당했든, 엄마를 잃은 아이는 버림받은 것이다. 버림받았다는 사실이 있을 뿐 이유는 필요 없다. 엄마로 있기로 약속했으면 어떻게든 있어야 하는 것이다. 그게 마음의 계산법이다. 린은 어떻게든 약속을 지켰어야 했다. 경찰을 죽이고 불안에 떠는 그녀에게 셀비는 분명히 말한다. 약속한 건 내가 아니라 너라고, 그러니까 약속을 지키라고. 나가서 차를 구해 오라고.

셀비의 행동이 배신이 아닌 건, 린에게도 마찬가지다. 누군가에게 구원받아 비참한 현실에서 벗어나고 싶었던 소녀, 린. 하지만 구원은 없었고, 그녀는 죽기로 했다. 순간, 그녀에게도 5달러를 쓰지 않으면 공짜로 봉사한 것이 된다는, 희한한 마음의 계산법이 떠올랐다. 그렇게 맥주나 한 병 마시고 죽자는 마음으로 들어간 바에서 그녀는 빨아들일 듯한 눈으로 구원을 기다리는 소녀 셀비를 만난다. 운명은 그렇게 시작되었고 린은 셀비의 구원이 되기로 했다. 그녀 자신이, 자신에게는 찾아오지 않은 구원이 되기로 한 것이다.

그러므로 린에게 셀비는 남이 아니다. 어떻게든 소원을 들어주고 싶은, 어린 시절의 그녀 자신이다. 배신? 그런 건 없다. 남이 아닌데 어떻게 배신 같은 게 가능한가? 셀비는 모든 걸 누릴 권리가 있다. 아무 걱정도 하지 않을 권리가 있다. 아무렇게나 할 권리가 있다. 애초의 약속이 그것이었고, 어차피 린이 모든 걸 감당할 것이었다. 셀비는 보호되어야 하니까, 행복하게 살아야 하니까, 그게 린 자신도 구원받는 일이니까. 사람같이 살아보지 못한 삶의 유일한 보상이고 흔적이니까.

저희들만의 동조

린과 셀비의 관계는 정신적 현실 속에서 사람이 사람을 어떻게 대하는지, 무엇으로 대하는지를 잘 보여준다. 린과 셀비는 서로의 욕구에 정확히 부합하는 대상이었다. 그들의 정신적 현실은 서로를 보는 순간 융합했다.

두 사람의 삶은, 사람들의 정신적 현실이 서로의 이해관계에 의해 들어맞을 때, 그래서 이해나 타협이 아닌 동조가 생겨날 때 어떤 일이 일어나는지를 보여준다. 그 동조가 세상을 등졌을 때 어떤 일이 일어날 수 있는지도.

세상에는 수많은 동조 집단이 존재한다. 똑같은 표정을 짓고 사는 부부, 피해의식으로 똘똘 뭉쳐 있는 가족, 무조건 반대부터 하고 보는 정치 집단들, 자기들끼리는 무조건 형제자매고 이교도는 무조건 적이 되는 종교 집단들, 마녀사냥 때만 의기투합하는 네티즌들. 저희들만의 동조, 일그러진 욕망이 투사된 정신적 현실 속에서 그들은 살아간다. 저희들만의 비뚤어진 세상을.

'막장 드라마'가 유행이다. 욕하면서도 사람들이 그런 드라마를 즐겨 보는 건, 순간순간의 자극적인 장면들 때문일 것이다. 큰 줄거리가 말이 되는지 아닌지를 따지지 않으면 순간의 자극에 몰입하는 재미가 있다. 산다는 것도 그렇다. 우리는 늘 순간순간 무의식이 만들어내는 막장 코드에 사로잡힌다. 항상 따지고 생각하지 않으면 어느새 막장 드라마를 찍게 된다. 린과 셀비처럼, 에이프릴과 프랭크처럼. 하지만 그 속에 빠져 있을 때는 그게 막장인지 전혀 모른다. 무의식의 속임수에 넘어가 그럴 수밖에 없는 정당한 이유와 논리적 일관성이 있다고 착각한다. 레너드처럼.

조심하지 않으면 한순간이다, 몬스터가 되는 건.

_⟨몬스터⟩(2003)

3장

세상에서 제일 당신을
싫어하는 사람은 당신이다

우리 모두의 마음속에는 그런 것이 있다. 늘 나를 못마땅해하는 것, 경멸에 찬 시선으로 나를 바라보는 것, 내가 뭘 해도 곱게 봐주지 않는 것, 이유 없이 나를 비난하고 조롱하는 것. 마음속 어둠 속에서 호시탐탐 습격의 기회만 엿보고 있는 것. 그것의 이름은 초자아다.

마음이라는 것이 어떤 것인지, 어떻게 우리를 속이는지는 프로이트의 두 번째 이론만으로도 충분히 이야기할 수 있었다. 두 번째, 세 번째 따질 필요도 없이 넓은 의미의 무의식이라는 개념 하나면 충분했다. 정신분석을 공부하는 사람이 아니라면 굳이 이론을 자세히 알 필요도 없다. 그런 의미에서 세 번째 이론 이야기는 꺼내지 않는 게 차라리 깔끔했을지 모른다.

그런데 굳이 세 번째 이론 이야기를 꺼낸 것은 초자아 때문이다. 초자아라는 개념이 마음을 이해하는 데 중요하고, 누구나 초자아라고 할 만한 마음속 어떤 것 때문에 고통 받고 있기 때문이다. 이제 프로이트의 세 번째 이론의 구조 중 하나인 초자아에 대해 이야기해보자.

세상에서 제일 냉혹한 당신의 천적

초자아
호머의 규칙

다시 〈레볼루셔너리 로드〉의 프랭크와 에이프릴 이야기를 해보자. 에이프릴이 아이들을 짐 덩어리처럼 느낀다는 비난이 프랭크의 생각일 뿐이었다면, 에이프릴이 그렇게 불안해하지는 않았을 것이다. 그녀가 극도의 공포에 빠진 건, 그 비난이 진실을 담고 있었기 때문이다. 아이들이 짐 덩어리처럼 느껴진다는 걸, 그녀 자신이 알고 있었기 때문이다. 하지만 때로 아이들이 짐 덩어리처럼 느껴진다는 것에 그렇게 큰 죄책감을 가져야 하는 걸까?

세상에는 그 질문에 물론이라고 대답하는 사람들이 있다. 반면에 아니라고, 짐 덩어리 정도가 아니라 '웬수'처럼 느껴질 때도 얼마든지 있다고 대답하는 사람들도 있다. 그런 사람들은 자식을 사랑하지 않는 걸까? 천만에. 세상에 자식을 사랑하지 않는 부모는 없다 (잘못 사랑하는 부모는 많지만). 대답이 나뉘는 건 사랑 때문이 아니다.

호머의 오디세이

뉴잉글랜드의 한 고아원에서 태어난 호머. 그의 이름은 그가 겪게 될 녹록지 않은 방랑을 암시한다.

누구나의 유년처럼, 고아원에 있을 때 호머의 세상도 단순명료했다. 무면허 의료행위를 사주(?)하는 라치 박사의 논리는 나름 설득력 있었지만, 세상에 대해, 자신에 대해 호머는 확고한 규칙을 갖고 있었다. 낙태수술은 불법이므로 하지 않았고, 메리의 수작은 지그시 무시해주었다. 그리고 그에게 자신은 의사가 아니었다. 의사가 알아야 할 모든 걸 알고 있어도 그는 의사가 아니었다. 그렇게 명확했다, 그의 세상은.

고아원을 떠났을 때 그의 유년은 끝났다. 알 수 없는 세상 속에서 호머의 확신과 규칙은 통째로 흔들렸다. 혼란 속에 던져진 그는 아무도 답을 줄 수 없는 선택을 해야만 했다. 캔디와의 사랑으로 월리를 배신해야 했고, 아버지의 성폭행으로 임신한 로즈를 위해 수술도구를 잡았을 때 그는 세상의 법을 어겨야 했다.

세상의 시간보다, 물리적 거리보다 훨씬 길고 먼 여정을 마치고 뉴잉글랜드로 돌아온 호머는, 의사가 되었다. 되기로 했다.

세상의 규칙, 사람의 규칙

세상엔 수없이 많은 규칙이 존재한다. 명문화된 법으로부터 사회적 규범, 특정 집단의 윤리, 지극히 개인적인 마음가짐과 매너리즘까지. 그중에는 꼭 지켜져야 하는 것도 있고, 있으나 마나 한 것도 있다. 사람을 위해 만들어진 규칙도 있고, 사람을 수탈하고 탄압하기 위해 만들어진 규칙도 있다. 합리적인 규칙도 있고, 말도 안 되는 규칙도 있다.

〈사이더 하우스〉(1999)는 호머의 성장에 관한 이야기이자 규칙에 관한 이야기다. 영화의 제목이기도 한 'The Cider House Rules'는 어처구니없는 규칙이다. 누가 왜 만들었는지 짐작조차 안 되는, 인부들의 현실과는 전혀 상관없는 생뚱맞은 규칙이다. 그와 대척점에 있는 것으로 이 영화는 근친상간이라는 금기를 다룬다. 꼭 지켜져야 할 규칙. 그것을 어긴 미스터 로즈의 행동은 엄청난 비극을 불러온다.

여기까지는 어렵지 않다. 말도 안 되는 규칙과 꼭 지켜야 하는 규칙의 구분은 명확하다. 소년 호머의 마음처럼. 하지만 그 중간에 또 하나의 규칙을 이 영화는 배치한다. 낙태수술을 금한다는 규칙. 이 규칙은 영화의 두 주인공, 라치와 호머 사이에 갈등을 일으킨다. 호머는 그 규칙에 확신을 갖고 있었지만 로즈의 일은 그의 마음에 균열을 일으킨다. 이 사건은 규칙뿐 아니라 자신의 정체성에 대해서도 호머의 생각을 바꾸어놓는다.

이 영화는 사람들이 각자 세상의 규칙에 대해 어떤 태도를 보이는지, 어떤 선택을 하고 어떻게 스스로의 규칙을 만들어가는지(또는 만들지 못하는지)를 보여준다. 캔디는 규칙을 깨고 호머를 사랑하지만 결국 월리 곁에 남아 세상의 규칙 안에 머문다. 깨서는 안 되는 규칙을 깬 미스터 로즈는 비극적인 종말을 맞는다.

라치의 죽음 또한 규칙을 깬 결과일지 모른다. 하지만 호머를 후계로 삼기 위한 작업을 착실히 진행해온 걸 보면, 그는 때를 알고 있었던 것으로 보인다. 규칙을 깬 것이 아니라, 자신만의 규칙에 의해서 스스로 떠날 때를 선택한 것일지도 모른다. 그는 그런 사람이었다. 세상의 규칙에 집착하지 않는. 낙태수술을 하고 호머에게 진료를 시키고 졸업장 위조까지 서슴지 않는. 영화가 시작될 때 이미 그는 자신에게는 다른 모든 것에 우선하는 하나의 원칙이 있다고 말한다. 고아들의 미래. 그는 주어진 규칙에 얽매이는 사람이 아니라, 생각하고 선택해서 스스로의 규칙을 만들어가는 사람이었다. 그리고 그것이 그가 호머에게 가르친 것이었다.

마음속 규칙, 초자아의 탄생

태어나면서부터 사람은 수많은 규칙의 틀에 놓인다. 때로는 엄중하게, 때로는 가혹하게, 때로는 억울하게, 때로는 교묘하게, 그리고 변덕스럽게 규칙은 적용된다.* 무사히, 또는 사람답게 살려면 세상의 규

* 편히 잘 있던 엄마 몸속에서 영문도 모른 채 바깥으로 쫓겨난 순간, 일단 한 대 맞고 시작하는 게 삶이다.

칙을 익힐 수밖에 없다. 처음엔 누군가 일러주고 겁주고 때려서라도 가르치겠지만 계속 그럴 수는 없다. 결국 무수히 많은 변수가 있는 각 상황에 대처할 수 있도록 우리 마음속에 규칙의 체계가 내재화Internalization되어야 한다. 그렇게 내재화된 규칙의 체계. 그것을 정신분석에서는 초자아라 부른다.

제일 먼저 익혀지는 건 물론, 부모의 규칙이다. 말도 알아듣기 전부터 아이들은 이미 부모의 표정과 음성으로 금지와 허용을 배워나간다. 금지된 것을 했을 때 경험하는 부모의 화난 얼굴은 아이들을 공포에 빠뜨린다. 아이들은 부모가 무엇을 바라는지도 배워나간다. 그것을 해내지 못했을 때 돌아오는 실망한 얼굴은 아이들을 자책과 열등감에 빠뜨린다.

점차 아이들의 마음속에는 부모의 얼굴이 새겨진다. 화난 얼굴, 실망한 얼굴, 그럴 때의 부모의 눈길. 그렇게 초자아는 탄생한다.

초자아는 도덕이나 양심과 다른 것이다

정신분석 용어로 출발했지만, 초자아는 누구나 한 번쯤 들어봤을 만큼 친숙한 용어다. 국어사전에는 이렇게 정의되어 있다. "자아가 원시적 욕구를 억제하고 도덕이나 양심에 따라 행동하도록 하는 정신 요소. 정신분석학에서, 이드 및 자아와 더불어 정신을 구성하는 요소로, 도덕 원칙에 따른다."

이 정의에 의하면 초자아라는 것은 도덕적이고 양심적이고 이성적인 것처럼 보인다. 많은 사람들이 그렇게 알고 있다. 하지만 초자아는 그런 것이 아니다. 이드 못지않게 원시적이고 비이성적인 것이 초자아다.

그 이유는 우선, 부모가 인간이기 때문이다. 모든 인간이 그러하듯 부모도 이성적인 존재가 아니다. 부모 또한 유약하면서도 냉혹하고, 겁 많으면서도 사납고, 숭고하면서도 유치하고, 맹목적이면서도 계산적이다. 부모가 가르치는 건 도덕과 양심이 아니다. 제 기준의 도덕과 제 취향의 양심이다. 부모가 바라는 건 훌륭한 아이가 아니라, 이루지 못한 자신의 집착*을 대신 이뤄줄 아이다. 그런 부모의 규칙과 기대가 내재화된 초자아가 이성적일 리 없다.

초자아가 이성적이지 못한 또 하나의 이유는, 아이가 아이이기 때문이다. 그래서 부모의 규칙은 의도대로 전달되지 않는다. "너 그러면 엄마 도망가버릴 거야."나 "너 때문에 엄마 속상해 죽겠다."는 말로 엄마는 아이에게 의젓한 뉘우침과 결연한 각오 정도를 기대할지 모르지만,** 아이의 마음에는 엄마의 말 한마디, 한마디가 그대로 새겨진다(새겨들어지는 게 아니라). 그 결과 아이의 마음속에 생기는 건 문자 그대로, 엄마가 날 버릴 거라는 속이 타들어가는 공포와 나 때문에 엄마가 죽을 거라는 가슴을 쥐어뜯고 싶은 자책감이다. 그렇잖아도 이성과는 거리가 먼 부모의 규칙

* 부모 역시 자기 부모로부터 유약하면서도 냉혹하고, 겁 많으면서도 사납고, 숭고하면서도 유치하고, 맹목적이면서도 계산적인 그런 집착을 물려받았다.

** 그런 말을 하는 부모의 의도가 무엇인지도 물론, 간단한 문제가 아니다. 부모들은 부인하고 싶겠지만, 최소한 무의식적으로 그런 말은 '의도적으로' 아이에게 상처를 주는, 분노의 화살이다. 애초에 아이가 들어야 할 필요도, 이유도 없는 말이다. 제 인생이 버거운 부모의 화풀이일 뿐이다.

은 더욱 왜곡되고 과장되어 아이의 마음에 내재화된다.* 그래서 아이들의 초자아는, 엉뚱하면서도 고지식하고, 무엇보다도…… 무섭다.

우리는 여전히 아이다

자라나면서 차츰 아이에겐 힘이 생긴다. 부모가 하는 말의 속뜻과 세상의 맥락을 이해할 수 있게 된다. 그래서 부모가, 그리고 세상이 전보다 덜 무서워진다. 이젠 부모의 비난과 원망을 그대로 마음에 새기지 않고, 새겨들을 수 있다. 부모가 전부였던 시절이 끝나면 다른 어른들과 또래 친구들의 영향도 많이 받게 된다. 그에 따라 초자아도 조금씩 변해간다. 보다 부드러워지고 유연해지고 성숙해진다. 보다 현실적이 된다. 마음속에 새겨진 부모의 화난 얼굴, 실망한 얼굴은 점점 희미해져간다. 그 대신 상황에 따라 응용이 가능한 규칙 체계가 만들어진다. 공포를 불러일으키는 생생한 이미지로부터 논리를 갖춘 추상적인 체계로의 전환, 그것이 초자아의 성장 과정이다.

그렇게 아이는 스스로 판단할 수 있는 능력을 갖추어간다. 세상은 어떤 것인지, 나는 어떤 사람인지, 무엇을 지켜야 하고, 무엇을 바꿔야 하는지.

하지만 이 과정은 나이만 먹으면 저절로 이루어지는 것이 아니다. 초자아가 유연하고 현실적인 모습으로 성장하려면, 그럴 만한 환경이 갖춰져야 한다. 간혹 도망갈 거라 위협해도, 속상해 죽겠다 말해도 엄마는 그냥 남아 있다는 걸 거듭 경험해야 아이는 그게 '그냥 말'뿐임을 알게 된다. 정말 도망가거나 죽는다면, 아이의 마음속에서 엄마의 비난과 원망은 실제가 된다.

아이를 따끔하게 혼내고 잘못을 지적하더라도 부모의 태도는 사랑을 바탕으로 해야 한다. 그러지 않으면, 아이에 대한 미움과 분노가 진심이면, 그 진심의 크기만큼 아이의 초자아에는 상처가 생긴다. 그 상처는 딱딱하게 굳고 그 부위는 성장을 멈춘다. 부모의 화난 얼굴, 실망한 얼굴이 흐려지지 않고 선명하게 남는다.

그런 부모가 어디 있느냐고? 그렇게 생각한다면 당신의 초자아도 성숙하지 못한 것이다. 완벽한 부모는 없다. 세상의 모든 부모는 때로 제 성질을 못 이겨 아이를 비난하고 원망한다. 그래서 모든 사람의 초자아 안에는 성장을 멈춘 부분이 생긴다. 그 부분은 우리 마음속에서 늘 분노와 원망의 눈길로 우리를 쏘아본다. 시도 때도 없이 공포와 죄책감을 불러일으킨다. 일거수일투족을 감시하며 틈만 보이면 가차 없이, 잔인하게 비난을 퍼붓는다. 세상을 어른의 시각으로 '생각'하지 못하고 아이의 두려움으로 '경험'하게 한다. 우리 모두는 여전히 아이다. 자기가 몇 살인지도 모르고 시대착오적인 두려움에 떨고 있는.

호머의 초자아

사이더 하우스에서의 경험은 호머의 초자아에 변화를 일으켰다. 캔디와의 사랑, 로즈의 임신이 그의 초자아를 자라게 했다. 하지만 그의 초자아가 자랄 수 있었던 건 무엇보다도 고아원에서의 경험 때문이었다. 고아원에서의 호머는 꽤나 고지식해 보였지만, 그의 마음속엔 이미 라치와 간호사들의 사랑이, 세상을 바라보는 그들의 여유롭고도 일관성 있는 시각이 내재화되어 있었다. 그래서 때가 되었을 때 그는 자신만의 규칙을 세울 수 있었다. 호머라고 상처가 없었을 리 없다(그는 세 번이나 버림받은 고아였다). 그가 의사일 수 없었던 건, 세상의 규칙에 앞서 그의 자괴감 때문이었다. 그의 마음속에는 누구 못지않게 싸늘한 눈길이 새겨져 있었다. 그걸 지워준 게 라치의 사랑이었다.

누구나 호머처럼 행운이 따라주는 건 아니다. 마츠코에게도 그런 행운은 없었다. 그녀의 어린 시절은 아버지의 못마땅한 눈길로 가득 차 있다. 그럴 이유도 없이, 시도 때도 없이 그녀를 향하던 그 차가운 눈길에서 그녀는 벗어날 수 없었다. 그 눈길은 그녀의 마음속에서 초자아가 되어 평생 그녀 자신을 싸늘한 혐오의 시선으로 바라보았다. 그래서 그녀는 '혐오스런 마츠코'가 되었다.

세상에서 가장 당신을 싫어하는 사람

이 영화의 제목, 'The Cider House Rules'는 시대착오적인 규칙이다. 처음에는 만들어진 이유가 있었겠지만, 지금은 말도 안 되고 쓸모도 없는 규칙이다. 우리의 초자아 또한 그렇게 완고한 규칙으로 시작된다. 몸이 자라고 마음이 자라면서, 초자아 또한 성장하고 내용이 바뀌어야 한다. 그러지 못하면 어이없는 규칙 '사이더 하우스 룰스'처럼 시대착오적인, 게다가 무섭기까지 한 것으로 남게 된다.

프랭크의 비난이 에이프릴을 그토록 불안하게 했던 건, 부모는 어떤 경우에도 자식을 미워해서는 안 된다는 고지식한 규칙이 그녀의 마음에 남아 있기 때문이다. 그 지점에서 성장을 멈춘 그녀의 초자아가 그녀를 신랄하게 공격했기 때문이다. 기르다 보면 자식이 미워질 수도 있다는, '웬수' 같이 보일 수도 있다는, 누구나 다 아는 사실을 그녀의 초자아는 받아들일 수 없었던 것이다.

세상에는 그런 초자아를 가진 사람들이 얼마든지 있다. 1등을 못 했을 때 실망이 아니라 수치와 두려움이 엄습하는 사람들, 원수를 사랑하라는 가르침을 실천하지 못하는 자신이 죄인이라 생각하는 사람들, 아무도 신경 쓰지 않는 실수에도 자기 혼자 모멸감을 느끼는 사람들, 욕망이 곧 죄라고 생각하는 사람들, 반성을 빙자한 자책과 자학을 일삼는 사람들.

초등학교 수준의 규칙과 이상에 여전히 목을 매는 사람들. 도덕 교과서 껍데기 같은, 고결해 보이지만 위태롭기 그지없는 가치관으로 세상을 살아가는 사람들. 그들의 도덕성은 치열한 고뇌와 엄격한 수련의 결과처럼 보이지만, 실제로는 마음속 깊은 곳에 시도 때도 없이 출몰하는 싸늘하고 가혹한 눈길, 성장하지 못한 초자아에 대한 두려움의 결과일 뿐이다.*

　　정도의 차이는 있지만 우리 모두의 마음속에는 그런 것이 있다. 늘 나를 못마땅해하는 것, 경멸에 찬 시선으로 나를 바라보는 것, 내가 뭘 해도 곱게 봐주지 않는 것, 이유 없이 나를 비난하고 조롱하는 것. 마음속 어둠 속에서 호시탐탐 습격의 기회만을 엿보고 있는 것.

　　세상에서 가장 당신을 싫어하는 사람은 늘 당신 자신이다.

_〈사이더 하우스〉(1999)

* 그렇다면, 세상의 모든 이념과 가치가 초자아에 대한 두려움에서 오는 위선일 뿐인가, 라는 의문이 자연스레 떠오른다. 이 의문에 대한 프로이트의 기본적인 입장은 '그렇다'이다. 그에게 인간은, 무엇보다도 먼저, 짐승이기 때문이다. 많은 사람들이, 프로이트의 이런 생각을 정신분석의 시각으로 받아들이고 있는 것 같다. 하지만, 인간에 대한 정신분석의 시각은 그렇게 단순하지 않다.

정의?
과연 그럴까?

초자아
트래비스의 사명감

앞 글에서 초자아의 원시성과 비합리성에 대해 이야기했다. 초자아라는 것이 얼마나 가혹하고 잔인한 것인지에 대해서도. 하지만 그것으로도 충분치 않다. 초자아의 정체를 모두 드러내기엔.

마츠코나 에이프릴은 호머만큼의 행운을 누리지 못했다. 그런 행운과 거리가 멀었던 또 한 명의 인물에 대해 이야기해보자. 그의 이름은 트래비스, 직업은 '택시 드라이버'다.

그는 공허하다. 밤마다 잠 못 이루고 거리를 헤맨다. 기왕 그럴 바에야 일이라도 하자는 게 그가 택시를 모는 이유다. 〈굿 윌 헌팅〉의 윌처럼, 그에게도 세상은 흑백이다. 처음 본 여자를 천사라도 되는 양 이상화했다가 거절당한 후엔 바로 차갑고 냉정한 나쁜 대상으로 규정한다. 밤거리를 부유하는 모든 인생은 그에게 쓰레기다. 세상을 더럽히는 악이고, 제거되어야 할 존재들이다. 그리고 그는 그 임무를 자신이 해야 한다고, 할 수 있다고 믿는다.

　진단 기준으로 말하자면 그는 인격 장애의 종합선물세트 같은 인물이다. 그를 포괄적으로 설명하는 것은 짧은 글로 가능한 일이 아니다. 이 글은 그의 초자아에 대한 이야기에 초점을 맞추는 것이 좋을 듯하다.

마음의 혼란은 세상을 단순하게 만든다

　일단 트래비스의 초자아는 단순하다. 그리고 완고하다. 세상과 인생이라는 것의 복잡함이 초자아에게 요구하는 성숙함, 유연함과 깊은 사려가 그의 초자아엔 없다.

　그에게 여자아이는 마땅히 부모와 살아야 하고, 예쁘게 차려입고 학교에 가야 하고, 또래의 남자아이들과 데이트를 해야 한다. 맞는 말일 수 있다. 세상엔 그런 아이들도 많고, 그런 아이들은 행복할 것이다. 문제는 그가 설교를 늘어놓는 그 아이가 누구냐는 것이다. 부모가 미워서 집을 나왔다는 아이, 열두 살의 어린 몸뚱이를 팔며 사는 아이, 기둥서방의 사탕발림이라도 사랑이라 믿어야만 세상을 버텨낼 수 있는 아이. 그런 아이에게 그런 소리를 하고 있는 것이다. 교장 선생님 훈화 같은 소리. '사이더 하우스 룰스' 못지않게 공허한 헛소리.

하지만 그는 진심으로 그렇게 믿고 있다. 여자아이는 그렇게 살아야 한다고. 그 아이가 누구든, 어떻게 살아왔든 그렇게 살아야 하고, 그럴 수 있다고. 부모에게 돌아가서 학교에 다니면 다시 순수한 소녀가 될 거라고. 아이리스의 삶이 어떤 여정을 거쳤는지 그는 생각하지 않는다. 돌아간다고 해도 그 아이의 마음, 그 아이의 삶은 여전히 고통스러울 거라는 것, 그 아이가 평생 짊어지고 가야 할 삶의 무게가 어떠리라는 것에 대해 그의 생각은 미치지 못한다(이 정도 외골수는 우리 주변에도 꽤 있지 않은가?).

그 단순함은 그의 정의감에도 그대로 표출된다. 그는 폭력을 써서 쓰레기들을 제거함으로써 세상을 정화할 수 있다고 확신한다. 자신이 쓰는 폭력의 대상에 대해 복잡한 고민도 없고 갈등도 없다. 그래서 위협거리도 되지 않는, 그리고 그 인생 또한 어쩌다 그렇게 풀렸는지도 알 수 없는, 아픈 아내가 있을 수도, 어린 자식이 있을 수도 있는 '모텔 복도 남자'의 손가락을 '44 매그넘'으로 날려버리는 데 조금의 망설임도 없다. 그 또한 완전한 쓰레기, 순수 악이므로.*

* 전형적인 분열의 결과다. 마음속에서 나쁜 대상이라 규정하면 그 대상은 더 이상 삶이 있고 감정이 있고 사연이 있는 인간이 아니다. 순수 악일 뿐이다. 그렇게 '대상에게서 인간을 제거해서' 복잡한 생각 없이 바퀴벌레 죽이듯 제거할 수 있는 것이다.

트래비스의 초자아가 갖는 두 번째 특징은 편파성이다. 그의 초자아에는 일관성 있는 기준이 없다. 그냥 제멋대로다. 거리의 여자들을 쓰레기 취급하지만, 유독 아이리스에게만은 수호천사를 자처한다. 물론 나름의 이유*는 있다. 어린 아이라는 것, 이용당하고 있을 뿐이라는 것. 하지만 그렇게 따진다면 모든 거리의 여자들이 이용당하는 것이고, 그의 적개심의 표적이 된 스포트 또한 더 큰 시각에서 보면 자본주의의 희생양일 뿐이다. 여자들이 몸을 파는 건 나쁘고 제가 사람을 죽이는 건 괜찮다는(이유가 '정당'하

* 이 이유, 아니 그가 이유라고 생각하는 것은 물론 그의 무의식이 만들어낸 것이다. 아이리스가 그의 마음속 무엇을 자극해서, 어떤 신경회로를 활성화시켜서 '보호 본능' 같은 반응이 튀어나왔는지는 알 수 없다. 중요한 건, 그는 그 아이가 어리고 이용당하고 있을 뿐이기 때문이라고 철석같이 믿는다는 것이다. 조금만 따져보면 말이 안 되는 이야기지만, 그건 그에게 전혀 문제가 되지 않는다. 사람의 '신념'이라는 것은 기본적으로 그런 것이다.

다면) 이중 잣대, 살인을 하려고 총을 사면서도 마약은 멀리하는 원칙. 모두가 제멋대로다. 일관성 같은 건 그의 마음에서 찾아보기 힘들다.

그의 마음을 한마디로 표현할 수 있는 단어가 있다면, 그건 혼란이다. 그의 완고한 세계관은 세상에 대한 진지한 성찰과 고민에서 나온 것이 아니다. 그는 천사라 호칭한 여자를 포르노 상영관에 데려가고도 무엇이 잘못되었는지 모르는 인물이다. 원인도 알 수 없는 외로움과 공허함, 어디를 향하는지도 모르는 분노로 점철된 혼란. 그것이 그의 마음이다.

역설적이게도, 마음속의 혼란 때문에 그에게는 모든 것이 확실해야 한다. 그의 마음은 세상의 불확실성과 혼란을 담고 살 수 있는 만큼 넉넉한 그릇이 못 된다(물론, 트래비스 자신은 제 마음속 혼란을 전혀 느끼지 못한다. 방어되고 있으므로). 마음이 그러니 세상이

라도 확실해야 한다. 그래서 그에게는 구체적이고 절대적인 가이드 라인이 필요하다. 좋은 것과 나쁜 것을 분명히 구분해줄 수 있는 가이드라인이.*

이드와 초자아의 야합

이제 트래비스라는 인물을 통해 초자아의 진짜 정체를 드러낼 때가 되었다.

그는 왜 사람을 죽였을까? 정의감? 턱도 없는 소리다. 그가 정의의 사도가 아니라는 건 총을 빼는 연습을 하며 혼자 중얼거리는 장면에서 적나라하게 드러난다. 세상의 악을 없애는 게 그의 동기였다면, 너 같은 나쁜 놈은 없어져야 한다, 따위의 말을 중얼댔을 것이다. 하지만 그가 내뱉는 말은 전혀 다르다. "나한테 한 소리냐? 나한테? 여기 나밖에 없잖아. 그러니까 나한테 그런 거야? 내가 누군 줄 알고 개수작이냐?" 그렇게 말하면서 내리깐 눈으로 상대를 쳐다보고 입가에는 미소를 머금는다. 누군가와 시비가 붙은 상황에 대한 상상이 분명하다. 그 상상 속에서 그는 상대를 압도한다. 분명 분노보다는 통쾌함이 두드러진 상상이다. 그가 사람을 죽인 건 정의감 때문이 아니다. 죽이고 싶어서다. 그것은

* 이런 확실함을 극단적으로 추구하는 사람들이 강박적 역동Obsessive Dynamic을 가진 사람들이다.

** 택시 드라이버들이 모이는 카페에서 총에 대한 이야기를 나눌 때 트래비스는 컵에 든 물에 뭔가를 빠뜨리고 바닥에서 솟구치는 탄산 방울들을 물끄러미 쳐다본다. 그의 이드에서 솟구치는 파괴적 욕구에 대한 비유라 볼 수 있다. 부정한 아내를 죽이려는 남자는 트래비스에게 44 매그넘으로 사람을 쏘면 어떻게 되는지를 상세하게 묘사한다. 트래비스의 파괴적 욕구가 구체적인 상상으로 발전되어가는 장면이다.

분명 욕망이다. 이드가 만들어낸.**

　그가 멋진 대사를 읊조리며 총을 겨누는 벽에는 대통령 후보의 포스터가 붙어 있다. 그는 실상 트래비스와 상관도 없는 사람이었다. 그저 베시 때문에 이상화됐다가 베시 때문에 적개심의 표적이 되었을 뿐이다. 그런 인물에게 트래비스는 총구를 겨누었고 실제로 유세장에도 갔었다. 후보가 죽었어도 베시가 죽었어도 이 영화의 맥락에선 이상할 게 없다. 그가 사람을 죽인 건 정의감이 아니라, 자신을 하찮게 여기는 세상에 제대로 본때를 보여주고 싶은 눈먼 욕망이었다. 재수 없으면 누구라도 그 대상이 될 수 있었다.

　이 어처구니없는 욕망을 통제하는 것이 초자아의 원래 역할이지만, 그의 미성숙한 초자아는 통제는커녕 그 욕망을 실현할 구실을 제공한다. 특유의 단순함과 편파성으로 죽어 마땅한 대상에 대한 가이드라인을 제공함으로써.

　그의 초자아는 이드를 통제하지 않았다. 그저 방관한 것도 아니다. 그의 초자아가 한 짓은 이드와의 능동적이고 적극적인 야합이었다. 그 결과, 그의 의식에서 살인이 정당화됐다. 그는 정의를 위해 사람을 죽이는 거라 믿는다. '10분 후 레너드'처럼.

정의를 빙자한 화풀이

이드, 자아, 초자아. 이 세 가지 구조의 관계는 단순하지 않다. 늘 우리를 감시하고 밑도 끝도 없는 비난을 퍼붓지만, 그게 초자아가 하는 일의 전부는 아니다. 초자아는, 감시하고 통제해야 할 이드를 종종 부추긴다. 은밀하고도 교활하게.

초자아는 청렴하고 공정한 포청천 같은 것이 아니다. 초자아는 변덕스러운 폭력이 자아내는 공포에 권력을 의지하고 있는 폭군이다. 미성숙한 초자아일수록 더욱 그렇다.

초자아와 이드의 야합은 흔한 현상이다. 공부 안 하는 아이를 야단치는 부모들은 늘 아이의 장래를 위해서라 말한다. 하지만 그게 전부라면, 넌 어떻게 생겨먹은 애가 그 모양이니, 너 때문에 속상해 죽겠다, 따위의 말은 필요 없다. 그렇게 말 안 해도 아이는 알아듣는다. 제 마음을 들여다볼 줄 아는 부모라면 어렴풋이나마 알고 있을 것이다. 그런 말은 공부 잘하는 아이를 갖고 싶은 자기애적 욕구를 좌절시킨 아이에 대한 응징이고, 내가 잘못 키운 건 아닌가라는 죄책감을 갖게 한 아이에 대한 복수라는 것을.

세상에는 종교와 교육, 이념을 빙자해서 가학적인 폭력을 일삼는 인간들이 얼마든지 있다. 불특정 다수의 사람들 속에서 폭탄을 터뜨리며, 개 패듯이 자식을 때리며, 개떼같이 달려들어 인터넷 댓글을 쳐 넣으며 그들은 말한다. 신의 뜻이라고, 아이를 위한 거라고, 세상을 바로잡기 위한 거라고, 그것이 정의라고. 하지만 그 단순함

과 편협함은 진짜 이유가 따로 있음을 드러낸다. 그들이 그러는 건,
'건수'를 잡았기 때문이다.

　　사랑을 못 받은 이드와, 사랑을 못 배운 초자아의 야합. 정의를
빙자한 화풀이는 그렇게 탄생한다.

_〈택시 드라이버〉(1976)

4장

타인은 없다
대상만 있을 뿐

타인이란 스크린 같은 것이다. 우리는 절대 타인을 있는 그대로 받아들이지 않는다. 누굴 만나도 우리는 그 사람에게 나만의 욕망과 두려움을 투사해서 나만의 대상을 끌어낸다. 그러므로 타인이라는 건 존재하지 않는다. 존재하는 건 대상뿐이다.

사람의 마음에 관한 프로이트의 이론은 무엇보다도 욕망에 관한 것이다. 생물로서의 인간이 가지고 태어나는 본능이 마음에 어떤 욕망을 만들어내고, 그 욕망을 마음이 어떻게 처리하는지에 대한 이론이다.

프로이트에게 대상Object은 욕망 충족의 수단이다. 욕망이 세상에 존재하는 외적 대상External Object을 '발견'한다. 욕망이 없으면 대상도 필요 없다. 마음속에 만들어지는 내적 대상Internal Object도 마찬가지다. 욕망의 대상으로서만 마음에 각인된다. 환상도 마찬가지다. 바라는 것, 두려운 것, 모두 욕망의 결과다. 욕망이 없으면 바랄 것도, 두려울 것도 없다.

욕망이 없으면, 세상도 필요 없고 마음도 필요 없다. 모든 것은 욕망에서 비롯된다. 그것이 프로이트가 생각하는 인간의 마음이고, 세상이다.

멜라니 클라인Melanie Klein은 프로이트와 매우 다른 생각을 전개한다. 그녀에 의하면 사람의 마음에서 제일 중요한 것은 욕망이 아니라 공포다.

태어날 때부터 사람의 마음속에 무시무시한 내용의 환상이 들어 있다고 클라인은 생각한다. 그 환상에는 내적 대상이 이미 들어 있다. 프로이트의 내적 대상은 외적 대상에 욕망이 투사되어 만들어진 결과물인 반면, 클라인의 내적 대상은 이미 환상의 한 요소로 존재한다. 그녀의 이론에서는 욕망이 아니라, 대상을 포함한 환상 전체가 투사되어 세상을 채색한다. 그래서 아이들에게 세상은 실제보다 훨씬 무섭게 경험된다.

하지만 그걸로 끝은 아니다. 세상에 대한 경험이 환상을 변화시키기도 한다. 따뜻한 세상을 경험하면 공포로 가득했던 환상이 덜 무서운 쪽으로 변한다. 내적 대상 또한 그에 맞게 변한다. 환상과 세상은 그렇게 끝없이 상호작용하며 서로의 모습을 만들어간다.

프로이트의 이론에도 물론 환상이 있고, 대상이 있다. 하지만 이 개념들은 클라인의 이론에서 더 큰 중요성을 갖는다. 이 개념들이 이번 장의 주제다. 무의식과 마찬가지로 이 개념들 또한 어렵고 복잡하다. 특히 대상이라는 말은 어떤 경우에는 외적 대상을, 어떤 경우에는 내적 대상을 의미한다. 이 책에서도 둘을 명확히 구분하지는 않을 것이다. 문맥에 따라 의미를 이해해주시길 (하지만 둘의 구분이 간단하지만은 않다는 걸 알게 될 것이다. 마음과 세상이 별개의 것이 아니기 때문이다).

이번 장의 주인공은 클라인, 조연은 페어베언^W. R. D. Fairbairn이다. 페어베언은 대상관계 이론의 핵심인물이라 할 수 있는데, 그의 이론을 자세히 언급할 필요까지는 없지만, 〈굿 윌 헌팅〉에서 그의 이론이 적용되고 있다는 것은 밝혀두려 한다.

바랄 건 못 바라고, 못 바랄 건 바란다

환상과 대상
윌 헌팅이 사는 법

I don't know what I can believe, and whom I can trust.

There was no way to see, no way to prove that.

Why I have to wonder and wonder? (……)

I don't know who my friends are, who my enemies are.

They love me some, they cheat me some in the same way.

Why I have to live with them, why do I love them? (……)

I really wish I could believe in your sweet, sweet lies.(……)

I really wish I could live alone with no one at all. (……)

So, I don't know what to believe in, whom to rely on.

_자우림, 〈#1〉

비뚤어진 심보 때문에 세상에 몇 있을까 말까 한 머리를 썩이는 아이. 마음만 살짝 바꿔 먹으면 누릴 수 있는 보장된 인생을 제 발로 걷어차고 밑바닥 인생을 고집하는 아이. 아무리 이야기해도 들어먹지 않고 걸핏하면 소중한 사람들에게 잔인한 말을 퍼붓는 아이. 그런 아이가 있다. 그의 이름은 윌이다.

중간은 없다. 흑백의 세상

윌의 세상은 흑백이다. 색맹이라는 게 아니라 흑 아니면 백, 딱 두 가지로 세상을 본다는 뜻이다. 좋은 것 아니면 나쁜 것. 완벽한 것 아니면 쓰레기.

그 둘 사이에는 균형이 맞지 않는다. 나쁜 것과 쓰레기 쪽이 월등하게 우세하다. 그의 세상에는 약간의 좋은 것과 무수한 나쁜 것, 약간의 완벽한 것과 무수한 쓰레기가 있다. 몇 안 되는 패거리와 무수한 적들, 단 한 명의 좋은 여자와 무수한 나쁜 여자들(그에게 상처를 주었을), 아주 가끔 등장하는(하버드생의 코를 납작하게 하거나 수학 문제를 풀 때처럼) 멋지고 완벽한 자신과 그 외의 인생 전체에 해당되는 쓰레기 같은 자신.

게다가 나쁜 것은 절대 좋게 변하지 않지만 좋은 것은 언제라도 나쁜 것으로 '변신'할 수 있다. 변신의 징조가 보이면 윌은 필사적으로 도망친다. 상대의 마음에 칼질을 하고서라도. 수학 교수 랭보와 여자친구 스카일라에게처럼. 어떻게 사랑하는 사람에게 그렇게 잔인할 수 있는 걸까? 어떻게 그런 사랑과 적개심이 한 마음에 공존할 수 있는 걸까?

마음을 움직이는 힘

세상만사에는 이유가 있다. 사람의 마음도 마찬가지다. 정신결정론이 이야기하듯, 모든 느낌과 생각에는 다 이유가 있다. 그렇다면 사람의 마음을 움직이는 근본적인 동기는 뭘까? 이 질문에 대한 답은 정신분석의 학파마다 조금씩 다르다.

프로이트는 마음을 움직이는 근본적 동기Motivation가 생물적 본능Instinct이라 생각했다. 본능에 대한 그의 생각은 여러 번 바뀌는데, 최종적으로 그는 사람에게는 삶의 본능과 죽음의 본능이 있다고 생각했다. 삶의 본능은 합쳐지고(예를 들어, 정자와 난자가 수정되는 것), 커지고(수정란의 세포분열), 분화되려는(신체 각 기관의 발생) 경향을 띠고, 죽음의 본능은 해체되고, 작아지고, 미분화의 상태로 돌아가려는 경향을 보인다.

본능은 마음에 욕동Drive이라는 것을 만든다. 욕동은 말 그대로 마음을 움직여 뭔가를 하게 하는 힘 또는 에너지다. 욕동이 마음을 움직이는 근본적인 동기이기 때문에 프로이트의 이론을 욕동 이론이라 부르기도 한다. 삶의 본능이 만드는 욕동은 리비도*, 죽음의 본능Death Instinct이 만드는 욕동은 공격 욕동Aggressive Drive이라 불린다.

그의 이론에서 가장 중요한 것은 항상 리비도 쪽의 욕망이었다. 임상 경험이 쌓이고 1차 세계대전을 통해 인간의 잔인함을 목격하면서, 욕망이 좌절된 것에 대한 분노 때문이 아니라 애초에 공격을 목적으로 하는 욕동이 있다는 생각을 갖게 되어 죽음의 본능이라는 개념을 도입했지만, 늘 중심을 차지하는 것은 리비도였다. 프로이트의 인간은 무엇보다도 욕망하는 인간이다. 인간이 사회화된다는 것은, 참고 기다렸다가 적절한 때 적절한 방법으로 욕망을 해소하는 법을 배우는 것이다. 호시탐탐 기회를 엿보면서 그 욕망을 들킬까 봐 불안해하는 존재. 그것이 프로이트의 인간이다.

* 흔히 같은 의미로 쓰이지만 성욕은 리비도의 하위에 있다. 이 구분은 중요하다. 아울러, 성이라는 것이 매우 복잡한 현상임을 이해할 필요가 있다. 우리가 성욕이라고 의식적으로 느끼는 것 안에는 성욕 이외의 많은 요소가 포함되어 있다. 성은 사랑이고 권력이고 나르시시즘이고 금기다. 때문에, 한 사람의 성을 통해 우리는 그 사람의 많은 것을 알 수 있다. 정신분석이 중요하게 생각하는 것은 성이지, 성욕이 아니다. 정신분석이 모든 걸 성욕으로 귀결, 환원한다는 비난은, 프로이트 자신도 일찌감치 파기해버린 초기 이론(신경증이 성욕을 해소하지 못해 생기는 것이라는)을 아직도 정신분석의 핵심으로 오해하는 데서 비롯한다.

나치의 침공으로 빈을 떠나 런던에 정착한 프로이트는 이듬해인 1939년에 세상을 떠난다. 이후 정신분석 학계는 크게 둘로 나뉜다. 한쪽은 프로이트의 딸인 안나 프로이트가 이끈 학파로, 자아심리학Ego Psychology이라 불리는 이론을 전개해나간다. 다른 쪽은 멜라니 클라인을 중심으로 한 클라인학파Kleinians이다.

클라인은 리비도보다 죽음의 본능과 공격성 쪽을 더 중요하게 생각한다. 이 차이는 인간에 대한 두 사람의 관점을 사뭇 다르게 채색한다. 프로이트의 인간이 욕망하는 인간이라면, 클라인의 인간은 파괴하는 인간, 서로 죽고 죽이는 인간이다. 그녀에게 인간의 사회화는 남을 파괴하고 싶은 마음을 다스리는 동시에 남이 나를 파괴할 거라는 편집적 공포를 극복하는 과정이다.

프로이트에게 삶이 욕망의 문제라면 클라인에게 삶은 생존의 문제다. 프로이트의 불안이 욕망을 들켰을 때 받게 될 처벌과 조롱에 대한 것이라면 클라인의 공포는 타인의 살의殺意와 폭력에 대한 것이다. 클라인이 생각하는 인간의 마음속 세상은 프로이트가 생각하는 것보다 훨씬 무섭고 절박하다.

클라인의 환상

생각, 감정, 느낌, 상상. 사람의 마음속에서 일어나는 현상은 다양하다. 그중 하나가 환상Phantasy*이다. 환상이 무엇이고, 어떻게 생기는지에 대해 프로이트와 클라인은 견해를 달리한다.

* 정신분석에서 'Ph'로 시작하는 환상은 프로이트의 환상에 대비되는 클라인의 환상을 뜻하는 경우가 많다.

클라인에 의하면 태어날 때 사람의 마음속에는 이미 구체적인 내용의 환상이 들어 있다. DNA에 새겨진 유전 정보처럼. 그런 상태에서 아기가 뭔가를 경험할 때마다 그에 연관되는 환상이 자동적으로 마음에 떠오른다. 좋은 경험에는 좋은 환상이, 나쁜 경험에는 나쁜 환상이.

클라인의 환상에는 '나' 또는 자기Self와 대상Object, 그리고 이 둘이 어떤 관계에 있는지에 대한 구체적인 내용까지 포함되어 있다.*

대상이라는 개념은 클라인의 이론에서 매우 중요하다. 그녀에 의하면 어떤 느낌을 가질 때마다 아기는 어떤 대상이 그 느낌을 만들어낸다고 생각한다. 나쁜 느낌은 나쁜 대상이 나쁜 짓을 하기 때문에, 좋은 느낌은 좋은 대상이 좋은 일을 하기 때문에 생긴다고 상상한다. 아기의 마음속에서 이유(대상) 없이 일어나는 일은 없다.

타고나는 환상에 포함된 대상의 대부분은 부모의 신체 부위다. 그런 환상을 갖고 태어나기 때문에 아기는 부모를 사람이 아니라 신체 부위로 경험한다. 이것을 부분 대상Part Object이라 부른다. 각각의 신체 부위가 한 사람에게 속한다는 사실을 깨닫게 되는 건 나중이다. 클라인이 생각한 환상의 구체적 내용은 꽤나 기괴하다. 예를 들어, 아기의 환상 속에는 엄마의 좋은 가슴과 나쁜 가슴이 있다. 배가 부른 건 좋은 가슴이 젖을 주기 때문이고, 배가 고픈 건 나쁜 가슴이 젖을 안 주기 때문이다. 배가 아픈 건 나쁜 가슴이 독이 든 젖을 주기 때문이다. 그런 환상 때문에 아기의 마음속에는 나쁜 가슴에 대한 증오가 생긴다. 그 가슴을 물어뜯고 젖을 다 빨아먹어 바싹 말려버리는 환상이 떠오른다. 동시에 나쁜 가슴이 그걸 눈치채면 나를 죽일 거라는 환상도 떠오른다. 아이의 마음은 분노와 공포로 뒤범벅된다.

클라인의 환상에서 나쁜 대상은 강하고 좋은 대상은 약하다. 좋은 대상은 나쁜 대상에 의해 쉽게 파괴되고, 심지어는 나쁜 대상으로 변해버리기까지 한다. 상상 속에서 아이는 나름 최선을 다해 나쁜 대상을 공격해보지만 나쁜 대상은 파괴되지 않는다.

클라인과 달리 프로이트는 환상이 후천적인 것이라 생각했다. 그에 의하면 환상은 아이들이 세상에 대해 품는 상상이다. 이 상상은 물론 왜곡되어 있다. 마음속 욕동 때문에 늘 뭔가를 기대하거나, 두려워하기 때문이다. 객관성이 결여된 아이들의 인지 능력 또한 왜곡을 일으킨다. 그렇게 만들어진 왜곡된 상상, 즉 환상이 아이들의 마음속에 저장된다.

앞서 이야기한 신경회로 개념으로 생각해본다면, 프로이트의 환상은 아기가 세상을 경험하면서 신경회로 간의 연결이 이루어짐을 의미하는 반면, 클라인의 환상은 태어날 때부터 이미 신경회로들이 프로이트의 경우보다 많이 연결되어 있음을 의미한다고도 말할 수 있을 것이다(물론, 클라인의 이론에서도 경험에 의해 신경회로의 연결은 계속 변해간다).

환상의 발생에 대한 견해는 다르지만 그 중요성은 어느 학파도 부인하지 않는다. 언제 어떻게 생기든, 사람의 무의식에 존재하는 수많은 환상은 신경회로의 연결, 정신결정론을 의미한다. 환상은 현실을 왜곡하고 채색한다. 그렇게 해서 정신적 현실이 만들어진다.

분열, 이분법이 유지되는 이유

〈디 아더스〉에서 방어에 대해 이야기했다. 방어의 종류는 무척 많은데, 클라인은 분열과 투사적 동일시$^{Projective\ Identification}$가 특히 중요하다고 생각했다.

분열은 마음속에서 좋은 대상과 나쁜 대상을 별개로 생각하는 방어다. 갓 태어난 아기에게 분열은 방어라기보다는 자연스러운 현상이다. 아무것도 모르는 아기가 좋은 일을 하는 대상과 나쁜 짓을 하는 대상이 하나라고 생각할 수는 없지 않은가. 당연히 좋은 대상 따로, 나쁜 대상 따로, 그렇게 생각한다. 이런 마음의 상태를 클라인은 편집-분열 자세$^{Paranoid-Schizoid\ Position}$라고 불렀다.

어느 정도 자라면 아이는 자연스럽게 대상, 가령 엄마가 둘이 아니라 하나라는 걸 깨닫는다. 이제 아이는 하나의 대상에게 좋은 느낌과 나쁜 느낌을 다 갖는다. 이렇게 되면 마음속의 대상도 통합되어야 한다. 이렇게 대상이 하나로 통합되는 상태를 클라인은 우울 자세$^{Depressive\ Position}$라고 불렀다.

이 통합 과정에서 의식과 무의식은 뚜렷한 차이를 보인다. 외적 대상이 하나이기 때문에 내적 대상도 저절로 통합되는 건 이성이 지배하는 의식에서만 가능한 이야기다. 여전히 환상이 지배하는 무의식은 통합을 쉽게 받아들이지 못한다. 환상 속에선 나쁜 대상이 너무 강해서, 둘을 분리시켜놓지 않으면 나쁜 대상이 좋은 대상을 파괴하기 때문이다.

통합이 가능하려면 대상이 하나라는 걸 알기 전에 마음속 나쁜 대상이 충분히 약해져 있어야 한다. 그래서 부모의 역할이 중요하다. 좋은 대상과 나쁜 대상이 하나라는 걸 모를 때 아이는 나쁜 대상, 예를 들어 나쁜 엄마를 두려워하고 미워한다. 울고 떼쓰고, 제딴에는 최대한의 공격을 퍼붓는다. 그럴 때 실제 엄마가 아이를 달래주지 않거나 같이 화를 내면 마음속 나쁜 엄마는 더욱 강화된다. 통합은 점점 어려워진다. 게다가 나쁘다 생각하고 퍼부었던 공격이 좋은 엄마를 향했던 것이기도 했다는 걸 알면 아기는 자기가 좋은 엄마를 죽였을지도 모른다는 걱정과 죄책감에 빠진다(그래서 우울 자세다).

떼쓰고 화내도 엄마가 사랑으로 대해주면 마음속 나쁜 엄마는 약해지고 좋은 엄마는 강해진다. 그래야 둘이라 생각했던 엄마가 하나라는 것을 받아들일 수 있고, 통합이 가능해진다. 나쁘다고 생각하고 퍼부었던 공격을 견디고 '살아남아준' 엄마 덕분에 걱정과 죄책감도 덜어진다. 아이는 엄마에게 고마움과 사랑을 느낀다.*

* 그러므로 프로이트에게 사랑이라는 것은 욕망에서 시작되는 것이고, 클라인에게 사랑이라는 것은 걱정과 미안함, 고마움에서 시작되는 것이라 할 수 있다.

유감스럽게도 윌에게 그런 행운은 없었다. 그의 양아버지는 괴물이었다. 엄마 또한 그를 보호하지 못했을 것이다. 그에게 나쁜 대상은 경악스럽도록 강한 존재다. 그러므로 통합은 불가능했다. 어떤 대가를 치르더라도 윌의 세상은 분열된 채로 있어야 했다.

흑백논리, 선과 악의 이분법적 사고, 피해의식과 공포. 그런 것들이, 분열이 유지되는 마음, 편집-분열 자세의 특징이다. 랭보도, 스카일라도 한 명이라는 걸 의식적으로는 알지만 월의 무의식은 그 위험한 진실을 부인하고 분열을 유지한다. 늘 그들이 나쁜 대상으로 변신하지 않을까 경계한다. 그의 마음에선 흑과 백이 만나면 회색이 아니라 흑이 된다. 순백 같던 대상에 한 조각 그림자라도 비치면 그가 택할 수 있는 건 공격 또는 도망뿐이다. 랭보도, 스카일라도 백이 아닐지도 모른다는 생각이 드는 순간, 월에게는 양아버지와 다를 바 없는 괴물이 된다. 뱀파이어에게 물린 사람이 뱀파이어가 되듯이.

악순환은 끝없이 반복된다

나쁜 대상으로 가득한 세상. 치료자라고 다를 리 없다. 치료는 커녕 만나자마자 월은 그들의 위선을 까발린다. 월은 그 일에 능숙하다. 손바닥에 구슬 굴리듯 가볍게 그들을 비웃고 조롱한다. 그의 도발에 치료자들은 한 명씩 나가떨어진다. 월의 승리다, 겉보기엔. 하지만 그 승리에는 큰 대가가 따른다.

앞서 언급했듯 클라인의 환상에는 '나'와 대상이 들어 있다. 나쁜 대상은 '나'에게 나쁜 짓을 한다. 왜 그러는 걸까? 답은 간단하다. 내가 싫어서다. 하지만 왜 나를 싫어할까? 그건 내가 나쁘기 때문이다. 그것이 무의식의 논리다. 나쁜 나 없이 나쁜 대상은 존재하지 않는다. 결국 대상이 나쁘면 나도 나쁘고 대상이 좋으면 나도 좋다. 나쁜 대상에 시달리는 좋은 나 같은 건 없다.* 무의식은 그렇다(페어베언의 이론을 적용한 이야기다).

윌의 행동은 치료자들의 위선을 폭로하는 과정이지만, 세상 모두가 나를 싫어한다는 믿음을 확인하는 과정이기도 하다. 투사적 동일시의 전형적 예다. 투사적 동일시는, 자신의 믿음을 대상에게 투사해서 그 사람이 어떨 거라고 가정한 다음, 그런 면이 나타나도록 유도하는 것이다. 그런 식으로 제 믿음을 확인한다. 윌은 사람들이 자신을 쓰레기 취급할 거라 생각한다. 그러고는 쓰레기 짓을 해서 쓰레기 취급을 당한 다음 자신이 옳았다고 생각한다.

그렇게 해서 윌이 얻는 건 상처뿐이다. 세상이 쓰레기라는 믿음을 확인하면서, 또 하나의 믿음이 거듭 확인된다. 나도 쓰레기라는 것. 상대를 쓰러뜨리기 위해 나를 망가뜨리기. 팔을 내어주고 목을 베기. 윌이 사는 법이다.

세상도 쓰레기, 나도 쓰레기. 나쁜 대상과 나쁜 나는 한층 강해진다. 더 강력한 분열이 작동한다. 몇 안 되는 좋은 대상을 보호하려면 나쁜 대상을 철저히 멀리해야 한다. 그래서 윌은 나쁜 대상들의 세상, 그 안정과 풍요를 거부하고 공격한다. 나쁜 나는 나쁜 대상을 소환하고 나쁜 대상은 나쁜 나를 강화한다. 상대의 실체를 폭로하는 쾌감은 반드시 자신에 대한 혐오를 동반한다. 악순환은 끝없이 반복되는 것이다.

시험, 윌의 절박한 시도

윌은 왜 숀에게 치료를 받기로 결심했을까? 숀의 멱살잡이가 어떻게 그의 마음을 움직였기에? 그 답을 얻자면 윌의 행동을 달리 생각해볼 필요가 있다. 그는 법에 의해 치료를 명령받았다. 어차피 따를 거라면 굳이 치료자들을 화나게 할 필요는 없다. 아무에게나 치료받는 척하는 게 간편한 방법이다. 그런데도 줄곧 시비다. 왜?

윌이 들으면 펄쩍 뛰겠지만 그의 마음 한구석엔 누군가 자신을 바로잡아주었으면 하는 바람이 있었을 것이다. 그의 시비는 시험이었다. 그런 도발에 걸려들지 않는 사람을 찾기 위한 시험. 한편으론 그들의 위선을 까발리고 싶었지만 또 한편으론 누군가는 자신의 믿음을 깨주기를 간절히 바랐던 것이다.* 그들이 쓰레기라는 확신이 전부였다면 시험도 필요 없었다. 그는 선하면서도 강한 대상, 자신의 사악함을 제압해줄 대상을 애타게 찾은 것이다.

> * 투사적 동일시의 또 다른 이점은 나중에 실망하지 않는다는 것이다. 큰 기대를 걸었다가 실망하고 상처받으니, 미리 상대의 정체를 드러내는 방법을 통해서.

숀 이전의 치료자들은 시험을 통과하지 못했다. 상대가 이겨주길 바랐던 게임이었지만 승리는 윌의 것이었고, 그는 자신이 감당할 수 없는 쓰레기라는 걸 거듭 확인해야만 했다.

치료자들의 실패는 윌이 아니라 그들 자신의 문제 때문이었다. 숀은 달랐다. 그가 윌의 멱살을 잡은 건, 그의 문제가 묻어 있지 않은 순수한 분노 때문이었다. 윌의 도발에 대한 '적절한' 반응이었다. 이에 대한 자세한 설명은 이 글의 범위를 넘는다. 윌 이야기로 마무리하는 것이 좋을 듯하다.

바랄 수 있는 것, 바랄 수 없는 것

나쁜 대상에 대해 윌이 갖는 감정은 두 가지다. 증오와 두려움. 증오는 그의 겉모습을 만들어낸다. 사납고 무례한 윌. 하지만 그게 전부는 아니다. 그에게는 두려움이 만들어내는 숨겨진 모습이 있다. 소심하고 주눅 든 윌(역시 페어베언의 이론이 적용된 이야기다).

소심한 윌은 겁에 질려 있다. 세상 누구도 자신을 사랑하지 않을 거라 생각한다. 그래서 슬프다. 사나운 윌은 인간은 모두 쓰레기라 믿는다. 닥치는 대로 공격하고 조롱한다. 사랑 같은 건 믿지 않는다. 절대 손 내밀지 않는다. 누군가 내민 손도 잡지 않는다. 진심일리 없으니까. 그건 가짜라고, 그걸 잡으면 정체를 드러내고 널 비웃을 거라고, 그런 손 따위, 할퀴어버리라고 소심한 윌에게 말한다.

하지만 사랑받고 싶은 건 인간의 본능. 소심한 윌은 미련을 버리지 못한다. 혹시나 하는 마음에 손을 잡아볼까 하지만 사나운 윌은 그런 모습을 경멸한다. 어떻게 그렇게 멍청하냐고 질책한다. 그러곤 똑똑히 봐두라며 손 내민 사람에게 시비를 건다. 그 기세에 눌려 반박하지 못하지만 소심한 윌은 손 내민 사람이 이겨주기를 간절히 바란다. 하지만 그 바람은 번번이 실망으로 끝난다. 역시 세상은.

누구나 사나운 나와 소심한 나를 품고 산다. 소심한 나의 간절한, 하지만 얇은 유리판처럼 깨지기 쉬운 소망을 깊이 감추고 우린 사납게 살아간다. 세상을 믿지 않는다. 사랑, 배려 그런 건 없다고 생각한다. 아무도 날 사랑하지 않을 거라 믿는다. 사랑을 바랐다간, 그걸 표현했다간 웃음거리가 될 거라 생각한다. 그래서 우리는 바랄 수 있는 걸 바라지 못한다.

누가 날 사랑한다 해도 믿지 못한다. 친구인지 적인지, 날 사랑하는 건지 이용해먹는 건지 의심한다. 그래서 시험한다. 정말 날 사랑하면, 이렇게 해봐, 이렇게도 할 수 있어? 이래도, 이래도 날 사랑해? 나만 보고 나만 생각하는 완전한 사랑, 그런 게 너한테 있어? 없으면 넌 가짜야. 날 갖고 노는 거야. 남을 고문하면서, 그래도 날 사랑해보라 한다. 그렇게 우리는 바랄 수 없는 걸 바란다.

우리는 누군가의 가장 소중한 사람이 될 수 있다. 하지만 그것으로 만족하지 못하고 그 사람의 전부가 되려 한다. 따뜻하고 부드러운 사랑에 만족하지 못하고 완벽을 증명하라고 떼쓴다. 그게 뭔지, 어떻게 증명할 수 있는 건지 스스로도 모르면서 막무가내로 우긴다.

완벽해야 하는 건, 세상이 흑백이기 때문이다. 흑백의 세상에선 가장 소중한 사람 같은 건 무의미하다. 전부여야 한다. 전부가 아니면 전무全無다. 전부가 아니면 가짜다. 그 전부를, 완벽을 남에게 바란다. 그렇게 타인을 질식시켜서 떠나게 한다. 그러고는 말한다. 그것 보라고. 너도 가짜였다고. 세상에 진짜는 없다고. 세상은 쓰레기라고. 너도, 나도 쓰레기라고.

우리는 늘, 못 바랄 걸 바란다. 바랄 건 못 바라면서.

_〈굿 윌 헌팅〉(1997)

당신 마음속의 무시무시한 세상

환상과 대상
클라인의 공포, 에이리언

클라인의 이론을 처음 접했을 때 심한 거부감이 들었다. 그녀가 말한 환상의 내용은 납득하기 쉽지 않은 것이었다. 나를 굶기는 엄마의 나쁜 가슴에 화가 나 그 젖을 다 빨아 먹어서 말려죽인다? 엄마의 성기와 아빠의 성기가 결합해서 나를 '왕따' 시킨다? 그런 환상이 사람의 마음속에, 게다가 성기라는 것이 뭔지도 모를 갓난아기들의 마음속에 존재한다? 말도 안 되는 이야기라 생각했다. 하지만 사람의 마음에 대해 알아갈수록 그녀의 이론이 마음에 대한 깊은 통찰을 담고 있다는 걸 실감한다.

〈굿 윌 헌팅〉의 한 장면. 숀과 윌이 처음 만난 장면에서 숀의 그림에 대해 언급하는 윌의 모습을 보며 많은 사람들이 악마의 이미지를 떠올렸을 것이다(촬영 기법도 다분히 그런 의도를 보여준다). 숀의 약점을 찾았을 때 희열에 번뜩이는 눈, 숀의 고통을 즐기는 가학성, 결국 숀이 스스로를 통제할 수 없게 만드는 교활하면서도 강력한 능력, 악마 그대로다.

물론 윌은 악마가 아니라 사람이다. 하지만 그 순간의 윌에게는 악마라는 호칭이 딱 어울린다. 그가 어떤 사람이라는 걸 서술하는 객관적이고 사실적인 열 마디 말보다 악마라는 한 단어가 더 많은 걸 말해준다.

환상, 사실, 그리고 해석

정신분석이 사람의 마음을 이해하는 데 유용한 이유는, 그것이 사실을 말하기 때문이 아니라 마음을 해석하는 데 도움이 되기 때문이다. 프로이트의 이드, 자아, 초자아는 눈으로 볼 수 있는 게 아니다. 방어 역시 마음에서 일어나는 어떤 현상을 설명하기 위한 개념이지, 방어라는 명찰을 단 뭔가가 마음속에서 돌아다니고 있는 게 아니다.

엄밀히 말하자면, 마음이라는 것도 마찬가지다. 인간에게 마음이 있다는 데 이의를 제기할 사람은 없다. 그런데 마음이란 무엇인가? 그리고 어디 있는가? 뇌에? 심장에? 동물에게도 마음이 있는지, 컴퓨터에게도 마음이 생길 수 있는지 등의 문제를 생각해보면 마음 또한 실재가 아니라 개념이라는 게 분명해진다. 세상을 설명하는 데 유용한 개념. 그 개념 없이는 세상을 이해하기가 무척 힘들어 지는, 마음은 그런 개념 중 하나다.

모든 개념의 가치는 해석의 유용성에 달려 있다. 클라인의 환상도 마찬가지다. 엄마의 성기와 아빠의 성기라는 언어로 그녀는 뭔가를 표현하려고 했다. 그렇게 표현한 것을, 어른인 우리가 성기라는 단어에 대해 떠올리게 되는 그 무언가(이미지든, 개념이든, 다른 무엇이든)와 똑같은 것이 갓난아기의 마음속에 들어 있다는 의미로 받아들일 필요는 없다. 그런 게 진짜 있느냐가 중요한 게 아니다. 그녀가 말하고자 한 뜻을 알아들으면 되는 것이고, 그녀의 이론이 사람의 마음을 설명하는 데 도움이 되는지가 중요한 것이다.

정신분석의 언어는 직유고 은유다. 물리적 현실에서 윌은 인간이라는 종種에 속하는 하나의 개체이지만, 그 '사실'이 우리에게 알려주는 건 아무것도 없다. 그보다는 악마라는 '호칭'이 더 많은 것을 말해준다. 클라인이 우리에게 전달하려는 메시지도 마찬가지다. 객관적 사실 여부를 떠나 무엇이 사람의 마음을 더 잘 설명해줄 수 있는지의 관점에서 클라인의 환상은 우리에게 많은 것을 제시한다.

이런 생각을 해본다. 그래도 엄마의 성기, 아빠의 성기 등의 이야기가 그리 와 닿지 않는다면, 사람의 마음에 대한 그녀의 생각을 좀 더 그럴듯하게 보여줄 수 있는 다른 종류의 환상을 생각해볼 수는 없을까? 그런 게 있다면 어떤 모습일까? 만일 영화로 만들어진다면? 분석가들은 종종 〈에이리언〉(1979) 시리즈를 그런 영화로 꼽는다. 이 영화의 전체적인 분위기도 그렇고, 무엇보다도 주인공(?)

에이리언이 클라인이 말한 나쁜 대상의 여러 특징을 갖고 있기 때문이다.

에이리언, 나쁜 대상

나쁜 대상의 첫 번째 특징은 절대 악絶對惡이다. 절대 악은 분열 때문에 가능하다. 분열은 모든 좋은 속성은 좋은 대상으로, 모든 나쁜 속성은 나쁜 대상으로 귀속시킨다. 그 결과 좋은 면이라고는 눈곱만큼도 없는 사악한 대상이 마음속에 생기고 그것이 투사되어 바깥세상에도 오로지 악하기만 한 대상이 생긴다.

악하기만 한 대상이 있다는 생각은 우리의 적개심을 정당화해 준다. 그들이 악하므로, 모든 게 그들 탓이므로 우리는 최선을 다해 그들을 증오한다. 증오해도 된다. 영화 속 에이리언이 사람을 해치는 건 먹고 번식하기 위해서다. 사람에게 적대감을 가질 이유가 없음에도 이 생물은 무자비하게 사람을 죽인다. 순수한 악의 결정체. 그들에겐 일말의 동정심도, 죄책감도 없다. 눈에는 눈, 이에는 이. 인간도 이 생물에게 약한 마음을 조금도 가질 필요 없다. 우리의 순수한 적개심은 그러므로 정당하다.

두 번째 특징은 강하다는 것이다. 나쁜 대상이 강하다는 것은 분열이 유지되어야 하는 가장 중요한 이유다. 이길 수 없는 절대 악. 재앙을 막을 방법은 분열뿐이다. 시리즈 네 편 중 세 편이 에이리언을 우주선 밖으로 빨려나가게 하는 것으로 끝맺는 것은 우연이 아니다. 그들을 공격해서 파괴한다는 건 사실상 불가능하다. 격리 외에는 방법이 없다. 〈에이리언 3〉(1992)에서의 리플리의 자살도 결국은 이 위험한 생명체(대상)를 지구로부터 격리(분열)하기 위한 희생이다. 눈앞의 하나를 해치웠다고 위험이 사라지는 것도 아니다. 인간이 알지 못하는 우주 어딘가의 어둠 속에 이들은 떼 지어 살고 있다. 호시탐탐 습격의 기회를 엿보면서.

세 번째 특징은 전염성이다. 에이리언이 성체가 되기 위해서는 숙주가 필요하다. 그래서 사람의 몸을 파고든다. 숙주가 된 사람은 나쁜 대상이 된다. 언제 에이리언이 가슴을 뚫고 나올지 모른다. 전염성은 뱀파이어나 좀비를 소재로 한 영화의 주요한 장치이기도 하다. 누가 내 편인지, 적인지 알 수 없게 된 상황이 공포를 배가시킨다. 〈에이리언 3〉에서 리플리는 자신이 숙주가 되었다는 사실에 경악한다. 자신도 모르게 나쁜 대상이 몸속에 들어와 있었다. 이제 그녀 자신이 나쁜 대상(그리고, 나쁜 나)이 된 것이다.*

이 개념은 물리적 전염에 국한되는 게 아니다. 좋은 대상이 나쁜 대상으로 바뀌는 모든 현상으로 확장된다. 좋은 대상인 줄 알았던 누군가가 갑자기 '진짜 정체'를 드러내는 것. 최악의 공포다. 스카일라나 랭보에 대한 월의 행동도 이런 공포 때문이다. 〈에이리언〉 시리즈에도 내 편인 줄 알았는데 적으로 판명되는 많은 대상이 등장한다. 안드로이드, 회사, 심지어는 군軍까지.

* 그리하여 나쁜 대상에게 향했던 적개심이 자신을 향하게 된다. 리플리의 자살은 인류를 위한 희생이지만, 다른 관점에서는 나쁜 나(그리고 나쁜 대상)에 대한 살인이기도 하다.

클라인의 환상에는 엄마의 몸이라는 한정된 공간에 대한 공포가 포함되어 있다. 나쁜 대상들이 우글거리는 닫힌 공간. 그 안에서 무시무시한 일들이 벌어진다. 〈에이리언〉 시리즈 또한 폐쇄된 공간을 배경으로 한다. 닫힌 공간의 공포. 클라인과 잘 들어맞는다. 게다가 〈에이리언 1〉의 무대가 되는 우주선은 마더Mother라 불린다. 에이리언의 알이 발견되는 우주선 내부도 기계적인 느낌보다는 생물의 해부학적 구조 같은 느낌이다. 아이가 태어나듯 리플리가 깨어나는 것으로 시작하는 각 편의 도입부, 남자의 성기를 연상시키는 입속의 입, 여왕 에이리언의 출산 장면. 모두 클라인의 환상을 연상시킨다.*

하나하나 대응해볼 필요도 없이, 클라인이 연상되는 가장 큰 이유는 무엇보다도 이 영화의 분위기에 있다. 음침함, 끈적끈적함, 살상, 식육, 관통, 생식, 유혈, 배신, 복수. 그것이 영화 〈에이리언〉 시리즈가 보여주는 세상이고 나쁜 환상이 우리 마음속에 펼치는 세상이다.

우리 마음속 깊은 곳에, 그런 공포가 자리 잡고 있다고 클라인은 말한다. 믿어지시는지?

_〈에이리언〉(1979)

* 〈에이리언 4〉에서, 분열은 극복된다. 리플리의 몸에는 에이리언의 피가 흐르고 사람의 형질形質을 가진 새로운 생명체가 탄생한다. 그 생명체를 파괴하는 어쩔 수 없는 선택에 리플리의 마음에는 전에 없던 슬픔과 죄책감이 생겨난다. 클라인이 말하는 우울 자세가 시작된 것이다.

Nobody 또는 Anybody

환상과 대상
사람은 사람을 사람으로
대하지 않는다

한 여자가 차에 치여 쓰러진다. 모르는 남자가 달려간다. 기절했던 여자가 눈을 뜨고 말한다. "헬로, 스트레인저(Hello, Stranger)." 모르는 남녀의 사랑이 시작된다.

한 여자가 수족관에 앉아 있다. 모르는 남자가 말을 건네며 다가온다. 실수, 당혹감, 사과. 여자가 남자의 사진을 찍는다. 모르는 남녀의 사랑이 시작된다.

〈클로저〉(2004)는 카멜레온 같은 영화다. 이렇게 보면 이렇게 보이고 저렇게 보면 저렇게 보인다. 사랑이라는 것에 관한 고찰 같기도 하고, 진실과 거짓에 관한 사색 같기도 하고, 남자와 여자에 관한 이야기 같기도 하다. 연극 극본을 토대로 한 영화답게 대사 한마디 한마디는 행간의 의미를 갖는다. 보는 사람의 시각에 따라 색깔이 달라지는 영화. 내가 본 영화 〈클로저〉는 무엇보다도 폭력과 대상에 관한 고찰이다.

네 남녀의 활극

사람을 다치게 하는 데 꼭 손발이 필요한 건 아니다. 인간에겐 손발보다 훨씬 강한 혀가 있다. 때론 주먹질, 발길질보다 더 아프고 악랄한 것 말이다. 이 영화 속 네 남녀는 최선을 다해 서로에게 상처를 낸다. 그들의 활극은 어느 액션 영화 못지않다.

똑같이 반복되는 세 번의 장면에서, 남자는 집요하게 '진실'을 추궁하고, 그 집요함에 여자는 분노로 응수한다. 세 장면 모두 관계의 파국으로 끝난다.

파국은 진실 때문이 아니다. 그들의 관계는 이미 그전부터 틀어져 있었다. 만일 남자가 둘의 관계에 대해 진지하게 고민하고 있었다면, 여자에게 무슨 일이 있었는지 진실을 추궁할 게 아니라, 여자의 마음이 어떤지, 아직 나를 사랑하는지, 왜 그런 일이 생겼는지, 이 관계를 어떻게 하고 싶은지 묻고, 나는 이 일을 받아들일 수 있는지에 대해 생각했어야 한다. 하지만 남자는 그런 것에 관심이 없다. 여자가 딴 놈과 몸을 섞었는지, 그것만이 유일한 관심사다. 게다가 이미 일이 일어났다는 것도 남자는 알고 있다.

알면서도 추궁하는 이유는 여자를 모욕하고 상처 주고 싶기 때문이다. 자신이 당한 모욕만큼. 마지막 장면에서 앨리스는 이 점을 정확히 꿰뚫고 있다. 남자가 원한 건 진실이 아니라는 걸. 진실은 폭력을 합리화하는 이유, 또는 폭력의 도구로 사용될 뿐이다.*

앨리스를 떼어내기 위해, 속이는 건 잔인한 거라며 차갑게 진실을 통보한 댄. 오페라하우스 장면에서는 안나에게 왜 거짓말을 하지 않았느냐며, 잔인한 진실의 희생양이라도 된 듯 행동한다. 그러곤 마지막 장면에서 다시 앨리스에게 진실을 말하라고 닦달한다. 진실 없이 인간은 동물에 불과하다며. 하지만 그에게 진실이란 수단에 불과하다. 자유, 평등, 인간의 권리와 의무. 그런 모든 개념들을 그는 그런 식으로 사용할 것이다. 자신에게 유리한 용도로. 우리 모두가 그런 것처럼.

> * 이드와 초자아가 야합하는 예를 잘 보여준다.

시종일관 우직하게 진실한 래리. 하지만 그는 가슴 속에 화가 많은 인물이다. 그는 늘 진실을 말하지만, 진실이기 때문에 말하는 것이 아니다. 진실은 그의 주먹이다.

그리고 그 두 남자 사이에 혼란에 빠진 여자, 안나가 있다.

수컷들의 게임

안나는 두 남자의 욕망의 대상이다. 래리의 여자가 된 안나가 댄을 다시 만나면서 갈등은 시작된다. 어찌 보면 안나는 두 남자의 사랑을 독차지한 여자라 할 수 있을지도 모른다. 결국 래리와 함께 하게 된 마지막 장면도 진실한 사랑을 찾은 해피엔딩 같은 걸로 보일 수도 있다. 하지만 이 영화와 행복이라는 단어는 교장 선생님과 스타크래프트만큼이나 안 어울린다. 사랑이란 단어 또한 얻어 입은 옷 같은 느낌이다.

댄이 안나를 좋아한 건 사진 촬영 때부터였다. 하지만 정작 앨리스 때문에 그를 거부하던 안나가 마음을 바꾼 건 그녀에게 래리가 생긴 이후였다. 이건 뭘 의미하는 걸까?

이 영화에 묘사된 안나는 상대의 욕망을 거부하지 못하는, 피학적 성향의 여자다. 그런 시각에서 보자면, 전시회 이후 그들의 관계가 시작된 것은 그녀가 원해서라기보다는 댄의 욕망이 커졌기 때문이다. 그건 물론, 그가 래리의 존재를 알게 됐기 때문이다. 채팅에서 가지고 놀던 멍청이에게 안나를 '붙여준' 꼴이 된 것이 그의 질투심에 불을 붙였다. 그래서 그는 안나를 강하게 밀어붙였고, 이 영화 내내 그렇듯, 그녀는 상대의 욕망에 굴복한다.* 결국 댄이 안나를 차지하고야 말겠다고 마음먹은 건 래리 때문이다.

래리도 마찬가지다. 나중에 스스로 밝히듯, 이혼 서류 장면에서 그가 성관계를 고집한 건 안나를 모욕하기 위한 마음

* 다른 해석도 가능하다. 마지막 진료실 장면에서 래리는 안나가 죄의식을 동반한 섹스를 좋아한다고 말한다. 만일 그렇다면, 안나가 댄을 받아들인 것은, 사진 촬영 당시 앨리스에 대한 죄의식만으로는 충분히 '자극'되지 않았던 그녀의 피학적인 경향이 래리와의 결혼 후에, 그에 대한 죄의식이 더해져서 걷잡을 수 없이 자극된 것이라고 해석해볼 수도 있다. 어느 쪽이 옳은지, 안나를 분석해보기 전에는 모른다. 둘 다 옳을 수도 있다. 마음을 알아간다는 건 그런 것이다. 가설을 세우고 허물고, 또 세우고 허무는 일이다.

도 있었겠지만, 댄을 '엿 먹이기' 위해서였다. 그는 지저분한 게임의 승자가 된 것이다. 그 승리 역시 안나의 피학적 성향 덕택이었다.

댄도 래리도, 서로를 알기 전과 후의 모습이 전혀 다르다. 서로를 알기 전 안나에 대한 그들의 마음을 사랑이라 부를 수 있다면(하지만 사랑이라는 건 또 뭔가?), 서로를 알고 난 후 그들의 마음은 분명 집착과 소유욕이다. 안나의 부정을 알았을 때 그들은 슬퍼하지 않는다. 분노하고 공격한다. 그녀의 마음을 되돌리기보다는 몸을 묶어두려고만 한다. 수컷들의 서열 싸움, 마지막 진료실의 정면 대결에서 댄이 꼬리를 내릴 때까지 그들의 게임은 계속된다.

한 여자를 사이에 둔 두 남자의 싸움. 정신분석에 대한 어느 정도의 지식을 갖고 있다면 쉽게 프로이트의 오이디푸스 콤플렉스 Oedipus Complex를 떠올릴 것이다. 맞는 생각이다. 분명 오이디푸스 콤플렉스는 그들의 모습을 설명하는 데 도움이 된다. 하지만 이 영화 내내 그들이 보이는 행동과 주고받은 대화의 내용은 프로이트의 적자嫡子, 리비도만으로는 설명되지 않는다. 그들은 날 것 그대로의 공격성과 미숙한 인격을 보여준다. 댄을 엿 먹이려고 안나와 성관계를 갖는 래리의 모습은 이 영화가 무엇을 다루고자 하는지를 잘 보여준다. 자연스럽게 클라인이 떠오른다.

안나는 두 남자의 욕망의 대상이자 증오의 대상이다. 내 것이었을 때 안나는 좋은 대상이지만 딴 놈의 것이었을 때 안나는 전적으로 더럽고 사악한 나쁜 대상이다. 두 수컷의 게임은 안나가 자신에게 좋은 대상이었으면 하는 마음을 반영하는 것이기도 하지만 '그놈'에게 치명적인 타격을 가할 수 있는 나쁜 대상('그놈'에게 나쁜 대상)으로 만들려는 게임이기도 하다. 두 수컷은 그 점을 명확히 알고 있다. 그래서 래리는 자신의 정액으로 안나를 '오염시켰고' 오페라하우스에서 댄은 안나가 나쁜 대상으로 변했음을 직감한다. 뱀파이어에게 물린 것처럼. 스트립 클럽 장면에서 래리가 앨리스에게 집요하게 성관계를 요구하는 것도 마찬가지 이유다.

이 영화의 주인공들은 마음속에서 감정을 소화하지 않는다. 날 것 그대로 배설한다. 그들에게서 진지한 죄책감이나 용서 같은 건 찾아보기 힘들다. 가학과 피학의 공격성만 가득하다. 이 영화는 사랑에 관한 영화라기보다는 공격성과 폭력에 관한 영화다. 리비도에 관한 영화가 아니라 죽음의 본능에 관한 영화다. 미남미녀를 내세운 로맨스 영화 같은 껍질에 싸여 있지만 실제로는 살벌하기 그지없다. 〈에이리언〉 시리즈만큼이나.

한 명 남았다. 문제의 여인 앨리스, 또는 제인.

대상 만들기, 타인이란 존재하지 않는다

이 영화의 마지막을 최신 트렌드, 반전으로 본다면 제인은 〈유주얼 서스펙트〉(1995)의 카이저 소제에 필적할 인물이다. 댄도, 래리도, 관객도 그녀에게 우롱당했다. 하지만 이 영화는 스릴러가 아니다. 복수극도, 사기극도 아니다. 제 입으로 스트리퍼였다고 말한 걸

보면 그녀는 과거를 숨기려 했던 것도 아니다.

　댄과의 첫 만남에서 그녀는 뉴욕의 남자친구와 헤어지고 런던으로 '원정Expedition'을 왔다고 말한다. 처음부터 그녀는 목적을 가지고 런던에 왔다. 그런 맥락이라면 이름을 바꾼 이유도 짐작할 만하다. 그녀는 새 삶을 살고 싶었을 것이다. 옛 남자친구와는 다르게 자신을 사랑해줄 새로운 대상을 찾고 싶었을 것이다. 다른 남자라면 그럴 수 있을 거라는, 어리석은 기대를 품었을 것이다. 당연히 그녀의 원정은 실패로 끝났다(몇 살만 많았어도 그런 시도는 하지 않았을 것이다. 유독 어린 나이의 캐릭터 설정은, 그 때문이 아닐까).

　이 영화의 하이라이트, 스트립쇼 장면은 사람이 다른 사람을 어떻게 '대상으로 만드는지'를 잘 보여준다.* 우연히 마주친 핑크색 가발의 스트리퍼. 래리는 그녀가 앨리스라 생각한다. 하지만 그녀는 앨리스가 아니다. '래리가 알던 앨리스'가 맞기는 하지만.

　그는 그녀가 가명을 쓴다고 생각하고, 진짜 이름을 말하라고 집요하게 요구한다. 왜 그렇게 이름이 중요한가? 어쩌면 안나에게 속은 상처 때문에 가명이 싫었을지도 모른다. 누구에게라도 뭔가 진실한 이야기를 듣고 싶었을 것이다(Tell me something true). 하지만 그게 진짜 이름을 고집한 이유의 전부는 아니다. 진짜 이름에 그렇게 집착한 건, 눈앞의 스트리

*댄과 래리의 채팅 장면도 대상이 어떻게 만들어지는지 적나라하게 보여준다. 눈앞에 없어도, 모니터의 글자만으로도 욕망의 대상은 만들어진다. 애완동물, 자동차, 핸드백. 마음이 있는 한 무엇이든 대상이 된다. 마음이 있는 한 어떤 사람도, 어떤 물건도 대상 아닌 그 자체로 존재할 수 없다.

퍼가 앨리스여야 했기 때문이다. 그래야 댄에게 복수할 수 있으니까.

제인은 그의 마음을 정확히 꿰뚫고 있었다(I'm not your revenge fuck). 실패한 원정에서 그녀는 마침내 깨달았다. 댄도, 래리도, 옛 남자친구와 다를 바 없다는 것, 그들이 필요해서, 그들의 욕망 때문에 자신을 '대상'으로 만들었다는 것, 그게 그들이 말하는 사랑의 정체라는 것, 그렇지 않은 사랑이 있을 거라는 생각 또한 자신의 바람일 뿐이었다는 것을.*

* 한동안 그녀의 마음에는 '남잔 다 그 래'라는 도식이 만들어질 것이다. 한참 후에야, 사람과 사람의 관계라는 게 원래 그런 거라는 걸 받아들이고, '원정에서 찾으려 했던 진실한 사랑'을 체념할 수 있을 것이다. 그런 다음에야 '또 다른 의미의 진실한 사랑'을 찾을 수 있을 것이다. 사랑할 준비가 되어 있지 않은 마음으로 '진실한 사랑을 이루어줄 대상'을 찾는 시도는, 반드시 실패한다.

사람에게 타인이란 욕망과 두려움이 투사되는 스크린 같은 것이다. 사람은 절대 타인을 있는 그대로 받아들이지 않는다. 아니, 받아들일 수 없다. 각자 생긴 대로 각자의 정신적 현실 속에서 제 마음을 투사해서 만들어내는 것, 그것이 타인이다. 그러므로 정신분석의 관점에서 엄밀히 말하자면, 타인이라는 건 존재하지 않는다. 존재하는 건 대상뿐이다. 누굴 만나도 우리는 그 사람에게 나만의 욕망, 나만의 두려움을 투사한다. 기어이 그 사람에게서 나만의 대상을 끌어낸다. 래리는 말한다. 세상 모든 건 무언가의 대체물이라고 (Everything is a version of something else).

래리는 피부과 의사다. 사람의 껍질만 볼 줄 아는. 댄은 죽지도 않은 사람의 부고를 완곡어법으로 지어내는 삼류 글쟁이다. 안나는 남의 겉모습에 제 마음을 덧씌워 나도 아니고 남도 아닌 누군가를 만들어내는 사진작가다. 그리고 제인, 그녀는 스트리퍼다. 다 보여주는, 하지만 아무것도 보여주지 않는. 이 영화의 네 주인공은 모두 'Nobody' 또는 'Anybody'다. 그렇게 그들은 타인으로부터 대상을 만들고, 또 그 대상의 대상이 된다. 우리도 그렇다.

타인은, 대상은, 만나는 것이 아니다. 찾는 것, 아니 만드는 것이다.* 사람은 사람을 사람으로 대하지 않는다. 대상으로 대한다.

*우리 마음속에서 대상이 되는 것은 타인뿐만이 아니다. 대상으로서의 타인과 마찬가지로 우리는 마음속에서 나 자신을 사랑하고 미워하고, 기대하고 실망한다. 즉, 우리 마음속에는 '나'라는 대상도 만들어진다. 다른 대상과 똑같이 실제의 나에게 내 마음이 투사되어서. 이런 대상으로서의 나를 정신분석에서는 자기 또는 자기표상이라 부른다.

_〈클로저〉(2004)

사람은 사람에게 마음으로 남는다

환상과 대상
복수가 정혜의 마음을
풀 수 있었을까?

자신을 성폭행한 고모부. 그날 정혜는 어떤 마음으로 그를 찾아갔을까? 가방 속의 칼을 만지작거리며 무슨 생각을 했을까? 만일 그의 가슴패기를 찔러버렸으면 어땠을까? 혹은 그가 진심으로 과거를 뉘우치고 사죄했다면 어땠을까?

사람의 마음을 아프게 하는 건 늘 사람이다. 그래서 사람들은 그 누군가에게 진심어린 사과를 받으면, 또는 그 누군가에게 마음이 후련해질 정도의 복수를 하면 내 마음속 아픔이 낫지 않을까 생각한다. 그런 심정으로 정혜도 그를 찾아갔을 것이다. 둘 중 하나, 어느 쪽으로든 끝을 보려고. 그렇게 해서 발목을 잡고 있는 과거로부터 헤어나오려고. 하지만 유감스럽게도, 사람의 마음은 그런 식으로 바뀌지 않는다. 사람이 사람에게 남기는 건 아픔이 아니라 상처이기 때문이다. 사람은 사람에게 기억으로 남지 않는다. 마음의 일부로 남는다.

구박받은 아이는 주눅 든다. 비난받은 아이는 자학한다. 어른이 되어서도 그들은 주눅 들어 있고, 늘 자신을 책망한다. 어느 날 갑자기 그들의 부모가 회심(回心)해서 과거를 뉘우치고 사과한들, 그들이 바뀌지는 않는다. 한번 생겨버린 마음의 생김새는 쉽사리 변하지 않기 때문이다. 그 생김새가 다름 아닌 구조Structure다. 그 구조가 사람의 마음을 결정하고 세상을, 다른 사람들을 어떻게 느끼고 받아들일 것인지 결정한다. 프로이트의 이론에서는 이드, 자아, 초자아가 구조이고, 클라인의 이론에서는 환상이 구조다. 그리고 대상관계 이론에서는 대상이, 또는 대상과 나*의 관계가 구조다. 신경과학에서는 신경회로의 연결이 구조다.

* 이때의 '나'는 경험의 주체가 아니라 나에 대한 표상, 즉 자기 표상.

정신분석에서 말하는 대상(내적 대상)은 지금 내 눈앞에 있는 타인이 아니다. 마음속에 만들어진 구조다. 그 타인이 과거에 나를 힘들게 했던 그 사람이 맞더라도, 지금 그 사람이 참회한다고 해서 이미 내 마음에 생겨버린 대상이 바뀌지는 않는다. 정혜의 고모부가 완전히 다른 사람이 되어도, 죽어 없어져버려도 정혜의 마음속 구조는 사라지지 않는다. 그 구조는 이미 고모부 개인이 아니다. 모든 남자, 모든 인간이다.

누군가의 잘못으로 다리를 절게 되었다면, 그 사람이 죽도록 미안해한들 다시 다리가 멀쩡해지겠는가? 마음의 문제도 마찬가지다. 결자해지結者解之는 성립하지 않는다. 내 마음을 이렇게 만들어버린 사람이 분명히 있어도, 지금 내 눈앞에 있어도, 그 사람이 아무리 미안해해도 그 사람이 할 수 있는 건 없다. 억울하고 원통한 일이지만 그것이 엄연한 사실이다.

그날, 그를 곁에 앉혀두고 정혜도 그것을 깨달았을 것이다. 그래서 그를 찌르지도, 사과를 요구하지도 않았을 것이다. 마침내 제 길을 가야겠다고 생각했을 것이다. 그래서 늘 타박타박 걷던 정혜의 발걸음이 빨라졌을 것이다. 세상에서 한 뼘쯤 떨어져 있던 정혜는 그날 비로소 넘어지고*, 칼에 손을 베고, 아팠다. 그리고 눈물이 터졌다. 애도Mourning의 눈물이.

* 그래서 넘어질 때의 '아!' 소리는 무척 상징적이다. 그전의 정혜였으면 소리를 내지 못했을 것이다. 그 인간이 입을 틀어막았었으니까.

** 몸이라는, 인간의 가장 원초적인 경계Boundary를 침범당했기 때문에 경계는 정혜의 숙제가 된다. 그 숙제를 풀려는 정혜의 의식적인 노력은 식물에서 동물로, 그리고 사람으로 옮겨간다. 취한 남자의 느닷없는 침범을 받아들인 것도 그 노력의 하나였을 것이다. 수동적으로 침범당했던 상황을 내가 주도하는 능동적 상황으로 바꿔서 외상의 극복을 시도하는 것. 우리 마음이 사용하는 방어 중 하나다.

어찌 보면 마음에 변화가 일어난다는 건 체념과 애도를 통해서다. 분하지만 남이 책임져야 한다는 미련을 버려야 한다, 억울하지만 보상을 포기하고 과거를 떠나보내야 한다, 내 마음은 결국 내가 바꿀 수밖에 없다는 것, 남을 위해서가 아니라 나를 위해서 그 길밖에는 없다는 것을 인정해야 한다. 그리고 또 하나, 상처가 옅어질 수는 있지만 완전히 사라질 수는 없다는 것을 인정해야 한다.

그래야 비로소 마음을 바꿀 노력을 할 수 있게 된다.** 그리고……
옅어지는 것만으로도 많은 것이 달라질 수 있다.

　　내 마음은, 내가 풀어야 한다.

_〈여자, 정혜〉(2005)

5장

마음에도 유행이 있다

우리는 우리가 생각하는 것만큼 자유로운 존재가 아니다. 세상이 우리 마음 속의 뭔가를 선택하면 우린 꼭두각시처럼 거기에 맞춰 살아간다. 한동안 편집증의 시대를 살았던 우리는 이제 자기애의 시대를 살고 있다.

사람의 마음에 관한 정신분석의 대표적인 시각 몇 가지를 앞의 세 장에서 이야기했다. 그 과정에서 많은 영화 속 인물들이 다루어졌지만, 정신분석의 개념을 설명하기 위해 그들의 일면을 언급했을 뿐, 그들의 마음 전체에 대한 이야기를 했다고 볼 수는 없다.

이번 장에서는 지금까지 이야기해온 것들이 실제 사람의 마음에서, 또는 사람들이 집단을 이루어 사는 사회에서 어떻게 작용해서 어떤 희한한 현상을 만들어내는지 살펴보려 한다. '병'에 대한 이야기지만, '병' 자체를 설명하자는 건 아니다.*

*이번 장에서 언급되는 인물들 중 잭과 패트릭은 확실한 진단이 붙는 '병'을 가진 사람들이다. 레스터와 팀은 그렇지 않다.

정신의학이나 정신분석에서 생각하는 '병든 마음'과 '건강한 마음'은 질적으로 완전히 다른, 그런 것이 아니다. 마음에서 일어나는 현상 중 그 자체로 병적인 것은 없다. 마음의 모든 일은 정도의 문제다. 정상적으로도 일어날 수 있는 마음의 어떤 현상이 과도하게 일어나서 현실에서 문제를 일으킬 때, 정신의학과 정신분석은 진단을 내린다. 바꾸어 말하면 '병'에서 볼 수 있는 현상들은 보통 사람들의 마음에서도 늘 일어난다. 그렇기 때문에 '병'에 대한 이야기는 보통 마음을 이해하는 데도 중요한 실마리를 제공한다.

이번 장에서는 편집성과 자기애를 다룬다. 수많은 '병' 중에 이 두 가지를 선택한 데는 이유가 있다. 그 각각이 몇십 년 전의 세상과 지금의 세상, 그때 사람들의 마음과 요즘 사람들의 마음을 잘 설명해주기 때문이다. 7,80년대가 집단 편집성의 시대였다면, 지금은 집단 자기애의 시대다.

편집성과 자기애뿐만이 아니라, 모든 사람의 마음속에는 정신분석의 용어로 명명되는 수많은 현상이 공존한다. 그런데 그중 하필 특정한 뭔가가 한 시대를 대표하는 건 그 시대의 지배 이데올로기 때문이다.

다시 한 번 말하지만, 우리는 우리가 생각하는 것만큼 자유로운 존재가 아니다. 세상이 우리 마음속의 뭔가를 선택하면 우린 거기에 맞춰 살아간다. 꼭두각시처럼. 이번 장의 주인공은 정신분석가가 아니라, 냉전과 자본주의의 이데올로기다.

적과의 동침

편집성
보수 꼴통, 잭

클라인의 이론에 의하면, 태어날 때 사람의 마음속에 들어 있는 나쁜 환상은 성장 과정에서의 따뜻한 경험에 의해 점점 변화한다. 그 덕에 우리가 경험하는 세상도 좀 덜 무서워진다. 하지만 세상에는 그런 행운과는 거리가 먼 사람들이 있다. 보통 사람들이 〈에이리언〉 시리즈를 볼륨을 낮춘 텔레비전으로 보는 정도의 마음속 공포를 갖고 산다면, 그들의 마음속 공포는 3D 아이맥스 버전이다. 그들은 날것 그대로의 공포를 마음속에 품고 산다. 〈굿 윌 헌팅〉의 윌이 그렇고 또 한 명, 〈닥터 스트레인지러브〉(1964)의 미 공군 잭 리퍼 (영국의 연쇄살인범 잭 더 리퍼에서 따온 이름) 장군이 그렇다.

잭에게도 세상은 흑백이다. 적과 아군, 소련과 미국, 공산주의와 자본주의. 알기 쉽게 갈라져 있다. 세상에 대한 공포와 적개심도 윌과 다를 바 없다. 두 사람의 차이는 나쁜 대상의 무엇을 두려워하는지에 있다. 윌의 공포는 버려짐과 거절에 관한 것이다. 잭의 공포는 물리적 공격과 파괴에 대한 것이다. 윌의 주제가 사랑이라면 잭의 주제는 안전이다.

윌은 정신의학적으로 경계성 인격에 해당되는 모습을 많이 보이지만 정신분석적으로는 특정 진단을 붙이기 어려운 캐릭터다.* 환자인지 그냥 성격이 모난 정도인지 논란거리가 될 만한 경우다. 그 정도 성질머리는 드물지 않다. 반면, 잭은 분명히 피해망상을 가진 환자다. 진단명은 망상 장애다. 약을 먹어야 할 병이고, 잘 낫지 않는 병이다. 심각한 상태라는 이야기고, 주

> * 정신의학과 정신분석은 다른 분야다. 복잡한 이야기지만, 정신분석에서 경계성Borderline이라는 개념은, 특정한 성격 유형을 지칭하는 용어가 아니라 정신병리가 얼마나 심각한지를 나타내는 용어라고 알아두는 게 좋겠다. 경계성 정신병리는 그 심각성에 있어서 신경증Neurosis과 정신증Psychosis 사이에 위치한다.

변에서 흔히 볼 수 있는 인물은 아니라는 뜻이다. 하지만 이 사람 잭, 왠지 친숙하지 않은가? 군복 입고 가스통 들고 시청 앞에 가 있으면 딱 어울릴 것 같지 않은가?

편집偏執, 음모론의 대가들

잭이 친숙한 건, 그런 망상 정도는 아니어도 그에 필적할 만한 '신념'에 가득 찬 사람들이 우리 주위에 많기 때문이다. 그런 사람들

에게 정신분석은 편집적Paranoid*이라는 형용사를 붙인다. 그들의 특징은 줄기차게 의심한다는 것이다. 그들은 세상일을 액면 그대로 받아들이지 않는다. 늘 배후에 뭔가 더 있다고 생각한다. 그래서 그들은 음모론의 대가다. 우연이나 실수 같은 건 그들에게 존재하지 않는다. 무슨 일이 일어나든 누군가가 일부러 그렇게 한 것이라 믿는다. 그들의 세상에서는 늘 나쁜 의도를 가진 누군가가 나쁜 짓을 하고 있다. 그들의 마음속 세상에는, 인간이 갖고 태어난다고 클라인이 생각한 원시적인 환상이 별로 변형되지 않은 상태로 펼쳐져 있다.

잭의 망상은 이렇다. 공산당은 물을 마시지 않는다. 보드카만 마신다. 그러는 데는 이유가 있다. 물은 모든 생명의 근원이다. 인간인 '우리'도 신성한 체액을 보충하기 위해서는 물을 필요로 한다. 그런데 그들은 보드카만 마신다. 그렇게 함으로써 그들은 '인간이 아닌, 공산당'이기를 택한 자들이다. 그리고 우리가 마시는 물에 불소를 섞어서 우리의 체액을 오염시킨다. 모르는 새, 선택의 여지도 없이 사람들은 당하고 있다. 그게 공산당의 은밀하고 교활한 수법이다. 이대로 가면 공산당이 세상을 지배할 것이고, 나는 그걸 좌시할 수 없다. 몸과 오염에 대한 상상.** 공산당은 체액까지 '우리'와는 다른 존재라는 생각. 매우 클라인적的이다.

* 편집적인 사람들에도 다양한 유형이 있다. 세상이 너무 무서워 숨으려고만 하는 사람도 있고, 늘 자신이 부당한 대우를 받는다며 여기저기서 소동을 벌이거나 투서나 고소를 밥 먹듯 하는 사람도 있다. 이 글은 그중, 자기만의 신념에 차 있고, 폭력적인, 전형적으로 남성에게 더 많이 나타나는 유형에 대한 이야기다.

** 그래서 이런 유형의 편집적인 사람들은 건강 염려증에 가까울 만큼 몸에 집착하는 경우가 많다. 물론, 그때도 전문가들의 조언보다도 자신의 신념에 근거한 방법으로 철저히 건강을 챙긴다.

빨갱이 담론

책의 망상이 황당해 보일지 모르지만 우리도 그 못지않은 집단 망상에 사로잡혀 있던 시절이 있었다. 그때 아이들은 해마다 반공反共 포스터를 그렸고, 포스터에 늘 등장하는 공산당 또는 '빨갱이'의 모습은 한결 같았다. 뿔 달린 머리, 쫙 찢어져 45도로 치켜올라간 눈, 굵고 긴 털이 나 있는 손과 날카로운 손톱, 한마디로 인간보다는 악마의 모습이었다. 포스터 한 장을 그리고 나면 빨간색, 까만색 물감이 반은 없어졌다. 그들이 6·25 때 얼마나 사람을 많이 죽였는지, 이승복 어린이의 입을 어떻게 찢었는지, 조금만 비위를 거스르면 아오지 탄광에 끌고 가 어떻게 하는지 귀가 닳도록 들었다. 베트남에서, 캄보디아에서 수백만의 사람들이 맞아 죽고, 찔려 죽고, 얼굴에 비닐봉지를 쓰고 질식해 죽는다고, 신문은 매일 중계했다.

그런 공산당과 대치한 바람 앞의 촛불 같은 나라에서 사는 우리는 미국과 '박통'에 매달릴 수밖에 없었다. 빨갱이보다는 독재가 낫다고 생각했다. 나라가 혼란스러워지면 빨갱이가 쳐들어올까 봐 겁냈다. 행여 내 자식이 빨갱이가 될까 봐 대학생을 가진 부모들은 전전긍긍했다. 하지만 '박통'이 죽어도, '전통'이 나라를 쑥대밭으로 만들어도 빨갱이들은 움직이지 않았다. 얼마 후 고르바초프의 페레스트로이카 선언으로 소련은 이름에 걸맞은 힘 한번 못 써보고 조각났다. 베를린 장벽은 무너졌고 중국은 돈벌이를 시작했고 북한은 낙동강 오리알이 됐다. 자본주의와 공산주의의 대결은 싱겁게 끝났다.

싸움은 끝나지 않는다

모든 악의 근원, 공산당이 패퇴했으니 세상엔 평화가 찾아왔어야 했다. 하지만 싸움은 끝나지 않았다. 더 복잡한 싸움이 시작되었다. 전선戰線도 없이 아무 데서나 폭탄이 터지고, 테러와의 전쟁을 선포한 미국은 여전히 누군가와 또는 무언가와 싸움질이다. 공산당이 악의 근원이라더니 이젠 새로운 악의 축이 있단다. 공산당이 세상을 공포에 떨게 하던 시절엔 그들이 없었나? 그때는 착했던 그들이 갑자기 실성하기라도 한 건가? 그런 게 아니라면 왜 그때는 놔두어도 괜찮았던 그들이 이제 와서 그렇게 큰 위협이 되었나? 왜 싸움은 끝나지 않는 것인가? 누가 싸움을 시작했으며 싸우는 자들은 대체 왜, 무엇과 싸우는 것인가? 인간의 세상에서 평화라는 게 가능하기는 한가?

이기심, 정치적 이유, 사상과 이념의 차이. 그런 것 때문에 서로 싸우는 거라고 사람들은 흔히 생각한다. 만일 그렇다면(그래도 어렵겠지만) 희망이 있어 보인다. 그게 이유라면, 교육을 통해서든 어떻게든 인간이 좀 더 합리적으로 변하면 평화가 찾아올지 모른다. 하지만 유감스럽게도 인간은 사상이나 이념 같은 고차원적인 이유로 제 목숨을 걸어가며 서로를 그토록 적극적으로 죽일 만큼 부지런한 존재라고 나는 생각하지 않는다. 평화는 요원해 보인다. 불가능해 보이기까지 한다. 인간이 서로 죽자고 싸우는 이유는 따로 있기 때문이다.

그건, 공포다. 너무 두려워 담고 있을 수 없는, 그래서 밖으로 쏟아내야 하는 마음속 공포.

다른 것은 나쁜 것

'빨갱이 담론'은 마음속 나쁜 환상이 현실에 투사될 때, 그리고 그 투사가 사회 전체에서 집단적으로 나타날 때 무슨 일이 일어나는지를 보여주는 대표적인 예다. 그 시절 사람들이 규정한 공산당은 클라인의 나쁜 대상 그대로다. 그들은 강하고 사악하다. 그들의 빨갱이 사상은 가공할 전염력을 갖고 있다.

투사를 비롯한 모든 방어의 핵심은, 내 마음속 생각이나 감정을 부정하는 것이다. 억압은 잊어버림으로써, 반동 형성은 정반대로 바꿔버림으로써 마음을 부정한다. 투사는 생각이나 감정이 내 것이 아니라 남의 것이라 느끼게 하는 방어다. 그렇게 함으로써 내 마음속에는 그런 생각과 감정이 전혀 없다고 느낀다.

투사가 제대로 작동하려면 한 가지 조건이 필요하다. 투사된 것이 원래 내 것이었다는 것을 알 수 없어야 한다는 것이다. 행여 그 진실을 알게 되면 투사는 실패한다. 그래서 투사는 가능한 한 나와 다른(달라 보이는) 대상(외적 대상)을 향한다. 다른 인종, 다른 세대, 다른 종교, 다른 나라, 경상도, 전라도, 좌익, 우익, 동성애자, 장애자. '우리'와는 근본적으로 다르다고 생각되는 집단, 또는 개인. 그들이 투사의 대상이 된다.

다른 것, 낯선 것은 나쁜 것이 된다. 두려운 것이 된다.

불확실성을 없애려는 시도

한 가지 질문이 떠오른다. 투사를 통해 얻는 것이 무엇인가? 세상에 나쁜 대상을 만들어놓고 두려움에 떠는 것이, 어떻게 마음이 편해지는 일인가?

투사에 관한 몇 가지 이야기부터 해보자. 우선, 투사는 우리의 일상이다. 사람은 늘 세상에 제 마음을 투사한다. 내가 기쁘면 세상이 환하고 내가 슬프면 세상이 우중충하다. 화가 날 때는 사람들이 다 나를 약 올리는 것 같다. 제 마음을 투사해서 동물의 기분이 어떻고 어떤 '생각'을 할 거라 믿는다. 이유도 없이 어떤 연예인은 숭배하고 어떤 연예인은 증오한다.

투사의 전형적인 결과는 '남 탓'이다. 정도의 차이가 있을지언정 사람은 누구나 남을 탓하며 산다. 남 탓의 이점은 책임감이나 죄의식을 벗어던질 수 있다는 데 있다. 무언가 잘못되었을 때, 내가 아니라 남 때문이라 생각하면 확실히 마음이 편해진다(그 때문에 세상에는 남 탓의 대가들이 있다. 남편 탓, 자식 탓, 며느리 탓, 직장 상사 탓, 나아가서는 자신을 몰라주는 세상 탓, 자신에게만 찾아오는 불운 탓. 그들의 투사는 세상을 괴롭힐뿐더러 그들 자신도 불행하게 만든다).

지나치면 문제지만, 투사는 마음속에서 자연스럽게 일어나는 현상이고 적당한 정도라면 적응일 수 있다. 축구 시합에서 진 것이 심판 때문이라 생각하는 것이(그 심판을 해칠 계획을 세우거나 두고 두고 분노를 곱씹을 정도만 아니라면) 우리의 축구 실력을 직면하고 자존심의 상처를 받는 것보다는 나을 수도 있다. 적당히 흉보고, 적당히 원망하고, 적당히 발뺌하며 사는 것이 반성을 빙자한 상습적인 자책보다는 훨씬 낫다. 투사 자체가 나쁜 것은 아니다.

하지만 극단적인 투사는 잭 같은 음모론의 대가들을 만들어낸다. 제대로 편집적인 이 인간들의 투사는 단순히 남 탓 정도가 아니다. 그들의 음모론은 훨씬 거시적이고 체계적이다. 그들의 투사는 그들의 세계관을 형성한다. 세상은 약육강식의 정글이고, 호시탐탐 기회를 노리는 나쁜 인간들로 가득하고, 등을 보이면 바로 비수가 꽂힐 거라는 세계관. 그것이 그들의 투사가 만들어내는 세상이다. 이런 세계관은 세상을 무서워 보이게 하지만, 한 가지 이점을 갖고 있다. 그런 세계관 덕에 그들은 싸울 수 있다.

세상은 제멋대로다. 인간이 통제할 수 있는 건 별로 없다. 인간의 삶이란 기본적으로 운명에 내맡겨진 것이다. 누구에게나 두려운 사실이지만, 편집적인 사람들에게는 더욱 그렇다. 이들의 마음은 두려운 환상으로 가득하기 때문이다. 이들은 그 두려움을 견디지 못한다. 그래서 모든 나쁜 일은 누군가 그 일을 벌였기 때문에 생기는 것이고, 그 누군가를 제거해버리면 나쁜 일을 끝낼 수 있다는 단순한 논리로 세상의 불확실성에 대한 공포를 극복해보려 한다. 싸울 대상을 만들어서 아무것도 할 수 있는 게 없다는 공포에서 벗어나보려는 시도다(트래비스가 생각나지 않는가?).

최근 북한에서, 화폐개혁을 주도했던 인물이 총살당했다는 보도가 있었다. '혁명 대오에 잠입한 대지주의 아들로서 계획적으로 국가 경제를 말아먹었다'는 죄목이 그에게 씌워졌다 한다. 경제의 파탄을 누군가의 탓으로 돌리고(그놈만 아니었으면 괜찮았을 거다) 그가 나쁜 의도로 일부러 그렇게 한 것이라 생각함으로써 불확실성의 공포를 없애보자는 시도. 편집성의 진수를 보여준다. 사실이라면 그런 이야기가 아직도 먹혀드는 사회가 있다는 것이, 거짓이라면 이런 이야기를 지어내는 우리나라 보수언론의 발상이 섬뜩하다.

반드시 적이 있어야 한다

늘 세상을 경계하지만, 편집적인 사람들이 정말 두려워하는 것은 세상에 존재하는(존재한다고 생각하는) 나쁜 대상이 아니다. 싸울 수 있으면 덜 두렵다. 가장 두려운 건 눈에 보이는 나쁜 대상이 아니라 싸울 수 없는 것들이다. 잭의 망상이 시작된 건 성교 후의 피로감 때문이었다. 왜 피로했겠는가? 당연히 늙었기 때문이다. 받아들이면 될 일이다. 언제까지 팔팔하기를 바라는가? 하지만 편집적인 인간은 누구나 늙고 병들어 죽고, 그건 어쩔 수 없는 거라는 엄연한 사실을 받아들이지 못한다. 그 공포를 못 견디고 바깥세상에 나쁜 대상을 만들어 싸우자고 덤빈다. 그래서 불소가 어쩌고, 되지도 않는 소리를 지껄이며 남성성의 상징인 시가를 꼬나물고 사타구니에 '곧추' 세운 기관총을 발악적으로 '발사' 한다. 그들에게 최악의 공포는 싸울 수 없을 때 찾아온다. 그래서 그들은 기를 쓰고 싸울 대상을 만들어낸다.

그들에겐 반드시 적이 있어야 한다. 이 겁쟁이들에게 적 없는 세상은 너무 무섭다. 그들에겐 아옹다옹 다투며 살아갈 적이 꼭 있어야 한다. 그들과 적은 공생관계다.*

> * 적들도 만만찮게 편집적인 경우가 많다. 정신적 현실이 서로 어우러져 저희들끼리 싸우는 것이다.

편집偏執 또는 편집編輯

물론, 세상에는 음모가 난무한다. 그러므로 의심은 불가피하다. 의심 없이 모든 걸 받아들인다면 온갖 사기를 다 당할 것이고 눈치 없다는 소리깨나 들을 것이다. 의심은 자연스러운 현상이다. 편집성의 특징은 의심 자체보다는 의심의 편향성에 있다.

일견, 편집적인 사람들은 똑똑해 보인다. 그들은 남들이 보지 못하는 것, 흘려보내는 것에서 단서를 찾아낸다. 공산당들의 국제적 공모共謀가 시작된 때와 물에 불소를 섞기 시작한 때가 모두 1946년이라는 사실에서 잭은 공산당과 불소를 연관시킨다. 귀신 씻나락 까먹는 소리지만 예리한 관찰이기는 하다. 그런 예리함 덕에 가끔은 월척이 낚인다. 그들의 의심이 맞을 때가 간혹 있는 것이다. 그들은 기억력 또한 비상해 보인다. 언제 어디서 무슨 일이 있었는지, 남들은 다 잊은 걸 상세히 기억한다. 특히 정치나 역사 쪽에 정통하다. 그래서 똑똑해 보이지만 사실은 그들이 똑똑한 게 아니다. 그들의 편집적 성향이 사소한 일에도 의심을 품고 곱씹게 만들다 보니 상세한 기억이 남고 월척도 낚일 뿐이다.

똑똑하지 않다는 건, 정보를 받아들이는 그들의 태도에서 가장 잘 드러난다. 그들은 보고 싶은 것만 보고 듣고 싶은 것만 듣는다. 마음에 안 드는 건 외면한다. 플랜 R을 하달한 뒤 잭은 부대 내의 모든 라디오를 압수한다. 폭격기도 잭이 정한 채널 이외의 모든 통신과 두절된다. 편집성이 정보를 어떻게 선별하고 차단하는지 잘 보여주는 예다. 공산당은 한 명씩 침입할 수도 있고, 떼로 몰려올 수도 있고, 아군 복장으로 올 수도 있다고 잭은 말한다. 한마디로, 접근하는 건 무조건 공산당이라는 이야기다. 적군 복장은 당연히 적, 아군 복장은 위장한 적. 그러니까 전부 적. 그들의 논리는 그런 식이다.

그들은 정보에서 결론을 도출하지 않는다. 결론에 정보를 끼워 맞추고, 맞지 않는 정보는 버린다. 결론은 미리 정해져 있다.*

편집偏執은 세상을 편집編輯한다.

편집성의 종교, 폭력

편집성의 핵심은 마음속 공포에 대한 방어지만, 또 하나의 중요한 요소가 그 안에 포함되어 있다.** 그것은 인간의 욕망

* 온갖 궤변과 정보의 왜곡을 통해 상대는 무조건 틀리고 우리는 무조건 맞는다고 우긴다. 상대는 맞아도 틀리고 우리 편은 틀려도 맞다. 초등학생 수준의 편 가르기, '우리가 남이가' 정신이 투철한 그들의 마음가짐이다.

** 마음에서 일어나는 모든 현상은 한 가지가 아닌 여러 이유와 의미를 갖는다. 프로이트 이론의 맥락에서 생각해보자면, 마음의 모든 현상에는 욕구(이드의 측면)와 그 욕구에 대한 억제(초자아의 측면), 둘 사이의 타협(자아의 측면)이라는 요소가 모두 포함된다. 욕구도 한 가지만 표현되는 것이 아니라 여러 욕구가 한 가지 현상으로 표현되기도 한다. 정신분석의 이런 생각을 다중결정론Multiple Determinism이라 한다.

중 하나인 공격성의 발산이다. 편집성은 응징받아 마땅한 대상을 만들어서 폭력을 정당화한다. 스티븐 시걸류의 영화에 흔히 등장하는 선과 악의 이분법은 정의를 빙자해서 가학적인 욕망을 배설하는 속임수의 예다.

잭이 편집성의 공포를 잘 보여주는 음울한 인물이라면 편집성의 욕망을 잘 보여주는 인물은 터지슨 장군이다. 비서와의 밀회, 등장부터 리비도 충만하다. 소련의 음모를 거론할 때 데굴데굴 굴러가는 눈동자, 피해의식과 익살이 공존하는 표정, 아군 파일럿의 우수성을 이야기할 때의 신명 난 모습은 편집적 욕망의 진수를 보여준다. 웃옷을 벗고 팔까지 걷어붙인 그의 적극성은 무슨 일이 있을 때마다 신이 나서 음모론을 들먹이는 인간들을 연상시킨다. 소련 대사와 짝을 이룬 차이Gap 이야기(무엇에서든 적이 앞서는 꼴은 못 본다) 또한 편집적 강박의 맹목성을 보여준다. 그리고 히틀러를 연상시키는 스트레인지러브 박사. 그의 말투와 논리에도 가학적 욕망의 냄새는 가득하다.

폭력은 편집적인 사람들의 종교다. 자신의 힘 외에 그들은 아무것도 신뢰하지 않는다. 힘이 없으면 짓밟히는 것, 그것이 그들의 세상이다. 모든 것은 힘의 논리에 의해 결정된다. '둠스 데이 머신'은 그들의 믿음을 상징적으로 보여준다. 스트레인지러브는 말한다. 전쟁 억지력의 핵심은 적의 마음에 공포를 심어주는 것이라고. 공포 외에, 사람의 마음을 움직일 수 있는 것은 없다고 그들은 믿는다. 타협, 설득, 그런 건 그들의 사전에 없다. 힘으로 찍어 누르는 것, 공포감을 심어줘서 내 뜻을 관철시키는 것, 그럴 수 없을 때는 납작 엎드려 때를 기다리는 것, 그들이 타인을 대하는 방법이다.

마음속 공포 때문에 편집적인 인간들은 아무렇게나 폭력을 휘두른다. 건드리기만 해도 깜짝 놀라 주먹질을 해댄다. 늘 어깨에 창을 둘러메고 보이는 건 뭐든지 찔러버린다. 잭의 말대로 그들은 일단 쏜 다음에 물어본다.

편집성의 광기가 불어닥치면

편집적이라는 단어가 어울리는 전형적인 이미지는 '보수 꼴통 아저씨들'이지만, 세상에는 정치적 성향이나 성별, 세대와 상관없이 늘 의심하고 적을 만들고 피해의식에 젖어 사는 사람들이 얼마든지 있다. 게다가 심한 경우만 생각하면 편집성이라는 것이 일부 사람들의 특징인 것처럼 보이지만, 전혀 그렇지 않다. 편집성은 인간의 가장 보편적인 성향 중 하나다. 그래서 정말 위험하다.

"정부도 언론도 심지어 당신의 회사조차 믿을 수 없다면? 스스로 공부하고 스스로 판단하라! 우리 삶을 둘러싼 정보와 이슈를 '경제적 사고'를 통해 자신만의 판단 기준으로 만들어갈 수 있어야만 이 불확실성의 시대에 생존할 수 있다."

최근에 한 출판사가 경제관련 서적의 광고로 사용한 문구다. 정부도 언론도 회사도 믿을 수 없다? 그런데 자신은 믿을 수 있다? 그 자신께선 경제를 얼마나 아시기에? 책 한 권으로 무슨 공부를 얼마나 하시려고?

정부, 언론, 믿을 수 없다면, 불확실성, 정보, 생존, 자신만의 판단……. 모두 편집성을 자극하는 용어다. 아무도 믿지 말라, 정부도 전문가도 당신을 속이고 혼란에 빠뜨릴 것이다, 살아남으려면 스스로 공부해라, 전형적인 편집적 시각이다. 이 논리를 받아들이려면 다른 전문가들은 모두 사기꾼이고 이 책의 저자만 정직한 우리 편이라는, 편집성 특유의 편향된 시각이 필요하다. 그렇지 않고서야 이 저자는 또 어떻게 믿는가? 모두 작당하고 우리를 속이는 세상에서 저자만이 진실을 말할 거라는 편집적 환상을 자극하는 것, 음모론에 쉽게 혹하는 사람들을 끌어들이려는 선정적 광고의 전형이다.

또 하나의 예는 정신과 약에 대한 사람들의 편견이다. 많은 사람들이, 정말 너무 많은 사람들이 정신과 약을 먹으면 중독된다, 바보 된다는 이야기를 너무나 자연스럽게 믿는다. 아예 상식처럼 되어 있다. 놀랍고 무섭고, 신기한 일이다. 왜냐하면 그 이야기를 수용한다는 건 곧 이 세상에 어마어마한 음모가 진행되고 있다고 믿는다는 의미이기 때문이다. 왜 이야기가 그렇게 되느냐고?

정신과 의사들이 진실을 모를 리 없지 않은가? 그렇다면 그들이 돈벌이를 위해 환자들을 중독시키고 있다는 것 외에 어떤 설명이 가능한가? 특정 직업을 가진(경제 전문가도 마찬가지다) 수천 명이 타인들을 독살하고 있다는 것 말고 어떤 설명이 가능한가? 그 흔한 양심선언 하나 없이 수천 명이 똘똘 뭉쳤다. 그중에는 당신의 가족이나 친구, 하다못해 사돈의 팔촌 정도라도 있을 것이다. 그들이 몰래 사람들을 죽이고 있다. 정부도, 의학협회도, 미국 FDA도 공범이다. 그 외에 가능한 설명이 있는가?

이렇게 따지고 들면, 사람들은 그렇게 믿지 않는다고 선선히 말할 것이다. 물론 거짓말이 아니다, 의식적으로는. 하지만 여전히 약은 안 먹으려 한다. 그걸 어떻게 설명할 것인가?

논리적인 설명은 불가능하다. 애초에 사람의 마음은 논리와는 거리가 먼 것이기 때문이다. 정신과 의사에 대한 의식적인 신뢰와 무의식적인 불신, 논리적으로는 공존할 수 없는 두 생각이 마음속에서는 별 갈등 없이 공존한다. 마음이란 그런 것이다.

잭에게 진단이 붙는 건, 공산당의 음모를 그가 의식적으로도 믿었기 때문이지 그 발상 자체가 황당해서가 아니다. 우리 무의식에는 더 황당한 생각들이 얼마든지 들어 있다(정신과 약에 대한 생각이 공산당에 대한 생각보다 덜 황당한가?). 다만 그 내용 그대로 의식으로 올라오지 않을 뿐이다. 그래서 느끼지 못할 뿐이다. 하지만 행동이 말해준다. 우리 무의식에 무엇이 있는지.

내가 아는 정신과 의사는 착하다는 믿음과 정신과 약은 독약이라는 믿음이 갈등 없이 공존하는 게 우리 마음이다. 이성과 감정이 따로 노는데 전혀 이상하지도 불편하지도 않은 게 우리 마음이다.

편집성은 사람들의 마음속 깊은 곳에서 호시탐탐 기회를 엿본다. 그러다가 어려운 상황이 생기면, 세상이 혼란스러워지면 편집성은 사람들을 휘어잡는다. 사람들은 서로가 서로를 의심하고 경계하다가, 작은 일에도 화들짝 놀라 폭력을 휘두른다.

개인을 보호하기 위한 의심과 무력은 필요하다. 의심할 땐 의심하고 싸울 땐 싸워야 한다. 하지만 우리 안의 편집성을 알아차리지 못하면, 너무나 천진난만하게, 자연스럽게 우리는 서로 경계하고 짓밟고, 그리고…… 죽일 것이다. 나쁘다고 죽이고, 불온하다고 죽이고, 위험하다고 죽이고, 퇴폐적이라고 죽일 것이다. 하지만 실은, 겁이 나서 아무나 아무렇게나 잡아 죽일 것이다. 마녀사냥, 홀로코스트, 킬링필드. 남 이야기가 아니다. 편집성의 광기가 불어닥치면 우리도 무슨 짓을 할지 모른다. 그게 인간이다.

이래도 안 무서운가? 인간의 마음이?

_〈닥터 스트레인지러브〉(1964)

만족은 없다, 숨이 붙어 있는 한

자기애
배 터진 복어, 패트릭

압구정동엔 이발소 그림이 없다. 그래서인지도 모르겠다. 압구정동에 이발소가 없는 건. 그래서 미용실에 간다. 그런 지가 한 세월이지만 여전히 미용실이 낯설다. 남의 집에 앉아 있는 것 같은 느낌. 어렸을 때 엄마 따라서나 갔던 곳, 그 후에는 한참 동안 일종의 금지 구역이었던 곳. 아직도 미용실은 여자들의 장소처럼 느껴진다. 첫인상은 끈질기다.

머리 자르러 가서 그만큼의 호사를 누리고 싶은 마음도 별로 없다. 이발소에 비하면, 미용실은 모든 면에서 과잉이다. 그냥 머리만 자르면 되는데, 차를 주니 마시고 잡지가 있으니 읽는다. 비행기에 타면 눈이 가는 면세품 카탈로그처럼 미용실에서만 보게 되는 잡지가 있다. 뭐라 불러야 하나? 남성 잡지? 옷, 시계, 자동차, 골프, 여자, 그리고 몸. 그런 이야기로 가득한 잡지. 그 속에 등장하는 모델들의 표정은 한결같이 건방지다. 그들의 몸 또한 건방지다. 그 부풀어오른 근육. 노동이나 기술의 연마로 생긴 것이 아닌, 할 줄 아는건 없이 부풀기만 한 그 근육을 보면……

복어가 생각난다. 배를 부풀려 센 척하는 물고기, 그 큰 배만큼이나 큰 공포를 숨기고 허세를 부리는 물고기. 너무 부풀린 나머지 배가 터져버린 복어가 있다. 그의 이름은 패트릭이다.

자기애, 누구나 자신을 사랑한다

프로이트는 마음에서 일어나는 모든 일을 욕동으로 환원해서 설명했다. 사람의 마음이 추구하는 것은 궁극적으로 욕동의 만족뿐이라는 생각이다. 모든 것을 자연과학이라는 하나의 큰 틀로 설명하려 한 19세기적 사고방식을 잘 보여준다. 이런 과도한 환원에는 무리가 있다. 그래서 이후의 이론가들은 욕동 이론을 벗어나 마음을움직이는 것, 마음이 궁극적으로 원하는 것이 무엇인가에 대한 다양한 시각을 만들어냈다. 그중 하나가 자기애라는 개념이다.

자기애Narcissism라는 용어는 정신분석에서 매우 다양한 뜻으로쓰인다. 여기서 그걸 다 설명하기는 어렵고, 이 글에서 사용할 뜻을정의하면 자기애는 말 그대로 자신을 사랑하는 마음이다. 즉, 자기존중감Self Esteem이라는 용어로 표현할 수 있다.

누구나 자신을 사랑한다, 어느 정도는. 하지만 얼마나, 어떻게 자신을 사랑하는지는 사람에 따라 천양지차天壤之差다. 건강한 자기애가 결핍된 사람들, 정신분석에서 자기애적 인격Narcissistic Personality이라 부르는 성격을 가진 사람들은 크게 두 가지 유형으로 분류된다.

우선 자기애가 심하게 결핍되어 있음이 눈에 쉽게 띄는 사람들이 있다. 이들은 늘 자신감 없이 주눅 들어 있다. 스스로를 못났다고 생각한다. 남이 자신을 어떻게 생각하는지 예민하게 신경 쓰고 사소한 말에도 쉽게 상처 받는다. 남에게 인정받고 싶은 마음은 매우 강하지만 자신이 없어 소극적이고 회피적인 대인관계를 보인다.

이들과는 다른 두 번째 유형의 사람들은 겉보기에는 늘 자신감에 차 있다. 스스로의 능력에 대한 자부심도 강해 보인다. 적극적으로 성공을 추구하고 지는 것을 매우 싫어한다. 늘 최고를 지향하고 엄격하게 자기관리를 한다. 이들은 자신을 너무 사랑하는 것처럼 보인다. 하지만 이들의 마음속에 있는 것은 건강한 자기애가 아니다. 이들의 병적인 자기애에 딱 맞는 단어가 있다. 자격지심.

첫 번째 유형의 사람들은 소심하고 유약해 보인다. 남들을 좀 답답하게는 하겠지만 크게 반감을 살 성격은 아니다. 반면, 두 번째 유형은 항상 뭔가를 과시하려 하고 거만하게 행동하기 때문에 사람들이 싫어한다. 같은 이름으로 묶여 있지만 첫 번째 유형과 두 번째 유형은 무척 다르다. 이 글에서는 '자기애적'이라는 용어를 두 번째 유형에 한정해서 사용한다. 패트릭이 두 번째 유형의 전형적인 예다.

세상에서 제일 중요한 건 남의 시선

사람은 누구나 남의 시선을 의식하며 산다. 자기애적 성격을 가진 사람이든 그렇지 않은 사람이든 모두 그렇다. 당연한 이야기다. 하지만 자기애적인 사람들은 남의 시선을 의식하는 정도가 아니라 거기에 목을 맨다. 모든 것을 남의 시선에 비추어 결정한다. 남이 어떻게 생각할지가 모든 행동과 결정의 기준이 된다. 그럴 수밖에 없는 건, 사랑 때문이다. 그들은 자신을 사랑하지 못하기 때문에, 바꾸어 말하면 자신에게 사랑받지 못하기 때문에 남에게서라도 그 사랑을 받아야 한다. 부족한 만큼 채워야 한다. 그런데 결핍이 워낙 크다. 그래서 그들은 게걸스럽다.

남에게 사랑받기를 원하지 않는 사람이 어디 있느냐고 생각할 수 있다. 맞는 말이다. 사랑이라는 건 너무 광범위한 개념이다. 누구나 남의 사랑을 원한다고 하지만, 사랑이라 불리는 무엇을 원하는지는 사람마다 다르다. 누구는 칭찬을 원하고 누구는 존경을 원하고 누구는 동정을 원한다. 즉, 누구는 착한 사람이고 싶어 하고 누구는 훌륭한 사람이고 싶어 하고 누구는 딱한 사람이고 싶어 한다. 각자 마음의 생김새에 따라서.

자기애적인 사람들이 원하는 건 부러움이다. 그들은 남들이 자신을 부러워하기를 원한다. 심지어는 질투하기를 원한다. 그들이 되고 싶은 건 잘난 사람이다. 남들의 부러움, 질투와 시기를 한 몸에 받을 만큼.

그들이 건방진 이유

자기애적인 사람들은 스스로 건방지다는 것을 알고 있다. 사람들이 거기에 반감을 가질 거라는 것도 안다. 그런데도 그들이 겸손해지지 않는 데는 이유가 있다.

자기애적인 사람들은 편집적 인격을 가진 사람들 못지않게 편집적이다. 그들도 편집적인 사람들만큼이나 적의 공격을 두려워한다. 세상은 적으로 가득하고, 약점을 보이는 순간 적이 나를 공격해 올 거라는 두려움에 떤다. 기회가 있으면 선제공격을 해야 한다고 생각한다. 이 모든 것이 편집적인 사람들과 같다.

두 유형의 차이는 그 공격이 어떤 것인지에 있다. 편집적인 사람들이 두려워하는 공격은 다분히 물리적인(꼭 신체적인 안전을 위협하는 것은 아니더라도) 것이다. 그들은 공산당이 무섭고 전염병이 무섭고 세상에 가득한 온갖 악당들이 무섭다. 자기애적인 사람들이 두려워하는 공격은 그런 것이 아니다. 그들이 두려워하는 건 모욕이다. 남들이 나를 무능력하다고 비웃는 것, 한심하다고 손가락질하는 것, 내 약점을 잡아 조롱하는 것, 그것이 그들이 세상에서 제일 무서워하는 것이다.*

* 자기애를 설명하기 위한 편의상의 구분일 뿐, 항상 이렇게 구분되는 것은 아니다. 자신의 몸에 대한 과도한 관심과 건강 염려증은 자기애적인 사람에게서도 흔히 관찰된다. 자기애와 편집은 실과 바늘처럼 붙어 다닌다. 자기애적이면서 편집적이지 않은 사람? 상상하기 힘들다.

자기애와 편집성의 조합은 이들로 하여금 매우 특징적인 세계관을 갖게 한다. 이들이 생각하는 세상은 서로 무시하고 조롱하려는 인간들로 가득하다. 틈만 나면 인간들은 서로를 모욕한다. 그러기 위해 눈이 벌게져서 서로의 단점, 모자란 점을 찾는다. 그러므로 약점을 보여서는 안 된다. 모든 면에서 완벽해져야 한다. 돈도 많아야하고 똑똑해야 하고 외모도 준수해야 한다. 그렇지 않으면 끝장이다. 약점을 보이는 순간 인간들은 하이에나처럼 달려들어 자신을 물어뜯을 것이다.

그 세상은 무시무시한 세상이지만, 또 한편으로는 매우 확실하고 알기 쉬운 세상이다. 남들과 비교해서 내가 얼마만큼 잘났는지 알고만 있으면 자동적으로 서열이 정해진다. 그 서열에 따라 내 위에 있는 것들에게는 납작 엎드려야 하고, 내 밑에 있는 것들은 맘껏 뭉개줘도 된다. 그게 세상이라는 정글의 아주 공평한 법칙이다.

그러므로 건방지다는 소리를 듣는 건 그들에게 훈장이다. 건방질 수 있는 건 잘난 자의 특권이다. 약은 오르겠지만 아랫것이 감히 어쩌겠는가? 그저 질투나 하겠지.

세속성世俗性에 대한 숭배

자기애적인 사람들은 세속적인 가치를 중요하게 생각한다. 그 정도가 지나치다 못해 어떻게 저럴 수 있을까 싶을 정도다. 숭배라는 단어가 이들의 태도에 딱 어울린다. 많은 돈을 갖는 것, 유명해지는 것, 높은 지위에 올라가는 것을 이들은 진심으로 숭배한다. 그리고 그런 속물근성에 대해 갈등하지 않는다.

예를 들어, 매스컴을 타거나 겉만 번지르르한 타이틀을 내세워 어떤 분야의 소위 일인자가 되는 것에 대해 이들은 갈등하지 않는다. 스스로 자신의 지식이나 실력이 그만큼 되지 않는다는 것을 알고 있다 해도 개의치 않는다. 중요한 것은 오직 최고가 되는 것, 아니 최고라 여겨지는 것이다. 그 분야에 무지한 사람들의 환상이 빚어낸 것이라도 상관없다.

그들이 가장 사랑하는 단어는 국제, 세계적인, 저명한, 국내 최초의, 국내 유일의, 그런 것들이다. 그들의 사무실에는 영어로 적혀 있는 뭔가가 액자 속에 모셔져 있고 백인과 찍은 사진이 걸려 있다. 그들이 가장 사랑하는 액세서리는 감투와 완장이다.

자기애가 곧 범죄적 성향이나 사기꾼 기질을 의미한다는 뜻은 아니다(그런 예가 많기는 하지만). 사람들의 인정을 받는 것이 이들의 궁극적 목적이고, 인정을 받지 못하는 한 그 어떤 것도 이들에게는 무가치할 뿐이라는 뜻이다.

더욱 놀라운 것은 남들도 다 그렇다고 믿는 이들의 신념이다. 그런 세속적인 가치를 부정하거나 그런 것을 추구하는 데 갈등을 느끼는 사람들을 이들은 위선자로 여긴다. 속으로는 그렇게 하고 싶으면서 인격자인 척하느라 또는 능력이 없어서 못하는 거라고 생각한다. 남들이 더러워서 피하는 일을 하면서도 자신이 똑똑해서 할 수 있는 거라고 생각한다. 그리고 그런 자신을 남들이 부러운 시선으로 쳐다볼 거라 생각한다.

만인의, 만인에 대한 질투와 경멸

세속성에 대한 숭배 때문에 겉모습만으로 사람을 평가할 수 있다고 이들은 생각한다. '스펙'이 인간의 가치를 결정한다고, 남들도 다 그렇게 서로 등급을 매기고 있다고 굳게 믿는다. 그래서 이들은 어디서 누굴 만나든 일단 계산기를 두드린다. 직업이 뭔지, 어느 학교를 나왔는지, 어떤 사람들을 알고 지내는지, 뭘 입었는지, 무슨 차를 타는지, 잘생겼는지, 여자친구는 얼마나 예쁜지. 계산이 끝나면 처세가 결정된다. 나보다 아랫것이면 지그시 밟아주면 된다. 그런 것들과는 어울릴 필요가 없다. 나보다 '윗것'이면 바로 꼬리를 내려야 한다. 분하지만 어쩔 수 없다. 내가 더 위로 올라갈 때까지는 이를 갈며 엎드려 있어야 한다.

이들은 늘 그렇게 계단에 세우듯이 사람의 등급을 나눈다. 그러고는 바로 윗것을 질투하고 아랫것을 경멸한다. 제 마음이 그렇기 때문에 윗것의 경멸과 아랫것의 질투 역시 당연하다. 남도 잘나고 나도 잘날 수 있는 그림 같은 건 이들에게 없다. 내가 잘나려면 남이 못나야 한다. 내가 가지려면 남이 빼앗길 수밖에 없다. 그렇게 싸우고 빼앗아서 한 계단 위로 가도 그들을 기다리는 건, 여전히 바로 윗것의 경멸과 바로 아랫것의 질투다. 패트릭은 탐욕Greed과 혐오Disgust라는 단어를 사용한다. 자신에게는 이 둘뿐 다른 감정이 없다고 그는 말한다. 따뜻함, 연민, 죄책감 같은 건 이들에게 기대할 수 없다. 이 영화에서 패트릭의 윗것은 폴 앨런이고 아랫것은 루이스다.

만인의 만인에 대한 질투 혹은 경멸. 그것이 이들의 세상이다.

남의 욕망이 내 욕망

욕망에 솔직한 것이 최고라고 굳게 믿지만, 정작 자기가 원하는 것이 무엇인지 이들은 알지 못한다. 이들이 필요로 하는 것은 구체적인 만족이 아니라 남들의 부러움이기 때문이다. 부러움을 사려면 내가 아니라 남이 좋아하는 것을 가지고 있어야 한다. 내가 원하는 게 뭔지는 중요하지 않다. 남들이 갖고 싶어 하는 명품, 남들이 타고 싶어 하는 차, 남들이 차지하고 싶어 하는 예쁜 여자. 이들의 욕망은 남의 욕망에 의해 규정된다.

되고 싶은 것 또한 마찬가지다. 구체적인 무엇보다도 이들은 남들의 부러움 또는 욕망의 대상이 되고 싶어 한다. 남들이 탐내는 직업, 탐내는 몸, 탐내는 학벌, 그 기준에 비추어 이들은 스스로를 평가한다. 따라서 이들의 정체성 또한 남의 욕망에 의해 규정된다. 그들은 아무도 아니다. 매일 아침 정성스레 몸과 얼굴을 가꾸며 패트릭은 말한다. 진짜 나 같은 건 없다고.

욕망이 만들어내는 권력

남의 욕망은 다수의 욕망을 의미하고, 다수의 욕망은 결국 인기를 의미한다. 인기 있는 것, 유행하는 것이 이들에겐 가장 중요한 욕망의 대상이다. 그런 것일수록 부러움을 많이 살 수 있으니까. 그래서 이들의 욕망은 무조건 인기 있는 대상을 향한다.

인기는 부족을 의미한다. 공급은 한정되어 있고 수요는 많다.

그래서 이들의 욕망은 필연적으로 경쟁을 전제로 한다. 경쟁에는 늘 좌절이 수반되는 법. 여기서 권력관계가 형성된다. 이들이 간절히 바라는 욕망의 대상은 이들을 휘두를 수 있는 권력을 갖게 된다.

이 영화에서 권력의 정점에 있는 것은 폴 앨런과 도르시아다. 패트릭이 예약 전화를 거는 장면은 이 권력관계를 잘 보여준다. 실제로는 누군가가 전화를 받아 친절하게 오늘 저녁에는 예약이 되지 않는다고 말했을 것이다. 그 말이 패트릭에게는 그런 웃음소리로 들린 것이다. 너 따위 놈이 감히 이곳에 오려 하느냐는 비웃음으로.

인기 때문에 욕망의 대상은 이들에게 '윗것'이 된다. 그래서 이들은 욕망의 대상에게도 질투를 느낀다. 그 대상이 휘두르는 권력에 분노한다. 한 대상을 갈구하면서도 동시에 혐오한다. 다른 남자들이 침 흘리는 여자를 열망하지만, 동시에 그 여자의 인기를 질투하고 망치고 싶어 한다. 거절당하면 이를 간다. 차지하면 경멸한다(이제는 아랫것이니까). 사랑이 가능하겠는가? 탐욕과 소유, 질투와 경멸만이 있을 뿐이다.

욕망은 이들의 천형이다. 이들의 욕망은 만족될 수 없다. 무엇을 가져도, 무엇이 되어도, 시시포스의 신화처럼 이들의 욕망은 원점으로 회귀한다. 이들이 원하는 것은 언제나 더 비싼 것, 더 새로운 것, 더 드문 것이기 때문이다. 그렇지 않으면 의미가 없기 때문에 이들의 욕망은 구조적으로 결핍을 수반할 수밖에 없다. '더'는 언제나,

어디에나 있으므로.

천박한 세상

다행스럽게도 패트릭 정도의 자기애적 인격 장애를 가진 사람이 많은 것은 아니다. 하지만 자기애는 분명 이 시대의 화두다.

세상엔 늘 등수가 있었다. 1등이 있으면 꼴찌가 있었다. 잘난 놈과 못난 놈, 부자와 가난한 자. 늘 그런 게 있었다. 잘난 체와 건방 짐도 있었고 부러움과 질투도 있었다. 다 있었다. 그런 게 없는 세상은 없었다.

하지만 이렇게 버르장머리 없는 세상은 없었다. 이렇게 노골적으로 천박한 잣대를 들이밀며 사람의 등급을 매기려 드는, 무례와 솔직함을 혼동하는, 그런 세상은 없었다. 이렇게 아무렇게나 사람을 갈구는 세상은 없었다. 돈으로 갈구고 키로 갈구고* 얼굴로 갈구고 심지어는 어리다는 게 벼슬이나 되는 양 나이 먹은 사람을 갈구는, 이런 세상은 없었다.

이런 노출증의 세상도 없었다. 사랑한다면 남들 앞에서 낯 뜨거운 이벤트를 해야 하고, 좀 할 줄 아는 게 있으면, 아니 어디 가서 뭘 먹고만 와도 블로그에 자랑을 해야 하는, 이런 세상은 없었다.

* 루저 발언이 화제가 됐을 때의 마녀사 냥은 물론 지나쳤다. 개인의 취향을 밝힌 것에 대해 그렇게 격분할 일이 아니었던 건 맞다. 하지만 방송에서 그런 말은 곤란하다는 생각을 못한 그 '무개념', 그런 말을 하는 걸 당당한 태도쯤으로 생각하는 발상은 어떻게 이해해야 하는가? 아니면, 애초에 그 발언이 일으킬 파장이 방송국 측의 의도였다면, 그 '반사회적'인 발상은 또 어떻게 이해해야 하는가?

이렇게 비굴한 세상도 없었다. 돈과 권력에 이렇게 노골적으로 화냥질을 해대고, 연예인이 환상이 아닌, 현실에서 숭배를 받는 세상도 전에는 없었다. 이 땅에서 수리 크루즈가 공주로 떠받들어질 줄 꿈이나 꿨겠는가.* 명품 가방을 사려고 선금을 헌납하고 기약도 없이 간택되기만을 학수고대하는 것이 소비인가? 판매자가 왕이 되고 소비자가 노예가 되는 세상, 그 권력의 역전이 마케팅으로까지 이용되는, 이런 세상은 없었다.

> * 내 말이 과장이라고 생각된다면 인터넷을 검색해보시길. 수리 크루즈에 대한 호감이 그냥 귀여운 아이를 공주님이라고 부르는 정도가 아니라 진정한 숭배임을 느낄 수 있을 것이다.

자본주의의 협박

어떤 사람들은 현대사회의 자기애적 성향이 핵가족화 때문에 경계성 정신병리를 가진 사람들이 많아진 것에 기인한다고 생각한다. 그런 가설을 가진 사람들은 이런 현상을 우려의 시선으로 본다. 설득력 있는 이야기지만 증명하기 어려운 이야기다. 현재 경계성 정신병리를 가진 사람들이 얼마나 되는지를 조사하는 게 불가능할뿐더러 과거에 어느 정도였는지는 더욱 알 수 없다. 과거라는 것도, 몇십 년 전이면 모를까 좀 더 오래전을 생각해보면 나는 과거의 환경이 현재보다 나았으리라고 생각하지 않는다. 때문에 지금 경계성 정신병리가 과거보다 많을 거라고도 생각하지 않는다.

현재의 천박함을 꽤나 빈정댔지만, 나는 현대사회의 자기애적 성향을 개인에서의 병적인 자기애처럼 심각하게 바라볼 필요는 없다고 생각한다. 내 생각에는, 우리가 살고 있는 세상의 천박함은 복잡한 정신분석 이론이 아니라 그냥 자본주의의 농간으로 설명된다. 사람들의 부러움을 유발해 돈을 쓰게 만드는 수법은 어제오늘 일이 아니지만 21세기 자본주의의 수법은 더욱 악랄해졌다. 현대 자본주의가 사람들의 지갑을 열게 하는 비결은 부러움을 유발하는 것보다는 차라리 수치심을 자극하는 것이다. 노골적인 협박을 통해서.

대표적인 예가 몸이다. 비쩍 마른 여자, 식스 팩의 남자가 아니면 게으름이나 성격 문제로 자기관리를 못하는 사람이라 몰아세운다. 그게 자기관리의 실패면, 일류 대학에 못 들어간 건 뭔가? 퇴근 후에 영어학원이라도 다니지 않는 건 뭔가? 미술관에는 안 가고 극장만 다니는 건 뭔가? 몸을 못 만드는 게 그런 것들보다 더 자기관리를 못하는 건가?

생리불순, 빈혈, 심지어는 식이장애가 생길 정도로 살을 빼는 것이, 단백질 분말에, 때로는 스테로이드까지 먹어가며 쓸데도 없는 근육을 부풀리는 것이 삶의 복잡한 문제를 성숙하게 풀어나갈 수 있는 성격의 방증이라도 되는가? 말도 안 되는 소리지만, 희한하게도 이런 협박은 사람들에게 먹혀든다. 사람들은 살찐 사람을 비웃고 놀리면서도 별 죄책감을 느끼지 않고, 살찐 사람들은 죄인이라도 된 것처럼 수치심과 우울함에 시달린다.

난민 수준의 몸매가 미인의 기준이 된 이유는 간단하다. 영양 공급원 과잉인 현대사회에서는 그런 몸매를 만들기가 어렵기 때문이다. 그래서 생기는 희소성 때문이라는 뜻이 아니다. 그 몸매를 유지하기 위해서는 돈을 들여야 하기 때문이다. 남자들의 근육도 마찬가지다. 몸만들기가 미덕이고 책읽기가 미덕이 아닌 이유는 지극히 간단하다. 돈이다.

욕망의 사회화

요즘 아이들은 상상도 못 할 일이겠지만 2, 30년 전만 해도 섹시하다는 말은 욕이었다. 남자에게는 쓰이지도 않는 표현이고 여자에게는 노골적인 성희롱이었다. 그때의 성은 비밀스러운 사생활의 영역이었다.

상전벽해桑田碧海. 세상은 진지한 논의도 없이, 그럴 만한 이유도 없이 갑자기 변했다. 샤론 스톤이 남의 집 안방까지 쳐들어와 강한 걸로 넣어달라고 졸라댈 때부터 이 사회는 성에 대한 강박에 사로잡혔다. 그때부터 성은 공공의 영역이 되었고 행복의 필수조건이 되었다. 만족스런 성생활을 못하면 인간 이하의 삶을 사는 것처럼 여겨지기 시작했다.* 성에 대한 선정적 이야기들이 넘쳐나고 섹시하다는 말은 최고의 찬사가 되고 고등학생들은 〈빨간 마후라〉를 찍고 대체 집에서 자는 사람이 누가 있을까 싶을 만큼 러브호텔이 늘어났다. 성생활을 못하면 죽나? 병이라도 나나? 7, 80년대 '막장' 한국영화에서처럼 밤마다 몸이 달아올라 어쩔 줄 모르기라도 하나?

> * 그러므로 패트릭이 '스리섬'을 하는 건, 훌륭한 인간이 되기 위해서다.

얄궂게도 이런 강박에는 프로이트도 한몫했다. 그가 생각하는 인간의 마음은 기본적으로 생물학적 본능을 해소하기 위한 수단이다. 성욕을 해소하지 못하면 병이 된다고 그는 생각했다(특히 초기에 그렇게 생각했다). 이런 그의 생각은 정신분석 전체에 대한 수많은 오해(부정적 편견이든 맹목적 추종이든)를 유발했다. 그것이 성에 대한 정신분석의 견해라고 오해하는 사람들이 여전히 많다. 하지만 정신분석에서 말하는 성은 그렇게 단순한 것이 아니다.

성욕이라는 것은 그 자체로 경험될 수 있는 것이 아니다. 한 사람의 마음에서 경험되는 성욕은 어떤 대상과 어떤 상황에서 어떤 성적 행위를 하고 싶다는 구체적인 상상*으로 경험되는 것이다. 그 상상의 영역에는 본능으로서의 성욕뿐 아니라 굉장히 많은 것들이 포함된다. 성은 사람과 사람 사이의 가장 복잡한 관계 중 하

* 욕동에 구체적인 상상이 더해져 만들어지는 것을 정신분석에서는 욕구Wish라 부른다.

나다. 성욕이라는 이름으로 통칭되는 것 안에는 때로는 의존성이, 때로는 가학성이, 때로는 피학성이, 때로는 불안이 포함되어 있다. 물론 자기애도 포함되어 있다.

현대 자본주의는 이 자기애의 영역을 파고든다. 의학의 도움까지 받아가며 몸만들기에 전념하지 않으면 안 되는 몸매를 가진 연예인들을 내세워 "당신은 섹시하지 않다."고 협박한다. 그러므로 당신은 남의 욕망의 대상이 될 수 없다고, 아무도 좋아하지 않는 '루저'라고. 그 협박이 사라진다면, 이 사회에서 몸에 대한 강박이 해소된다면 압구정의 명물, 그 수많은 성형외과와 피부과가 문을 닫아야

할 것이다. 비만클리닉과 헬스클럽(아니, 피트니스센터)에서도 곡소리가 날 것이고 외제차 수입 업체와 패션 산업까지도 큰 타격을 받을 것이다. 그러므로 욕망의 사회화는 계속되어야 한다. 협박 아니라 무엇을 통해서라도.

지금은 자기애의 시대

우리 사회의 경우 7, 80년대는 편집성의 시대였다. 그때 우리는 공산당도 무서웠고 군부독재도 무서웠다. 보수와 진보는 서로를 상종해서는 안 되는, 세상을 말아먹을 인간들처럼 대했다. 상대를 박멸하는 것이 유일한 해결책이었다.

90년대에 들어서면서부터 우리 사회는 자기애의 시대를 맞았다. 사회주의와 혁명을 외치던 소위 지식인들은 언제 그랬냐는 듯 일제히 포스트모던을 외치며 다양성과 상대성을 주장하기 시작했다. 거대 담론은 없다는 거대 담론, 모두가 똑같이 다양성을 찬양하는 획일성. 이 변화는 자본주의로서는 더할 나위 없이 환영할 만한 것이었다. 상업 자본은 포스트모던의 '보급판'을 대중에 전파했다. 개성, 감성, 섹시함이 시대의 지상 과제가 되었다. 모든 사람들이 획일적으로 개성 있고 섹시해야 한다는 강박에 시달리기 시작했다. 더 좋은 것, 더 비싼 것, 더 특이한 것, 더 바람직한 몸에 사람들은 혈안이 되었다. 그것이 인간다운 삶이라 여기면서, 그것이 '내가' 바라는 것이라 여기면서, 그것이 만족이라 여기면서.

그래서 더 행복한가?

남의 욕망을 내 것으로 삼는 한, 자기애와 욕망을 구분하지 못하는 한, 만족은 없다. 숨이 끊어질 때까지.

_〈아메리칸 사이코〉(2000)

흔들리는 것의 아름다움

자기애
레스터 번햄의 특별한 밤

길지 않은 내 삶이 어떻게 끝났는지 당신은 알고 있을 것이다. 그런데 폭우가 퍼붓던 그 밤에 일어난 희한한 일들에 대해서는 어떻게 생각하시는지? 그 밤에 내가 무슨 생각을 했으며 총알이 내 머리를 꿰뚫기 직전 내 기분이 어땠는지 짐작이 가시는지?

남들처럼 나에게도 평범한 어린 시절이 있었다. 남들처럼 나도 착하게 살라고 배웠고, 열심히 살라고 배웠다. 진지하게, 생각하며 살라고 배웠다. 그러면 훌륭한 사람이 될 거라 배웠다. 보이스카우트 캠프에 누워 떨어지는 별똥을 바라보며 그렇게 될 거라 다짐했고 그럴 수 있으리라 생각했다. 남들처럼.

그로부터 30년, 삶은 생각대로 흐르지 않았다. 아내에게는 한심한 루저, 아이에게는 징그러운 '변태 아저씨', 직장에선 정리해고 대상, 그것이 마흔한 살의 내 모습이었다. 세상의 약속은 지켜지지 않았다. 내 권위는 부정됐고, 내 남성성은 거세됐고, 내 존엄성은 짓밟혔다.

세상은 진지하고 성실한 자들의 것이 아니었다. 뺀질대는 자들, 가벼운 자들, 떠벌이는 자들, 나서는 자들, 완장 차기 좋아하는 자들, 몰려다니는 자들의 것이었다. 세상은 진실한 자들의 것이 아니었다. 속이는 자들, 부추기는 자들, 편승하는 자들, 휘두르는 자들, 이간질하는 자들, 말 만드는 자들의 것이었다. 남의 노력을 가로채는 자들, 남의 돈으로 장난치는 자들, 강한 자에게 약하고 약한 자에게 강한 자들. 세상은 그런 자들의 것이었다. 나는 깨달았다. 속았다는 걸.

분노했다. 나를 속인 세상에, 멍청한 나 자신에. 배신감에 치를 떨었다. 복수하고 싶었다. 하지만 할 수 있는 게 없었다. 이미 난 볼록한 배, 늘어진 피부의 중년이었다. 새로 꿈꾸기엔 이미 늦어버린 중년. 좌절감과 무력감이 몰려왔다. 내 젊은 날이 허망하게 지나가버렸음이 억울했다. 나는 애도했다. 내가 잃어버린 것들, 내 삶에서 스러져버린 것들을.

그때, 운명처럼 그 아이들이 내 앞에 나타났다. 나처럼 멍청하지 않은 아이들, 나처럼 순진하게 속지 않는 아이들, 시키는 대로 하지 않는 아이들, 통렬하게 제멋대로인 아이들. 내가 잃어버린 것들을 고스란히 갖고 있는 아이들. 원하는 건 무엇이든 할 수 있는, 젊음이라는 절대 권력을 가진 아이들.

파티 날 저녁, 리키는 내가 머릿속에서만 수백 번 그렸던 장면을 눈앞에서 보여줬다. 그 박력, 그 당당한 무례함. 그는 내게 문자 그대로의 영웅이었다. 그가 아니었으면, 아마 나는 일을 벌일 용기조차 내지 못했을 것이다.

안젤라. 그녀는 내게 없는 모든 것이었다. 세상 어떤 남자라도 애걸복걸하게 할 섹시함, 거기서 뿜어져나오는 당돌한 자신감, 세상의 비난 따위는 안중에도 없는 발칙함. 그녀는 내게 잃어버린 젊음이고 누리지 못한 쾌락이자 가져본 적 없는 권력이었다. 그녀가 내 것이 되면, 내가 그녀에게 선택되면, 복수할 수 있을 것 같았다. 날 무시한 아내에게, 날 비웃은 세상 모든 인간들에게 가운뎃손가락을 치켜들 수 있을 것 같았다. 그녀의 빨간 장미 꽃잎은 침울한 흑백이던 내 삶의 구원이었다. 나는 그녀를 절박하게 욕망했다.

그 아이들을 통해 난 잃어버린 것들을 되찾았다. 근육, 록, 대마초, 빨간색 파이어버드. 다시 내 안에서 욕망이 꿈틀댔다. 분노라는 감정에 마땅히 수반되어야 할 아드레날린의 기운이 비로소 느껴졌다. 그 힘으로 나는 일어났다. 뺀질이들에게 본때를 보여줬다. 그들의 비열한 방식 그대로. 잔소리로 나를 질식시키려는 캐롤린의 입도

접시를 집어던져 틀어막았다.

　나는 다짐했다. 더 이상 당하지 않겠다고. 더 이상 순진하게 살지 않겠다고. 이 개판인 세상을, 나도 너희들처럼 학대하고 유린해 주겠다고. 나는 복원되었다. 주눅 든 나를 벗어버리고, 참된 나를 찾았다. 그런 줄 알았다. 그 이상한 밤 전까지는.

　그날 밤 내가 목격한 것은⋯⋯ 아름다움이었다. 무너져내리는 것들의 아름다움, 흔들리는 것들, 연약한 것들, 표류하는 것들의 아름다움.

　처음이라는 안젤라의 이야기를 들은 순간, 마음속 한 부분의 둑이 무너지는 느낌이었다. 쏴아, 하얗게 부서지며 쏟아지는 물처럼 생각이 몰려왔다. 퍼붓던 폭풍우가 순식간에 그치고 파란 하늘이 드러나는 기분이었다. 그랬구나!

　당돌하고 발칙한 안젤라는 없었구나. 내 구원의 여신은, 어리고 겁 많은 아이일 뿐이었구나. 사랑받고 싶지만 자신 없는 아이, 그래서 징그러운 아저씨의 뒤틀린 욕정의 대상이라도 되고 싶은 아이, 그렇게라도 특별해지고 싶은 아이였구나. 평범한 아이, 평범해서 아름다운데 그걸 모르는 아이. 평범하면 큰일 나는 줄 아는, 그냥 그 또래의 아이일 뿐이었구나.

　의젓하고 초연한 리키도, 해병의 정수精髓 피츠 대령도, 모두 허상이었다. 아물지 않은 상처를 숨기고 아무렇지 않은 척, 강한 척 살아가는 인간들일 뿐이었다. 안간힘 쓰면서, 버둥거리면서.

그리고 캐롤린, 내 아내 캐롤린. 그녀도 나처럼 억울했을 것이다. 그녀도 분하고, 지치고, 혼란스러웠을 것이다. 뭔가 되찾고 싶었을 것이다. 한때 나처럼 순수했던, 그리고 행복했던 캐롤린. 그녀도 나처럼 복수를 다짐하고, 세상을 유린하리라 마음먹었을 것이다. 그래서 그렇게 간절히 성공하고 싶었을 것이다.

어수룩하게도, 우리는 세상에 속았다. 속았다는 건 분하기도 하지만 창피한 일이었다. 어쩔 줄 모를 정도로 무안해서 우리는 남에게 화살을 돌렸다. 병신같이 세상이 그런 거라는 걸 몰랐냐고 서로 비웃고 모욕했다. 멍청하게 속았다는 걸 들킬까 봐, 놀림감이 될까 봐 전전긍긍했다. 행여 얕보일까 봐, 센 척, 사나운 척, 포커 판의 블러핑 같은 허세를 부렸다. 잔뜩 겁먹어 눈물이 그렁그렁한 얼굴을 가면 뒤에 숨기고. 속지 않은 척, 이미 다 알고 있었던 척.
내가 되찾았다고 생각한 건 내가 아니었다. 또 다른 가면 하나를 주운 것뿐이었다. 잃어버린 건 애초에 없었다.

누구에게나 삶은 그런 거였다. 알 수 없는 것, 흔들리는 것, 표류하는 것. 사람은 그런 존재였다. 무력하고 어리석은, 그래서 잘 속는 존재. 나도 그중 한 명이었다. 그러니 억울할 것도 창피할 것도 없었다. 나 자신을 멍청하다, 한심하다 경멸할 이유도 없었다. 어쩌겠는가, 인간이 그런 거라면. 사는 게 그런 거라면.
사진 속 그때, 우린 행복했다. 내 아내와 내 딸을 영원히 사랑할 거라고 나는 다짐했다. 무슨 일이 있어도 변하지 않을 거라고.

그런데 무슨 일이 일어난 걸까? 캐롤린과 제인에게 내가 바라는 것이 있었던가? 내 사랑에 조건이 있었던가? 삶이 아프면, 사람이 야속하면 내팽개칠, 내 사랑은 그런 것이었던가? 지금 이런 내 모습을 그때의 내가 본다면, 무슨 말을 하겠는가? 그때의 순수했던 나를, 지켜주고 응원하지 못할망정, 지금의 내가 어찌…….

마음이 따뜻해지는 슬픔이 있다. 그때의 내 기분이 그랬다. 한바탕 주먹다짐 뒤에 마음이 열리는, 그런 기분이었다.

그 밤이 지나면 새로운 아침을 맞을 것이었다. 그 아침에, 캐롤린과 제인에게 말할 것이었다. 사랑한다고. 바람에 흩날리는 비닐처럼 이리저리 흔들리는 게 삶이지만, 그래서 또 서로 증오하고 넌덜머리 내겠지만, 그래도, 그럼에도 불구하고…… 사랑한다고.

그때 피츠 대령의 총알이 내 머리를 관통했다.

나에게는 세상에서 가장 유감스러운 일이었지만, 그 밤에 그의 마음은 오죽했겠는가. 그러니 또 어쩌겠는가. 그렇게 내 삶은 끝을 맺었다. 조금은 우습게, 아이로니컬하게.

삶이란, 흠집 없는 실크 같은 것이 아니다. 찢어지면 꿰매고 구멍 나면 덧대는 누더기 같은 것이다. 합리적인 것도, 정의로운 것도 아니다. 가혹하고 변덕스럽고 어처구니없는 것이다. 하지만 질서 속에만 아름다움이 있는 건 아니다. 깨끗해야만, 화려해야만 아름다운 건 아니다. 혼란 속에도, 더러움 속에도, 초라함과 비참함 속에도 아름다움은 존재한다. 아름다움은 어디서든 존재한다. 추레한 우리 삶에도.

　'그럼에도 불구하고'.

_〈아메리칸 뷰티〉(1999)

Playing God

자기애
팀이 죽기로 한 이유

〈세븐 파운즈〉(2008)는 희한한 영화다. 보는 내내 이 영화의 주인공 팀 토머스의 삶과 죽음에 대해 사람들이 어떤 생각을 할지 무척 궁금했다. 감독의 정신세계 또한 무척 궁금했다. 왜냐하면 주인공 캐릭터를 비롯해서, 이 영화의 많은 것들이 놀랍도록 노골적인 자기애적 환상으로 가득하기 때문이다. 어떤 설정들은 '손발이 오그라들' 정도다. 자기애라는 개념을 가지고 봤을 때와 그렇지 않을 때, 이 영화는 무척이나 달라 보인다.

자기애는 완벽함을 꿈꾼다

남의 시선이 세상에서 제일 중요하기 때문에, 자기애적인 사람들은 완벽해야 한다.* 이들은 늘 최고를 추구한다. 이 영화의 캐릭터 설정 또한 그렇다.

속죄의 마음으로 자기 목숨을 희생해 다른 사람들을 구하는 감동적인 이야기를 감독은 의도했던 것 같다. 그런데 그 주인공이 군이 MIT 출신일 필요가 있었을까? 그냥 고등학교만 나온, 진짜 세무직 공무원이면 안 되는 거였을까? 물론이다. 그 정도 천재는 돼야 그가 죽은 것이 더 아깝고, 그의 희생이 더욱 감동적이기 때문이다. 그저 그런 인간으로는 안 된다. 그것

> * 완벽을 추구한다는 면에서 이들은 강박적인 사람들과 비교될 수 있다. 강박적인 사람들이 추구하는 완벽은 '틀리지 않는 것', 즉 정확함이다. 그래서 그들은 일에서의 사소한 실수도 용납하지 않고, 모든 것이 항상 제자리에 정리되어 있어야 한다. 자기애적인 사람들이 추구하는 완벽은 최고를 지향한다. 먹는 것도, 입는 것도, 스킨케어도, 만나는 사람들도 최고여야 한다. 옷을 예로 들자면, 강박적인 사람들은 옷이 완벽하게 깨끗해야 하고 단추는 다 채워져 있어야 하고 드레스코드도 정확히 맞아야 하지만, 자기애적인 사람은 최고의 셔츠, 타이, 슈트를 찾는다. 그런 식이다.

이 자기애적 환상의 논리다. 그런 맥락에서 에밀리의 UCLA 졸업도 딱 적당하다. 팀과 어울릴 정도는 되어야 하고, 무엇보다도 사람을 고르는 팀의 안목과 취향을 보여줘야 하기 때문이다. 하지만 팀보다 잘나서는 곤란하다. 최고는 팀이어야 하니까.

아내에게는 완벽한 남편. 대단한 직업을 가진 유능하고 유머 있는 인물, 심지어는 스페인어까지 유창하게 구사하는(얼마나 불필요한 설정인가) 완벽한 인물. 그리고 무엇보다도 타인의 고통과 곤경에 연민을 품는 인물. 그 정도는 되어줘야 하는 것이다, 자기애적 환상 속의 주인공은.

전지전능, 자기애적 환상

완벽함과 분리할 수 없는 이야기지만, 자기애적 환상은 전지전능함에 대한 환상이다. 그래서 영화에 표현된 팀도 그런 모습이다. "신은 7일 만에 세상을 창조했고, 나는 7초 만에 내 세상을 부숴버렸다." 이 한마디로 이 영화에서 그가 어떤 존재인지가 분명해진다. 그는 신이다. 전지전능한 신.

그는 판단한다. 누가 좋은 사람이고 누가 나쁜 사람인지. 그러기 위해 그는 사람들을 '시험에 들게' 한다. 그의 시험을 통과한 사람은 착한 사람이다. 어떻게 아느냐, 어떻게 단편적인 사건으로 사람을 판단하려 하느냐, 사람이라는 게 그렇게 단순한 것이냐 하는 질문은 무의미하다. 당연히 알 수 있다. 그의 느낌이 틀릴 수는 없다. 그게 자기애적인 사람들의 논리다.

그는 심판한다. 그리하여 선한 자와 악한 자에게 합당한 상과 벌을 내린다. 한편으로는 제 피와 살로(또, 집으로) 선한 자들을 구원하고 또 한편으로는 자본주의 사회의 저승사자, 세무서 직원이 되어 악한 자들을 벌한다.

그는 기적을 행한다. 아네즈나 카니처럼 심하게 남을 경계하는 사람들도, 몇 마디 이야기만으로 그에게만은 스르륵 마음이 열린다. 생전 처음 보는 사람인데도.

애즈라를 시험에 들게 한 전화를 끝낸 후의 표정은 압권이다. 그건 인간 대 인간으로서의 미안한 표정이라기보다는 상처받았을 미물微物에 대해 연민을 느끼는 신의 표정에 가깝다. '트래블 인'은 또 어떤가? 삶의 마지막 얼마간을 좀 좋은 곳에서 지내면 안 됐을까? 직원이 호텔이라 말하자 모텔이라 정정까지 해주면서 그곳에 머무는 그의 모습은 미물들의 비참함을 직접 경험하기 위해 하계^下^界로 내려와 낮은 곳에 임하신 신의 모습이다. 하늘을 날려던 어린 시절의 꿈, 그 꿈이 실현되었던 그의 직업 또한 무척 상징적이다.

자격, 나는 특별하다?

팀은 왜 장기를 이식받을 사람들을 직접 골랐을까? 물론 목숨을 희생하는 일이니 이왕이면 착한 사람들이 혜택 받았으면 좋겠다는 마음이 드는 건 이해할 수 있다. 하지만 그렇다 해도 그의 행동은 좀 유난스럽지 않은가? 이런 식이면 장기 기증자 전부가 수혜자의 인간성을 알려 들지 않겠는가? 누군들 제 몸이 소중하지 않아 그런 것 안 따지고 기증하겠는가? 물론 영화적인 상상이겠지만, 다분히 자기애적인 발상이다.

자기애적인 사람들은 자신은 특별하기 때문에 마땅히 특별대우를 받아야 한다고 생각한다. 그래서 그들은 종종 규칙을 무시한다. 그 규칙이 자신에게도 적용된다는 걸 알고도 어기는 게 아니다. 자신은 특별하기 때문에 규칙 같은 건 필요 없다고 생각하는 것이다. 영화에서 팀도 병원의 면회시간이나 모텔의 규정 같은 건 신경 쓰지 않고, 악덕 의사에게 물리적 폭력을 가할 때도 주저함이 없다. 그럴 권리라도 있는 것처럼. 물론 그가 세상의 규칙을 헌신짝 취급한 가장 좋은 예는 국가 공무원 사칭이다.

이들이 이런 생각을 갖는 건, 그럴 만한 이유가 있어서가 아니다. 이들의 특권의식은 돈이나 권력 같은 것을 손에 쥔 사람이 건방지게 구는 것과는 조금 다르다(자기애적인 사람들이 그런 것을 추구하는 성향이 강하고, 그런 것을 얻었을 경우 건방지게 구는 것도 사실이지만). 아무 이유 없이도 이들은 자신이 특별하다고 생각한다. 더욱 놀랍게도 이들은 남들도 자신의 특별함을 알 거라 생각한다. 그래서 누군가 자신의 특별함을 인정하지 않으면 이들은 당황하고 분노한다.

자신이 특별한 만큼, 자신과 관계를 맺는 사람도 특별해야 한다. 그래서 늘 최고를 찾는다. 최고의 요리사, 최고의 선생, 최고의 의사, 최고의 미용사. 이 또한 보통 사람들의 '이왕이면 최고'와는 좀 다른 마음이다. 특별한 사람만이 자신의 특별함에 부합하는 자격을 갖고 있다는 생각이다. 팀도 이런 의미의 자격 있는 사람을 찾는 것이다(이 영화에 여러 번 등장하는 단어, 무언가를 받을 만하다는 뜻의 'deserve'가 이 마음을 잘 표현해준다). 그 자격의 기준은 물론 팀 자신에 의해 정해진다.

죽을 수 있는 수단은 많은데, 왜 해파리인가? 팀의 아버지는 해파리가 세상에서 가장 치명적인(most deadly) 생물이라 말했고, 팀에게 해파리는 가장 아름다운(most beautiful) 생물이다. 가장

(most)*이 두 번 등장한다. 이 정도는 특별해야 하는 것이다. 특별한 팀의 생명을 거둘 자격이 있으려면.

죄책감?

사람의 마음을 표현하는 말 중에는 귀에 걸면 귀걸이, 코에 걸면 코걸이가 되는 것들이 많다. 가장 대표적인 것은 두말하면 잔소리, 사랑이다. 지금 이 순간에도 무수한 사람들이 사랑이라 믿는 무언가 때문에 울고 웃고 난리법석을 떨고 있을 것이다. 하지만 그들이 난리법석을 떨게 만드는 것의 정체는 실로 다양하다. 사랑을 빙자해서 사람들은 별의별 짓을 다 한다. 물론 본인들은 그게 사랑이라 철석같이 믿지만.

죄책감도 그렇다. 죄책감이라지만, 아닌 것들이 있다. 이 영화에서 팀의 죄책감이 그렇다. 죄스러운 사람은 영웅을 꿈꾸지 않는다. 정말 죄스러우면, 사람은 제가 세상에서 제일 형편없는 인간이라 느낀다. 그런 형편없는 인간이 감히 누굴 판단하겠는가? 누구에게 상을 주고 누구에게 벌을 내릴 생각을 하겠는가?

정말로 죄를 지었다고 생각하는 사람은 남이 받은 피해를 되돌리거나 갚을 수 있다고 생각하지 않는다. 속죄의 심정으로 남을 위해 살 수는 있다. 그건 물론 가치 있는 일이다. 하지만 그렇다고 잘못 자체가 상쇄될 수는 없다. 그 둘은 별개다. 죄를 상쇄할 수 있다는 생각은 속죄하는 자의 태도가 아니다.*

팀도 죄를 지울 수 있다는 생각을 의식적으로 하지는 않았을 것이다. 하지만 영화를 통해 표현된 그의 무의식 속 환상은 정확히 '눈에는 눈, 이에는 이'의 논리를 따른다. 그는 셈을 했다. 7명 대 7명, 목숨 대 목숨. 그렇게 자신의 죗값을 치르려 했다. 죽였으니 살린다. 죽였으니 죽는다. 이건 속죄의 논리가 아니다. 보상의 논리, 보복의 논리다.

도덕적 우월감 Moral Grandiosity

죄책감은**, 남에 대한 마음이다. 남을 아프게 하고 다치게 한 것을 미안해하는 마음이다. 스스로에 대한 분노가 당연히 따르겠지만, 주객이 전도되어서는 안 된다. 죄책감은 내가 주인공이 되는 자책과는 다른 것이다. 팀을 죽게 만든 건 성숙한 죄책감이 아니다. 그의 마음속에 펼쳐진 죄의식 속에서도 주인공은 단연 그 자신이었다. 죽은 사람들에 대한 미안함보다 잘못을 저지른 자신을 용납할 수 없는 마음이 그에게는 더 중요했다. 제 자신이 세상의 중심이 되는 전형적인 자기애적 사고방식이다.

* 〈스타게이트: 진실의 상자〉에서 어떻게 스스로를 용서했느냐고 묻는 토민에게 틸크는 말한다. "너 스스로를 용서하는 날은 오지 않을 거야. 남들이 널 용서하는 날이 오더라도, 그건 남들에게 위안이 될 수 있을 뿐, 너에게는 아니야. 너는 스스로를 용서 못 할 거야. 받아들여야 해. 많은 사람을 해쳤다는 것. 그걸 되돌릴 방법은 없어. 너 스스로를 벌해도 소용없어."

** 죄책감은 인간이 느낄 수 있는 가장 괴로운 감정 중 하나다. 그래서 사람들은 죄책감을 없애기 위해 남의 잘못으로 몰아가고 엉뚱하게 화를 내고 불쌍한 척, 엄살을 부린다. 성숙한 마음만이 죄책감을 온전히 담고 있을 수 있다. 팀의 마음은, 그런 큰 그릇은 되지 못했다.

그렇게까지 자신을 용납하지 못하는 건 물론 완벽에 대한 집착 때문이다. 완벽한 사람에게는 있을 수 없는 잘못을 팀은 저질렀다. 그런 자신을 팀은 받아들일 수 없었다. 그에게는 완벽함이, 문자 그대로 목숨보다 중요했다. 그 절실함이, 똑같은 일을 당하면 잘못이 상쇄될 거라는 '너도 나 한 대 때려' 식의 논리를 소환했다. 팀의 행동은 남에 대한 속죄가 아니다. 초라한 죄인이 되어버린 자신을 다시 영웅으로 세우려는 시도다.

도덕이라는 단어를 사용한다면 나는, 이런 마음을 도덕적 우월감이라 부르고 싶다. 영어로는 'Superiority'가 아니라 같은 우월감을 표현하는 단어 중 좀 더 뽐내는 느낌의 'Grandiosity'를 써서 'Moral Grandiosity'라 부르고 싶다.

팀에게 중요했던 건 죄책감이 아니라, 평균적인 사람들보다 훨씬 더 죄책감에 괴로워하는 양심적인 자신의 이미지였다. 그가 구원한 것은 남이 아니었다. 그 자신이었다. 자기애는 그런 것이다.

삶은 그렇게 만만한 것이 아니다

이 영화에 대한 인터넷상의 평가는 찬양과 비난으로 극명하게 갈렸다. 그야 그럴 수 있다. 흥미로운 것은 찬양 쪽의 사람들이 비난 쪽의 사람들에게 욕설에 가까운 공격을 퍼붓는 현상이 발생했다는 것이다. 아무리 익명의 공간이라지만 영화에 대한 의견이 다르다고 흔히 일어나는 현상은 아니다.

이 영화는 분명히 사람들의 마음을 불편하게 만들었을 것이다. 그게 뭔지 말할 수는 없어도 누구나 주인공 캐릭터에 대해 거부감을 느꼈을 것이다. 어떤 사람들에게는 그 거부감을 표현하는 것이 쉬운 일이었지만, 어떤 사람들에게는 그렇지 않았을 것이다. 죽음, 희생, 기증. 이런 것들이 그들의 입을 막아버렸을 것이다. 숭고하게 자신을 희생한 사람에 대해 안 좋은 생각이 든다는 것 자체가 그들에게는 무척 불편했을 것이다. 그것이 이 영화를 비난하는 사람들에 대한 매우 부자연스러운 분노로 표출된 게 아닐까 추측해본다.

세상의 기준으로 보면 팀은 착한 사람이었다. 한 사람에 대한 평가는 그 사람의 행동을 보고 내려야지, 마음속 동기가 평가 기준이 될 수는 없다. 팀의 자기애적 환상은 패트릭의 것에 비하면 훨씬 잘 정제된 것이었다. 마지막의 극단적인 선택만 제외한다면 그의 환상에는 별 문제가 없어 보인다. 그 정도라면 사람은 누구나 마음속 환상을 추구하며 살 권리가 있다. 누구나 그렇게 살고 있다.

다만 그것이 환상인 줄은 알아야 한다. 환상은 현실감각을 잃지 않은 채 추구되어야 한다. 이 영화도 마찬가지다. 감동적인 휴먼 드라마보다는 '센티멘털한' 판타지물로 볼 줄 아는 안목이 사람들에게 있었으면 좋겠다.* 집만 주면 가난한 히스패닉들이 잘살 수 있는지, 내일모레 죽을 만큼 심장이 안 좋은 여자가

* 감독 자신은 전혀 그렇게 생각하지 않은 것 같다. 〈아메리칸 사이코〉는 의식적으로 자기애적 인격을 가진 주인공을 만들었음에 반해, 이 영화의 감독이 탄생시킨 주인공은 착하고 양심적인 인물이다. 자기애를 주제로 드러내 보이는 영화가 아니라 곳곳의 디테일에서 배어나오는 자기애를 감추지 못하는 영화다. 판타지물은커녕, 감독이 의도한 것은 감동적인 휴먼 드라마가 분명해 보인다.

어떻게 잠자리를 할 수 있는지 등의 자질구레한 문제들은 차치하고라도, 이 영화는 그 자체로 하나의 거대한 자기애적 환상의 구현이다. 이 영화는 어른의 이야기가 아니다. 동화다.

이 영화가 감동적이었다면, 그건 어떤 사람의 훌륭한 삶을 보고 느끼는 감동이 아니라 비현실적이고 유치하지만 눈물겨운, 그런 종류의 감동이라는 것을 사람들이 알았으면, 그 둘을 혼동하지 않았으면 좋겠다. 로미오와 줄리엣의 사랑은 가슴 뭉클하지만 그 아이들이 훌륭한 삶을 산 건 아니지 않은가. 자살은 안 된다거나 하는 소박한 이야기를 하자는 게 아니다. 상황에 따라, 신념에 따라 사람은 제 목숨을 버릴 수도 있다. 그런 것도 필요 없이 너무 괴로워서 목숨을 끊을 수도 있다.* 그 또한 바람직한 일은 아닐지 모르지만 이해할 수 있는 일이다. 팀의 미숙함은 죽음을 택했다는 데 있는 게 아니라 제 목숨으로 죄를 청산할 수 있다고 생각했다는 데 있다. 그런 식으로 셈이 되는 거라면, 세상이 그렇게 간단하다면 차라리 좋겠다. 하지만 삶은 그렇게 만만한 게 아니다. 누군들 죽는 게 두려워서 또는 폼나게 죽을 줄 몰라서 꾸역꾸역 살겠는가?

죽는 게, 제대로 사는 것보다 어렵겠는가?

* 이 대목에서 한 인물이 떠오른다. 괴물로 사느니 영웅으로 죽겠다며 뇌수술을 자청한 〈셔터 아일랜드〉의 테디다. 값진 희생으로 여러 목숨을 구한 팀보다 비겁한 현실도피를 택한 그에게 정이 더 가는 건, 그의 죄책감이 훨씬 깊고 아프고 슬프기 때문이다. 병이 생긴 아내와 사사건건 대립할 수 없어서(부부 싸움의 피해자는 결국 아이들이니까), 차라리 집을 떠나 많은 시간을 술로 피해 있었던 그의 선택이 아이들을 죽게 만들었으니, 어찌 견딜 수 있었겠는가? 맨 정신으로 남는 건 그에게 너무 큰 형벌이었다. 그의 선택은 팀 같은 영웅놀이가 아니었다.

_〈세븐 파운즈〉(2008)

6장

이유가 있어야
행복한 게 아니다

행복도, 불행도 이유가 필요한 게 아니다. 그저 마음 하나면 된다. 온갖 말썽의 근원이 마음속의 비합리적인 부분, 무의식에 있지만 행복의 근원 역시 무의식에 있다. 이유 없는 공포도, 이유 없는 낙관도 무의식 때문이다. 무의식이 착실하면 세상도 착하고 무의식이 불량하면 세상도 불량배가 된다.

Introduction

행복의 조건,
인간의 조건

이제까지의 글이 정신분석 이론에 충실한 글이었다면, 이번 장의 글들은 보다 자유롭게 쓴 글들이다. 위니콧의 주관적 전능감Subjective Omnipotence이라는 개념을 언급하고는 있지만, 적당한 말이 없어 빌려다 썼을 뿐, 앞에서 설명한 다른 개념들만큼 중요한 것은 아니다. 주관적 전능감이 있는 마음을 그냥, 건강한 마음 또는 잘 발달된 마음 또는 행복을 느낄 수 있는 마음 정도로 생각해도 무방하다.

두 가지 이야기를 해보려 한다. 첫 번째는 사람이 행복할 수 있는 조건이 무엇인가에 대한 이야기다. 프로이트는 정신분석의 치료 효과를 신경증적 비참함Neurotic Misery을 인간의 보통 불행Ordinary Human Unhappiness으로 바꾸어주는 것이라 말한 적이 있다. 옳은 말이다. 인간의 보통 불행. 그 정도일 것이다. 그렇지 않은가? 이성적으로 생각해볼 때, 세상의 온갖 흉측한 일들을 감안하면 인간에게 행복이라는 것이 허락되겠는가?

하지만 그럼에도 불구하고 대체로 행복하게, 또는 행복하다고 느끼면서 세상을 사는 것이 불가능한 것만도 아니다. 그것이 어떻게 가능한가? 그러기 위해서는 무엇이 필요한가, 그 필요한 무엇은 어떻게 해서 생기는가, 그것이 생기지 않았을 때는 어떻게 되는가에 대한 생각이 첫 몇 글의 주제다. 클라인의 'Envy'(질투라고 번역은 했지만, 번역할 말이 마땅치 않다) 이야기도 곁들였다.

이와 연관되는 두 번째 주제는, 그래서 인간이라는 것이 무엇인가라는 것이다. 인간이라는 존재가 무엇이라 규정될 수 있는 것인지, 인간에게 '본질' 같은 것이 있는지, 그 질문에 대해 각각의 사람들이 갖고 있는 '신념'이라는 것은 또 무엇인지 등의 이야기를 해보려 한다. 두 번째 주제에 관한 글들은 신경과학Neuroscience 쪽의 지식에 많은 영향을 받았다. 특히 에덜먼Gerald Edelman의 생각에.

무슨 영화를
이 따위로
만드는 건가?

행복의 조건
라스 폰 트리에의
불편한 진실

큰일을 겪어도 마음이 별로 흔들리지 않을 때가 있다. 반대로 별것 아닌 일에 마음이 요동칠 때도 있다. 그 또한 의식과 무의식의 차이 때문이다. 어떤 일에 대해 의식적으로 느끼는 것과 무의식이 반응하는 것이 다르기 때문에 그런 현상이 생기는 것이다. 무의식이 건드려질 때, 우리는 정체를 알 수 없는 감정에 휩싸이곤 한다.

영화를 보고 불쾌감이 드는 게 흔한 일은 아닐 것이다. 뱃속 깊이 욕지기가 솟는 듯, 답답하고 불편한 느낌. 이 영화를 봤을 때가 그랬다. 오래전의 비슷한 감정이 문득 떠올랐다. 〈유로파〉(1991)를 봤을 때의 감정.

나중에 두 영화의 감독이 같다는 걸 알았다. 그때부터 눈여겨보아온 감독, 라스 폰 트리에. 그의 영화는 불편하다. 그가 관객을 괴롭히는 정도는 필요 이상이다. 게다가 점점 심해지는 것 같다. 최근작 〈안티크라이스트〉(2009)에 이르러서는 그의 악취미가 정점에 달했다는 생각이 든다. 하고 싶은 이야기가 무엇이건 간에 그따위로할 이유는 없어 보인다. 뭐 하자는 거냐고 따지고 싶은 기분이 든다. 그러다 문득, 하나의 질문이 떠오른다. 이 불쾌감의 정체는 뭘까? 왜 그의 영화는 사람을 기분 나쁘게 하는 걸까?

나쁜 환상, 좋은 환상

정신분석은 마음의 문제로 고통 받는 사람들에 대한 치료로 시작되었다. 따라서 프로이트든 클라인이든 좋은 환상보다는 나쁜 환상 쪽에 초점을 맞추고 그쪽 이야기를 많이 한 것은 당연하다. 하지만 그렇다고 사람의 무의식 속에 나쁜 환상만 존재하는 것은 아니다. 좋은 환상도 존재한다. 나쁜 환상과 똑같은 원리로 좋은 환상도 우리가 경험하는 세상을 채색한다. 나쁜 환상이 세상을 어둡고 두렵게 보이게 한다면, 좋은 환상은 따뜻하고 부드럽게 보이게 한다.

마음속에 나쁜 환상이 없다면 분명 삶이 훨씬 수월해질 것이다. 부정적인 왜곡 없이 세상을 받아들일 수 있다면, 덜 외롭고 덜 무섭고 덜 불안하고 덜 우울할 것이다. 그렇게 되는 것이 정신분석이 지향하는 바이기도 하다. 하지만 그것으로 충분한 것은 아니다.

왜냐하면 세상이라는 것은, 왜곡 없이 정면으로 마주 보기에 적당한 것이 아니기 때문이다. 그러기에 세상은 너무 냉혹하고 불확실하다. 우리나라에서만 한 해에 수천 명이 교통사고로 죽는다. 운전을 잘해도 마주 오는 차가 중앙선을 넘으면 끝이다. 일본에 밀어닥친 쓰나미가 우리에게는 안 생길 거라는 보장도 없다. 얼마 살아보지도 못한 아이들을 포함해서 전 인구의 3분의 1 정도가 암에 걸린다고 한다. 세상 곳곳은 지금도 전쟁 중이며 내 눈앞에서 폭탄 테러가 발생하는 날이 오지 말라는 법도 없다. 신문에는 강력범죄 기사가 빠지는 날이 없다. 세상은 지뢰밭이다. 예고 없이 터지는 불행이 곳곳에 도사리고 있다. 미리 알 수도 없고 대비할 수도 없다. 그저 운에 맡기고 살 뿐이다.

이 무심한 무작위성을 감안한다면 마땅히 우리는 늘 불안하고 우울해야 한다. 우리가 이성적인 존재라면, 이성적이기만 한 존재라면 당연히 그럴 것이다. 언제 어디서 닥쳐올지 모를 불운에 대비하기 위해 삶의 대부분을 전전긍긍해야 할 것이다. 다 그런 것 아니냐고, 그러니 어쩔 수 없는 것 아니냐고 어른스럽게 말할 수 있으리라 생각할지 모르지만, 인간은 그런 체념으로 마음이 편해질 만큼 의젓한 존재가 아니다.

그럼에도 불구하고 일상에서 이만큼의 행복과 안정감이라도 느끼고 살 수 있는 건 세상이 안전해서도 우리가 훌륭해서도 아니다. 그럴 수 있는 건 인간이라는 존재가 지극히 비이성적이기 때문이다.

비이성적이어야만 가질 수 있는, 아무 근거도 없는 막연한 믿음이 우리 마음속에 있기 때문이다. 나는 괜찮을 거라는 뜬금없는 믿음, 나한테는 불행한 일이 일어나지 않을 거라는 야무진 착각. 내가 탄 차는 괜찮을 것이고, 나는 병에 걸리지 않을 것이고, 우리나라에는 큰 지진은 없을 거라는 생뚱맞은 낙관. 세상은 순리대로 돌아갈 거라는, 그런 믿음이 있기 때문이다. 그것마저 없다면 세상을 사는 건 마취 없이 생살을 꿰매는 것 같은 일이 될 것이다.

다행이긴 한데, 이런 터무니없는 믿음은 어떻게 생기는 것인가?

주관적 전능감全能感

위니콧은 태어난 후 어느 시점까지 어린아이는 나와 세상(외적 대상)을 뚜렷하게 구분하지 못한다고 생각했다.* 이때의 아이는 세상에서 일어나는 모든 일을 나와 연관시켜 경험한다. 즉, 모든 일이 나로 인해 일어난다는 착각 속에서 산다. 예를 들어, 배가 고팠다가 젖을 먹어 배가 불러지면 아이는 엄마가 젖을 주었다고 생각하지 못하고, 내가 원해서 젖이 입에 들어왔다 생각한다.

* 여기서의 '나'는 경험의 주체로서의 나이고 대상은 세상에 실제로 존재하는 외적 대상이다. 클라인이 환상 속에 포함되어 있다고 생각한 나와 대상과는 다른 개념이다.

이렇게 나와 대상이 구분되지 않는 상태에서 만일 원하는 것이 그때그때 이루어지는 경험이 여러 번 반복되면, 아이는 내가 원하기만 하면 뭐든지 이루어진다는 착각에 빠지게 된다. 턱도 없는 과대

* 클라인의 이론에서는, 아이는 태어날 때 대상의 개념을 갖고 있기 때문에 모든 일이 나 때문에 일어난다는 착각은 가능하지 않을 것이다. 충분히 좋은 엄마를 가진 아이의 마음속에서는, 내가 원할 때마다 좋은 대상이 나를 만족시켜준다는 좋은 환상이 강화되고, 그것이 세상에 대한 믿음을 만든다고 클라인은 생각할 것이다. 미세한 이론적 차이가 있기는 하지만, 위니콧의 생각과 크게 다를 것은 없다. 참고로, 코후트Kohut의 유아기적 전능감Infantile Omnipotence도 위니콧의 주관적 전능감이나 마찬가지 개념이다.

망상, 이런 착각을 위니콧은 주관적 전능감이라 불렀다.*

무엇이라 부르든 간에, 이런 착각이 세상을 견딜 만한 곳으로 느끼게 해주는 막연한 믿음의 근원이 된다. 나이를 먹으면 우리는, 전능은커녕 내가 얼마나 보잘것없는 존재인지를 거듭 실감하며 살지만, 그래도 이 착각이 완전히 사라지지 않고 남아, 마음 한구석에 막연하게나마 나한테는 좋은 일만 일어나고 다 잘될 거라는 근거 없는 믿음을 갖고 산다. 그래서 불안을 접어두고 미래를 꿈꾸며 살아갈 수 있다. 그 믿음이 어리석은 것이라 할지라도.

믿음의 전제조건이 착각이라면, 착각의 전제조건은 엄마다. 아이가 착각 속에 살 수 있는 환경을 만들어주는 엄마. 그런 엄마를 위니콧은 '충분히 좋은 엄마Good Enough Mother'라 불렀다.

그에 의하면, 아이를 낳기 얼마 전부터 엄마의 마음은 아이가 무엇을 원하는지 민감하게 느낄 수 있는 준비 상태에 돌입한다. 아이가 태어나면 자고 싶은지 먹고 싶은지 어디가 아픈지, 남들은 알 수 없는 것을 엄마는 본능적으로 안다. 위니콧은 이런 상태를 '일차적 모성 몰입Primary Maternal Preoccupation'이라 했다. 이 상태가 엄마에게 잠시 동안 초능력을 주어 아이의 착각을 가능하게 한다. 배가 고프면 음식이 입으로 오고 추우면 몸 위에 담요가 덮이고 오줌을 싸면 뽀송뽀송한 새 기저귀가 채워진다. 아이는 모든 게 저절로 되는 것이라는 착각 속에서 한동안을 산다. 그 착각의 정도와 기간이 충분할 때 아이의 마음에는 주관적 전능감이 생긴다.

믿음, 행복할 수 있는 이유

자라면서 착각은 점차 엷어진다. 하지만 내가 전능하지 않다는 걸 깨닫는다고 곧바로 삶의 비참함에 내던져지는 건 아니다. 아직 달콤한 시간이 남아 있다. 이번에도 엄마 덕이다. 내가 할 수 있는 게 별로 없다는 걸 알아도 엄마 치맛자락만 붙잡고 있으면 무섭지 않다. 무릎이 깨져 피가 나도 괜찮다는 엄마 말 한마디면 울음이 그친다. 배가 아플 때도 엄마 손이 약손이다. 그리고 그 엄마는 절대 날 저버리지 않는다. 나는 무능력해도 전능한 엄마를 내 마음대로 할 수 있다. 그러므로 내가 전능한 것과 다를 것 없다.

엄마로 상징되는 세상에 대한 믿음, 아이들에게는 그런 믿음이 존재한다. 세상에는 정의가 있고, 그 정의를 지키는 슈퍼히어로들이 있다는 믿음. 착한 사람은 복 받고 나쁜 사람은 벌 받는다는 믿음. 미국은 좋고 소련은 나쁘다는 믿음. 공부만 열심히 하면 훌륭한 사람이 될 거라는 믿음. 그런 코흘리개 같은 믿음들. 그리고 세상 사람들이 다 나처럼 생각한다는 믿음. 그런 착각 속에서 아이들은 또 한동안을 산다.

그 시간도 물론 오래가지는 않는다. 무릇 깨달음이라는 게 다 그런 것처럼 어느 날 문득 당연하다는 듯 우리는, 엄마는 나한테나 엄마지 남들한테는 그냥 아줌마일 뿐이라는 걸 깨닫는다. 다쳤을 때는 엄마가 아니라 의사 말을 들어야 된다는 것도, 약은 약국에 가야 있다는 것도 알게 된다. 착하다고 복받는 세상이 아니라는 것도, 미국이나 소련이나 거기서 거기라는 것도 깨닫는다. 쨍그랑! 이제 정말로 착각에서 깰 시간이다. 눈보라가 몰아치는 세상으로 나갈 시간이다.

그런데, 웬걸. 인간이라는 존재는 아직도 정신을 못 차린다. 여전히 착각에서 깨어나지 못한다. 나이에 걸맞게 자라기를 막무가내로 거부하는 무의식 때문이다. 이성이나 논리와는 거리가 먼 그 옹고집 덕분에 세상은 우리의 착각을 완전히 빼앗아가지 못한다. 이성적으로 생각해보면 세상은 엉망진창이고 그 속에서 우린 무력하기 짝이 없는 존재라는 걸 잘 안다. 하지만 우리의 오래된 착각은 그래도 나만은 잘될 거라는 믿음, 나한테만은 세상이 순리대로 돌아갈 거라는 믿음, 나에게만은 감당하지 못할 일이 일어나지 않을 거라는 믿음을 마음속에 꼭꼭 숨겨둔다. 이성의 눈을 피해서.*

아무리 세상이 흉측하고 제멋대로여도, '그럼에도 불구하고' 잘 될 거라는 믿음. 그것이 우리가 이 엄청난 세상에서 당치 않게 행복할 수 있는 이유다.**

* 그렇게 숨겨놓은 마음속 영역, 완전한 착각의 영역도 아니고 이성의 영역도 아닌 곳을 위니콧은 '전이 지대 transitional zone'라 부른다. 어른에게도 그런 영역이 있어야 건강할 수 있다고 그는 말한다.

** 이 믿음을 에릭슨Erikson이 말하는 근본적 신뢰Basic Trust라 불러도 좋을 것이다.

다시, 무의식

사람이라면 누구나 마음속에 합리적이고 이성적인 부분과 비합리적이고 엉뚱한 부분을 가지고 있다. 프로이트는 무의식(두 번째 이론에서) 또는 이드(세 번째 이론에서)라 불리는 비합리성의 영역을, 의식(두 번째 이론에서) 또는 자아(세 번째 이론에서)라 불리는 합리적인 영역이 어떻게 조절하고 통제하느냐에 정신 건강이 달려 있다고 생각했다. 이성이 마음속의 비이성적인 부분을 완전히 통제하고, 세상의 불확실함과 인간의 취약함마저 있는 그대로 받아들일 수 있게 해주리라고 그는 믿었다. 그런 성숙한 마음을, 정신분석이 갖게 해줄 수 있으리라 믿었다. 19세기의 자연과학적 세계관이 잘 반영된 생각이다.

하지만 사람의 마음은 그런 것이 아니다. 한 1만 년 살 수 있어서 마르고 닳도록 정신분석을 받는다면 혹시 모를까, 지금의 우리는 이성적이기만 해서는 절대 행복할 수 없다. 인간이 이성적이기만 하다면, 말도 안 되는 어린아이의 쫑알거림에 파안대소로 화답해주는 할머니, 할아버지는 없을 것이다. 문법에 맞는 문장을 가르치는 사람만 있을 것이다. 외롭고 힘들 때 무조건 내 편이 되어주는 친구도 없을 것이다. 객관적으로 상황을 파악해서 조언하는 사람만 있을 것이다. 차에 탈 때마다 교통사고로 죽을 확률을 계산해서 가능한 한 빈틈없이 대비한다면 생존 확률을 높일 수는 있을 것이다. 하지만 그런 삶이 행복할까?

온갖 말썽의 근원이 우리 마음속의 비합리적인 부분, 무의식에 있지만 행복의 근원 역시 무의식에 있다. 이유 없는 공포도, 이유 없는 낙관도 무의식 때문이다. 무의식이 착실하면 세상도 착하고 무의식이 불량하면 세상도 불량배가 된다.

트리에의 야비한 기습

영화는 허구다. 그러므로 영화에서는 무엇이든 가능하다. 주인공을 살리든 죽이든, 곱게 죽이든 흉하게 죽이든, 인간을 미화하든 추악하게 묘사하든, 다 감독 마음이다. 하지만 세상 모든 일에는 규칙이 있는 법, 영화의 감독과 관객 사이에도 암묵적인 약속이 있다. 그 약속의 틀 안에서 감독이 말하고자 하는 것과 관객이 보고 싶어 하는 것 사이의 타협이 이루어지는 것이 일반적인 영화의 문법이다.

그런데 라스 폰 트리에는 그 타협을 거부한다. 세상에서 가장 착하고 순수해 보이는 여자, 잘못한 거라곤 하나도 없을 것 같은, 그런데도* 눈이 멀어가는 불쌍한 여자, 그 와중에도 자기 목숨은 돌보지 않고 자식 걱정만 하는 여자. 그러므로 세상에 뭔가 이치理致라는 게 있다면 마땅히 복 받고 살아야 하는 여자. 그런 셀마를 이 영화는 죽여버린다. 늘 그따위 일이 벌어지는 게 현실일지는 몰라도, 영화에서만큼은 아무도 마주하고 싶지 않은 결말을 관객의 눈앞에 들이민다.

* '그런데도'라는 말에 이미 우리의 착각이 들어 있다. 그렇게 착한 여자는 눈이 멀어서는 안 된다는 규칙 또는 이치. 실제 세상에서는 전혀 찾아볼 수 없는.

그렇게 이 영화는 상식과 약속을 깨고 우리의 믿음을 위협한다. '그럼에도 불구하고' 같은 건 없다고 우리 귀에 대고 말한다. 주관적 전능감, 그 달콤한 착각의 꿈에 빠져 있는 우리를 사정없이 흔들어 깨운다. 있는 그대로의 세상을 직면하라고 강요한다. 세상에 원칙이나 질서 같은 건 없다고, 너의 세상도 마찬가지라고, 이미 다 알고 있지만 인정하고 싶지 않은 불편한 진실을 일깨운다. 그 야비한 기습에 우리는 소스라친다. 분개한다. 그러곤 항변한다. 그래서는 안 된다고. 셀마가 그렇게 죽어서는, 그런 착한 여자를 그렇게 죽여서는 안 된다고. 세상이 그렇게 돌아가서는 안 된다고. 영화라는 것을 이 따위로 만들어서는 안 된다고.

그러다 멈칫, 생각에 빠진다. 과연 그런가? 세상이 어떻게 돌아가야 한다는 법이 있나? 영화를 어떻게 만들라는 법이 있나? 이 세상에 뭐가 어때야 한다는 것이 하나라도 있기는 한가? 분노의 끝은 혼란이다. 세상에 당연한 것은 없다. 마땅한 것도 없다. 확실한 것은 하나도 없다. 세상은 알 수 없는 것이다. 모든 것은 불확실하다. 무섭고, 우울하다.

'그럼에도 불구하고'의 막이 벗겨지는 순간, 산다는 건 알 수 없는 것, 위태로운 것이 된다. 무대 끝이 어딘지 알 수 없는 어둠 속에서 추는 춤처럼.

_〈어둠 속의 댄서〉(2000)

배고파야
소크라테스?

행복의 조건
신애와 엘리의 신념

의미 있다는 느낌

누구나 의미 있는 삶을 바란다. 사는 게 뭔지도 모르고 살다 죽는 게 좋은 사람은 없다. 하지만 그래서 산다는 것이 무엇인가? 숨쉬는 것? 먹는 것? 번식하는 것? 일하는 것? 뭔가 대단한 걸 남기는 것? 세상 누구도 답할 수 없는 문제다. 삶의 의미를 결정할 기준 같은 건 없다. 우리 삶에 '보편타당'한 이유나 의미는 없다. 인류라는 종이 지구에 존속해야 할 마땅한 이유도 없다. 그냥 살다 그냥 가는 것이다. 의미라는 건, 꼭 있어야 한다면 각자 만드는 것이다. 허무한 결론이지만 다들 그렇게 산다. 그렇게 살아도 큰 문제는 없다.

사람들은 늘 바삐 움직인다. 뭔가를 찾아 헤매는 듯 보인다. 돈, 학벌, 사랑, 그런 걸 찾으면 행복해질 거라 생각하고 열심히 뛰어다닌다. 그러느라 바쁘다고 한다. 하지만 사람들이 바쁜 건 뭔가를 찾아야 하기 때문이 아니라 뭔가를 피해야 하기 때문일 때가 훨씬 많다. 돈을 벌어야 하는 건 가난이 서럽기 때문이고 공부를 해야 하는 건 무지가 창피하기 때문이다. 사랑이 필요한 건 혼자인 게 두렵기 때문이다.

의미라는 것도 마찬가지다. 인간에게 필요한 건 실은, 의미가 아니라 '의미 있다는 느낌'이고, 그 느낌은 대단한 의미를 부여할 수 있는 뭔가가 우리 삶에 있어야 생기는 것이 아니다. 의미 없다는 느낌이 없으면 저절로 생기는 것이다.

의미의 다른 이름은 무의미의 부재不在다. 사는 게 무의미하다는 느낌. 그것만 없으면 의미는, 아니 의미 있다는 느낌은 저절로 생긴다. 왜라고 말할 수는 없어도 내 삶에도 나름 의미가 있다고 저절로 느낀다. 삶을 의미 있게 해줄 뭔가가 필요한 건 실은 의미가 있어야 하기 때문이 아니다. 의미 없다는 느낌을 피하기 위해서다.

대부분의 사람들에게 그건 그렇게 어려운 일은 아니다. 물론 무의식 덕분이다. 주관적 전능감을 만들어내는 그 눈먼 낙천성으로 무의식은 우리에게 의미(있다는 느낌)를 만들어준다. 아니, 사는 게 무의미하다는 느낌으로부터 우리를 지켜준다.

운이 많이 나쁘지 않다면 사람의 마음은 기본적으로 불안, 우울, 무의미함 같은 고통스러운 느낌으로부터 자유롭게 '세팅'된다. 그게 '디폴트'값이다. 고통은 생겼다 사라지는 것이지 기본으로 깔려 있는 것이 아니다. 주관적 전능감도, 의미 있다는 느낌도 특별히 뭐가 있어야 생기는 게 아니다. 평범하게 잘 자랐으면 그게 기본값이다. 이따금 내가 밥버러지 같을 때도 있고 왜 사느냐는 가슴 서늘한 질문이 떠오를 때도 있지만, 또 금방 언제 그랬냐는 듯이 잊고 살 수 있다.*

유감스럽게도 그렇지 못한 사람들이 있다. 디폴트값이 다른 사람들. 그들의 마음에는 견디기 힘들 정도의 고통이 늘 깔려 있다. 그래서 그들은 '그냥'은 살지 못한다. 살려면, 제 마음을 그냥 내버려두어서는 안 된다. 그냥 두면 사는 게 무의미하다는 느낌이 마음을 뒤덮는다. 그러므로 살기 위해서** 그들은 삶의 의미를 인위적으로 만들어야 한다. 그럴듯한 이유를 찾아서.

신애도 그랬다. 의미를 만들기 위해 밀양에 갈 수밖에 없었다. 교도소에도 갈 수밖에 없었다. 신애는 신애라서, 그럴 수밖에 없었다(정신결정론의 관점에서).

* 레스터 번햄이 그랬다. 삶의 의미가 흔들리는 한동안을 보냈다. 하지만 그의 디폴트값은 나쁘지 않다. 이 글에서 이야기하는 신애의 경우와는 다르다. 만일 그날 죽지 않았다면 그의 마음은 디폴트값으로 돌아갔을 것이고, 그는 평범한 삶을 이어갔을 것이다.

** 문자 그대로 살기 위해서다. 사는 게 무의미하고 자신이 무가치하다는 느낌은, 자살을 택하게 하는 우울증의 핵심 증세다.

미련이 쓴 잔혹동화

신애가 겪은 일은 누구라도 감당하기 어려운 끔찍한 일이었다. 그녀가 큰 충격을 받은 것은 당연하다. 하지만 모든 걸 불운 탓으로 돌릴 수만은 없다. 그렇게 된 데에는 신애가 기여한 바가 크기 때문이다.

동생과 이야기를 나누면서 신애는 억지를 부린다. 무의식적인 방어라 부르기도 민망할 만큼 의식적인 수준에서 남편의 외도를 극구 부인한다. 이 장면은 이 영화의 복선이다. 종교를 받아들이는 것도, 교도소로 범인을 만나러 가는 것도 모두 같은 마음에서 나오는 행동이기 때문이다. 그건, 미련이다. 조화로운 세상, 의미 있는 삶에 대한 미련이 신애로 하여금 조정이 필요할 때 동화를 택하게 만든 것이다.

남편이 죽고 여자가 있었다는 걸 알았을 때 신애는 혼란에 빠졌다. 그녀의 세상이, 도식이 흔들렸다. 죽은 남자는 그녀가 알던 남편이 아니었다. 가족 이데올로기는 그녀에게 더 이상 세상을 설명하는 도식이 될 수 없었다. 새로운 도식이 필요했다. 하지만 그녀는 현실을 외면하고 아무도 모르게 아무도 모르는, 남편(우리 준이랑 나만 사랑한)의 고향으로 향한다. 가족 이데올로기 안에서의 조화로운 세상. 너덜너덜해져버린 그 도식을 버리지 못했다. 여전히 가족에서 삶의 의미를 찾으려 했다.

아이의 죽음으로 또 한 번 신애의 세상은 붕괴된다. 그녀의 정체성도 붕괴된다(주민등록번호도 잊어버릴 정도로). 제 안에 들어 있는 것이 제가 아님을 느끼고 짐승 같은 울음으로 조각난 자신을 비워낸다. 그러곤 신앙으로 그 속을 채운다.

종교에 회의적이던 신애가 신앙을 갖게 된 것은, 큰 변화인 것처럼 보일 수도 있다. 하지만 조금만 관점을 달리해보면 그녀의 도식은 전혀 바뀌지 않았음을 알 수 있다. 이번 도식은 '하나님 뜻 안에서의 조화로운 세상'이다. 가족이 종교로 대체됐을 뿐이다. 이제는 하나님의 뜻이 그녀의 삶의 의미가 된다.

거기서라도 멈췄어야 했다. 마음이라는 것이 얼마나 변덕스러운 것인지, 잘못 건드렸다가는 어떤 봉변을 당하게 될지 알았어야 했다. 간신히 달래놓은 마음을 가만히 두었어야 했다. 하지만 신애는 욕심을 부렸다.

신애의 계산대로라면, 그녀의 용서를 받은 범인은 참회의 눈물을 흘렸어야 한다. 그게 그녀가 원한 시나리오였다. 용서는 범인을 위한 것이 아니었다. 범인을 통해 그녀는 하나님의 뜻을 확인하고 싶었다. 그렇게 궁색하게라도 세상은 조화롭고 제 삶에도 의미가 있다고 생각하고 싶었던 것이다. 그건 용서가 아니었다. 차라리 구걸이었다.*

결과는 참담했다. 신애는 완전히 무너졌다. 더 이상 적응은 없었다. 아이를

* 사람의 마음이란 그런 것이다. 남을 위한 것이라 주장하는 많은 것들이 실은 제 마음을 위한 것일 경우가 많다. 용서, 사과, 조언 등등.

죽인 자가 스스로를 용서하고 자족한 미소를 머금고 있는 세상을 설명할 도식 같은 건, 무엇으로도 만들 수 없었다. 신이 인간을 가지고 논다는 생각은 도식이 될 수 없다. 도식의 부재 또는 실패를 뜻할 뿐이다. 인간 신애는 산산조각이 났다. 길을 걸으며 내뱉는 지리멸렬한 웅얼거림*이 그녀의 마음, 아니 마음이랄 수도 없는 '마음이었던 것'의 상태를 보여준다.

> * 잘 알아들을 수 없었지만, 내게는 아버지에게 하는 욕설 섞인 이야기로 들렸다. '색골'이라는 단어도 얼핏 들린다. 그게 맞는다면 신애가 어떤 환경에서 자랐는지, 그래서 신애의 무의식이 왜 그냥은 삶의 의미를 못 만들어내는지 어느 정도 짐작할 만하다.

　　그런 일을 겪었을 때 필요한 건 인내와 기다림이다. 처참한 현실을 한 방에 아름다운 세상으로 반전시키려 하지 말고 혼란과 고통 속에 한동안 잠겨 있어야 한다. 그 속에서 애도와 체념을 배워야 한다. 그렇게 한참 시간이 흐른 뒤에야 비로소 새로운 희망과 의미가 생겨날 수 있다. 그 희망과 의미는 전과 같은 것이 아니다. 동화童話는 끝났다. 어른의 이야기가 시작되어야 한다. 모든 희망에는 절망과 아픔이 묻어 있고 모든 의미는 질문과 반론에 열려 있는 그런 이야기가. 그것이 동화가 끝난 세상에서 희망과 의미를 만드는 방법이다.

　　하지만 신애는 그럴 수 없었다. 그녀의 마음은 절망과 고통 속에서도 내버려두면 의미(있다는 느낌)를 만들어내는 착한 마음이 아니기 때문이다. 내버려두면 더 큰 절망과 고통을 만들어내는 것이 그녀의 마음이다. 그래서 기다릴 수 없었다. 살기 위해서 그녀는 곧바로 삶의 의미, 살아야 하는 이유를 만들었어야 했다. 억지로라도.

결국 동화童話에 미련이 남아 또 동화同化를 택했다. 그 결과 잔혹동화가 쓰여졌다.

신념이 당위인 사람들

저절로 만들어지는 의미는 틀려도 된다. 마음이 착실하면, 내 삶이 의미 있다는 느낌과 내 삶이 의미 있는 이유는 별개다. 논리적으로 따져보면 모순이지만 상관없다. 어차피 의미 있다는 느낌은 이유가 있어서 생기는 것이 아니니까. 그러므로 삶의 의미로 삼았던 것이 흔들리는 일이 생겨도, '그럼에도 불구하고' 의미 있다는 느낌에는 변함이 없다. 이유는 일종의 '부록'일 뿐, 필요조건은 아니다. 그러므로 착실한 마음은 이유에 집착하지 않는다. 이유 하나가 없어지면 다른 이유를 찾으면 된다.

억지로 만들어진 의미의 이유는 틀려서는 안 된다. 마음을 지배하려는 공허함과 무의미함을 그 의미가 가까스로 막고 있기 때문이다. 이때의 이유는 부록이 아니다. 생존의 문제다. '그럼에도 불구하고'가 안 되기 때문에, 이런 마음은 '그러므로'의 논리에 의지해야 한다. 이 논리는 모순을 허용하지 않는다. 의미 있는 느낌이 생기려면 반드시 그럴 수 있는 이유가 있어야 한다. 그 이유가 흔들리면 의미 또한 흔들린다. 따라서 '그러므로'는 이유에 대한 굳은 신념을 전제로 한다. 하나님 뜻대로 사는 게 의미 있으려면 반드시 하나님이 세상을 만들었다는 신념이 있어야 한다. 다른 가능성은 허용되지 않는다.

그래서 이런 마음을 가진 사람들은 배타적이다. 그들은 신념이라는 것 또한 마음이 만드는 것이라는 사실을 받아들이지 못한다. 그들에게 신념은 마음의 문제가 아니라 당위의 문제다. 사람이라면 누구나 그렇게 생각해야 한다고 그들은 생각한다. 그들에게, 자신의 신념에 대한 의문은 곧 삶의 의미에 대한 위협이고 진리에 대한 도전이다. 그러므로 절충이나 타협은 불가능하다. 다른 신념과의 공존도 있을 수 없다. 이런 신념에 사명감이 더해지면 최악의 사태가 발생한다. 세상 모든 일에 참견하고 부추기고 강요하고 탄압하고 싸움을 일으킨다. 마음이 허한 자들의 신념은 세상을 시끄럽게 한다. 그들의 신념은 공해고 민폐다.* 그런 신념이 인간의 역사를 피로 물들여왔다.

> * 작가 김별아는 '신념을 가진 부모는 성장의 무거운 짐이다'라고 표현한다.

진정성, 우리가 느끼는 '진짜'

신념이라는 게 그런 것이니 의미, 신념, 그런 것 따지지 말고 아무렇게나 살자는 이야기가 아니다. 인간이라는 종이 이렇게 만들어진 이상, 자신에 대한 생각을 시작한 이상, 우리는 제 삶에 의미를 부여하고 신념을 가질 수밖에 없다. 인간을 인간답게 만드는 것이 신념인 것도 사실이다. 문제는 신념이라는 것을 어떻게 받아들일 것인가, 신념이라는 것에 대해서 어떤 태도를 취할 것인가에 있다. 가장 중요한 것은 신념과 진실을 혼동하지 않는 것이다.

세상이 어떤 것이냐는 질문에 정답 또는 진실 같은 건 없다. 해석과 믿음만 있을 뿐이다. 우리가 경험하는 세상도 우리가 부대끼며 살아가는 사람들도 객관적 실체가 아니다. 우리 마음이 재구성한 것들이다. 세상을 객관적으로 인식할 수 있어야 하고 진실을 추구해야 한다는 생각이야말로 집착이고 미련이다.

그렇다면 인간의 삶은 다 가짜인가? 그렇지 않다. 객관적 진실 같은 건 없지만, 우리에게는 진정성Authenticity이 있다.

우리가 아는 것과 느끼는 것은 늘 다르다. 나를 해칠 수 없다는 걸 알아도 바퀴벌레는 무섭고, 외모로 사람을 차별하면 안 된다고 생각하면서도 잘생긴 사람에게 호감이 간다. 내 탓이 아니라는 걸 알면서도 자책하고, 남 탓이 아니라는 걸 알아도 남을 원망한다. 진실이 아니어도 우리가 느끼는 건 '진짜'다(그 진정성을 부인하고, 이럴 때는 이렇게 생각하고 느껴야 한다는 당위성을 주장하는 건 억지에 불과하다).

신념이라는 것도 마찬가지다. 세상이 어떤 거라고 생각하든 그건 내 믿음일 뿐, 진실일 수 없다. 하지만 그렇다고 믿음이 약해질 이유는 없다. 진실일 수 없다고 진심이 아닌 것은 아니다. 당위성을 증명하지 못해도 착하게 사는 게 좋은 거라고 믿을 수 있다.* 신을 증명할 수 없어도 신앙을 가질 수 있다. 진정한 사랑 같은 건 환상이라는 걸 알아

* 이성적으로 계산해보자면 착하게 사는 게 좋다는 믿음만큼 어리석은 게 또 어디 있겠는가? 이런 세상에서.

도 여전히 사랑을 꿈꿀 수 있다. 내가 추구하는 것이 결국 환상이라는 걸 알아도 열정은 줄어들지 않는다. 해부된 인간의 몸을 봤다고 살아 움직이는 사람에게 느끼는 아름다움이 반감되지 않듯이, '진리'일 수는 없다는 걸 알아도 신념이 약해질 이유는 없다.

맹신하는 자들이 못하는 것이 그것이다. 그들은 제 믿음과 진실을 구분하지 못한다. 그들이 신념에 따라 행동하는 건, 그게 마땅하기 때문이다. 그래서 남도 그래야 한다고 고집한다. 이들에게 삶은 선택이 아니다. 당위와 의무다. 그들이 믿는 것은 '진리'다. 그러므로 이들은 생각하지 않는다. 그저 따른다. 당위성 안에서 이들의 주체는 소멸한다.

올바른 신념은 그런 것이 아니다. 사람은 옳아서가 아니라 좋아서 제 신념대로 사는 것이다. 무엇이 옳고 그른지는 신념이 아니라 법과 규칙의 영역이다. 그렇다는 걸 알아야 비로소 유연한 신념을 갖는 것이 가능하다. 그래야 신념이 다른 사람들과 사이좋게 살 수 있다. 설득하지만 강요하지 않고, 남이 옳으면 설득될 수도 있다. 그런 신념이 삶을 풍요롭게 한다.

강하고 유연한 신념

엘리는 천문학자다. 이성과 과학의 눈으로 세상을 본다. 파머는 목사다. 신앙이 그의 세계관이다. 둘은 사랑에 빠진다. 서로 다른 신넘을 갖고 있지만 그건 문제가 되지 않는다. 둘은 서로의 신념을 존중한다. 서로 간섭하려 하지도 않고 자신의 생각을 강요하지도 않는다.

그들의 신념이 약해서가 아니다. 엘리도 파머도 흐지부지한 사람들이 아니다. 자신의 신념에 대해서라면 굽히거나 타협하지 않을 사람들이다.* 내용으로 따지자면 상호배타적일 수밖에 없는 신념을 갖고 있음에도 서로를 존중할 수 있는 건, 신념에 대한 두 사람의 생각과 태도가 같기 때문이다. 그들은 알고 있다. 신념은 마음에서 생긴다는 것, 개인적이라는 것, 누구든 자신의 신념을 추구할 권리를 갖고 있다는 것, 누구에게도 남의 신념을 억압하고 자신의 신념을 강요할 권리는 없다는 것, 신념이 다르다는 것이 사람 사이에서 문제를 일으킬 필요는 없다는 것을.

* 엘리가 베가에 가는 것을 반대한 것이, 엘리를 잃기 싫어서였다고 나중에 파머는 말한다. 이 장면은 없는 편이 훨씬 낫지 않을까? 엘리의 신념을 존중하지만 자신의 신념대로 행동한 것이 사랑 타령보다 낫지 않은가?

신념이 강한 것과 배타적인 것은 다르다. 신념에 대해 유연한 태도를 갖는 것이 신념이 약하다는 뜻도 아니다. 청문회에서 엘리는 우주여행을 증명할 수 없음을 인정한다. 모두 환각이었을 가능성도 인정한다. 무엇보다도 다른 사람들의 입장에서는 자신의 진술을 신뢰하지 못할 거라는 것을 인정한다.

단지 증거가 없어서 자신의 주장을 포기하는 게 아니다. 한 인간으로서 자신의 경험이 '진짜'였음을 '알고' 있지만, 과학자로서의 엘리는 그 '진짜'가 환각이었을 가능성을 스스로도 부정하지 않는다. 그것이 가능한 이유는, 그것이 '진실'이어야만 의미가 있는 것이 아니기 때문이다. 그 경험은 이미 그녀의 마음 안에서 의미 있는 것이다. 그것이 진실이고 아니고는 중요한 문제가 아니다. 그것이 진짜라는 걸 스스로 믿는 것으로 족하다. 설사 그것이 틀렸다 해도 무의미한 느낌이 그녀의 마음을 지배하지는 않는다. 그게 엘리와 신애의 다른 점이다.

다른 가능성을 배제하지 않지만, 동시에 내 경험의 진정성에 대해서는 의심을 갖지 않는 것. 어찌 보면 역설적으로 보이는 그런 태도가 유연하면서도 강한 신념의 특징이다. 파머도 마찬가지다. 그가 믿는 것은 엘리가 우주를 다녀왔다는 것이 아니다. 환각이었더라도 엘리의 경험이 '진짜'라는 것이 그가 믿는 것이다.*

* 마지막에 열여덟 시간이 언급되는 장면 또한 사족이다. 이 영화는 인간의 경험과 소통, 신념, 진실과 진정성에 대한 심오한 고찰이다. 그걸로 족하다. 엘리의 우주여행에 대한 '사실 확인'은 필요 없었다.

〈매트릭스〉(1999)에서, 배터리가 되어 있는 인간들을 보면서 지금 우리도 그런 상태일지 모른다는 상상을 누구나 해보았을 것이다. 이 상상은 우리를 오래된 철학적 질문으로 이끈다. 우리가 경험하는 것이 실제라는 것을 증명할 수 있는가? 엄밀히 말하면 증명할 수 없다. 그렇다면 우리가 속고 있을 수도 있는 것 아닌가? 어떤 사람들은 이 질문 자체를 불쾌해하면서, 그럴 리 없다고 말한다. 그들은 다른 가능성을 인정하지 않는다. 자기 주장이 안 통하면 화를 내면서 다른 주장을 억압한다. 반면에 어떤 사람들은 그럴 가능성은 인정하지만 그렇지 않다고 믿는다고 말한다.

그럴 리 없다고 말하는 사람들의 신념이 훨씬 강해 보일지 모르지만, 사실은 그 반대다. 그들이 다른 가능성을 수용하지 못하는 건, 속고 있을지도 모른다는 두려움이 마음속에 있기 때문이다. 그래서 그들은 화내고 다른 주장을 억압한다. 앤을 억압한 그레이스처럼. 확신이 있다면 다른 주장을 억압할 이유가 없다. 그런 주장이 내 경험의 진정성을 갉아먹을 수 없기 때문이다.

유연한 신념을 가지고 있는 사람들에게는, 이런 질문은 생각의 지평을 넓히는 흥미로운 철학적 질문이 된다. 그 질문에 대한 생각을 전개해나가는 건 재미있고 유익한 일이다. 하지만 신념과 진실을 구분하지 못하는 사람들에게 이런 질문은 삶의 의미에 대한 위협이 된다. 어떤 대가를 치르더라도 억압해야 하는 불온한 질문이다. 억압에 실패해서 이런 질문들이 마음을 어지럽히면 그들은 우울과 불안, 공허함에 사로잡힌다.

물론 경험의 진정성에 대한 믿음도 궁극적으로는 세상과 자신의 삶에 대한 막연한 믿음(주관적 전능감이라 부르든, 의미 있는 느낌이라 부르든)에서 온다. 무의식 속의 근거 없는 믿음, 그것이 남을 억압하지 않으면서도 흔들리지 않는 신념을 만들어낸다. 그런 신념이 세상을 풍요롭게 한다.

이런 믿음이 없는 사람은 끊임없이 자기 신념의 증거를 바깥세상에 만들어야 한다. 반대의 증거는 철저히 제거해야 한다. 살아남기 위해서 그들은 그렇게 해야 한다. 그런 신념이 세상을 피곤하게한다. 물론, 그 사람 자신의 삶도 피폐하게 만든다. 의미, 신념, 이런것들은 축복일 수도 있고 저주일 수도 있다.

정신분석이 사람의 마음을 보는 시각은 그런 것이다. 같은 질문이 유익한 철학적 질문이 될 수도 있고 죽고 싶을 정도의 공허함을느끼게 하는 질문이 될 수도 있다. 배부른 돼지냐, 배고픈 소크라테스냐에 대한 정신분석의 답은 배부른 소크라테스다. 배부르면 철학을 못한다고 정신분석은 생각하지 않는다. 배가 불러야 철학도 잘한다.

_〈밀양〉(2007), 〈콘택트〉(1997)

질투는 너의 힘?

불행
조커가 빼앗고 싶은 것

심각하다고 꼭 따분해야 하는 건 아니다. 예술 한답시고 지루함으로 관객을 고문하는 독불장군들과는 달리 크리스토퍼 놀런은 단한 편의 영화에 블록버스터의 재미와 인간의 마음에 관한 심오한 통찰을 같이 담아냈다. 뭘 그렇게 심각해하느냐는 익살까지 곁들여서.

영화 역사상 손에 꼽힐 정도의 기분 나쁜 캐릭터 조커. 하지만 그는 무섭고 혐오스러운 인물만은 아니다. 묘하게도 그에겐 정이 간다. 수다와 익살 때문만은 아니다. 그에게서 느껴지는 공허함과 슬픔 때문이다. 트리에 같은 노골적인 심통 없이도 놀런은 관객의 무의식을 꽤나 흔든다. 짜릿한 재미에도 불구하고 이 영화의 음울함을 버거워하는 사람들이 꽤 있을 만큼. 음산하기 짝이 없으면서도 싫지만은 않은 인물 조커에 대해 이야기해보자.

그게 진실이라서?

조커의 목적은 돈이 아니다. 정치적인 주장 같은 것도 아니다. 그는 스스로를 이유도 없이 이 차 저 차 정신없이 따라다니는 개에 비유한다. 미친 듯 뛰어다니지만 막상 한 대를 따라잡았을 때는 뭘 해야 할지도 모르는 개가 자신이라며 혼란의 사도Agent of chaos를 자처한다. 아무 목적도 계산Scheme도 없이 그냥 미쳐 날뛰고 있다는 듯이. 왜 그런 짓을 하느냐고 물으면 아마도 '그냥, 재밌잖아?' 할 것이다. 심드렁하게 쩝쩝거리면서. 뭐 큰일이냐는 듯이.

하지만 그냥은 세상이라는 것에나 어울리는 말이지 인간의 마음에 갖다 붙일 수 있는 말이 아니다. 세상엔 아무 이유 없이 별의별 일이 다 생기지만 사람의 마음에 그냥은 없다는 게 정신결정론의 핵심이다. 조커도 마찬가지다. 그의 그냥은 사람들에게 예측 불가능이라는 최악의 공포를 선물하기 위해 연출된 속임수다. 산전수전 다 겪은 알프레드의 입에서도 이해할 수 없는 인물이라는 평을 끌어낼 정도니, 꽤나 성공적이다. 그런데 돈도 아니고 이념도 아니라면 왜 세상을 쑥대밭으로 만드는 걸까?

메시지를 전달하기 위해서라고 조커는 말한다. 그 메시지는, 인간은 쓰레기라는 것이다. 그렇다는 걸 조커는 증명하고 싶어 한다

〈〈굿 윌 헌팅〉의 윌과 사이좋게 지낼 수 있을 것 같다). 그걸 그렇게까지 증명하고 싶은 이유는 또 뭘까? 그것이 진실이기 때문이라고 조커는 말할지도 모른다. 아무리 불편해도 직면해야 할 진실이기 때문이라고. 하지만 인간이 그런 철학적인 동기로 끔찍한 일을 벌이는 경우는 없다. 대단한 이유로 포장하곤 하지만, 인간이 인간 같지 않은 짓을 벌이는 건 예외 없이 앙심快心 때문이다.

나는 불행하고 남들은 행복하다

입가의 흉터에 대해 조커는 두 가지 이야기를 한다. 둘 다 지어낸 이야기일지 모르지만 나는 왠지 첫 번째 이야기에 꽤나 믿음이 간다. 그의 공허함과 피곤함, 분노와 비애悲哀에 잘 어울리는 으스스한 이야기이기 때문이다. 어릴 적 그의 영혼이 어떻게 고사枯死했는지 상상이 될 만큼. 그 이야기가 사실이든 아니든 조커가 성치 않은 마음을 가졌다는 것만은 분명해 보인다. 어떻게 해도 회복되기 어려울 정도로. 그래서 그는, 불행하다.

행복도, 불행도 이유가 필요한 게 아니다. 그저 마음 하나면 된다. 조커 같은 마음을 가진 사람에게 불행은 천형이다. 뭘 해도, 뭘 얻어도 불행은 마음을 떠나지 않는다. 좋은 환상은 모두 말라죽고 나쁜 환상만 무성한 마음. 순간의 쾌락은 가능할지 몰라도, 그런 마음에 행복이라는 건 허락되지 않는다.

처음에는 불행한지도 모르고 불행했을 것이다. 아픈지도 모르고 아팠을 것이다. 그냥 남들도 다 그런 줄 알았을 것이다. 그렇게 알고 있는 게 나았을지도 모른다. 타인의 행복을 목격하지 않는 게. 하지만 그 또한 마음대로 되는 일은 아니다. 차츰 깨달을 수밖에 없었을 것이다. 누구나 그렇게 불행하지는 않다는 걸. 누구에게나 삶이 그 모양은 아니라는 걸. 세상 대부분의 사람들은 자신과 다르다는 걸.

나는 불행한데 남들은 행복해 보일 때 사람은 사무치게 외로워진다. 그리고 남들이 미워진다. 슬며시 심통이 난다. 남이 가진 것을 뺏고 남의 행복을 망치고 싶은 마음이 고개를 쳐든다. 그런 마음을 우린 질투라 부른다.

망쳐버리고 싶은 마음, 질투^{Envy}

클라인에 의하면 질투에는 'Jealousy'와 'Envy', 두 가지가 있다. 'Jealousy'는 경쟁 상대를 물리치고 원하는 것을 차지하고 싶은 마음이다. 그와는 달리 'Envy'는 뭔가를 차지하고 싶은 마음도 아니고*, 경쟁자를 향한 마음도 아니다. 그저 상대가 뭔가를 갖고 있는 것이 샘나서 그걸 망쳐버리고 싶은 마음이다. 'Jealousy'는 삼각관계에서, 'Envy'는 일대일관계에서 생긴다고 클라인은 생각한다.

> * 뭔가를 갖고 싶어 하는 게 아니라는 점에서 클라인은 'Envy'를 '탐욕^{Greed}'과 구별한다.

'Jealousy'는 나쁜 대상을 향한다. 내가 갖고 싶은 뭔가를 두고 나와 경쟁을 한다는 것 자체가 그 대상을 나쁜 대상으로 만든다. 반면에 'Envy'는 좋은 대상을 향할 수도 있다. 좋은 대상이든 나쁜 대상이든 뭔가 부러워할 만한 것을 가지고 있으면 모두 'Envy'의 표적이 된다. 심지어는 나를 위해 그것을 사용하는 경우에도 'Envy'는 생긴다. 예를 들어, 엄마가 아이에게 뭔가를 베풀어줄 때, 그 베풀어줄 수 있는 능력 자체를 샘내서 엄마에게 'Envy'를 느낀다는 것이다. 'Jealousy'는 어렵지 않은 마음이다. 프로이트의 쾌락 원칙으로 쉽게 설명된다. 하지만 'Envy'는 아니다. 만족이 목적도 아니고 좋은 대상에게도 공격성이 향한다는 건 일상적 의미의 질투나 시기심 같은 마음보다 훨씬 원초적이고 이해하기 어려운 마음이다.

처음에 프로이트는 사람의 공격성도 쾌락 원칙을 따른다고 생각했다. 욕망을 충족하려는 마음 때문에 또는 충족하지 못한 좌절 때문에 공격성이 생긴다고 생각한 것이다. 하지만 곧 그것만으로는 설명되지 않는 공격성을 목격한다. 스스로를 향하는 공격성, 고마워해야 할 대상을 향하는 공격성 등이 그렇다. 마조히즘^{Masochism}, 무의식적 죄책감^{Unconscious Guilt} 등의 개념으로 설명을 시도했지만 만족스러울 수 없었다. 결국 그는 쾌락 원칙을 벗어난^{Beyond the Pleasure Principle} 공격성, 순수하게 파괴만을 목적으로 하는 공격성의 존재를 인정하면서 '죽음의 본능'이라는 개념을 도입한다. 이 개념은 클라인의 이론에서 더욱 중요한 위치를 차지한다.

'Envy'는 죽음의 본능의 적자^{嫡子}다.* 아이가 태어나서 처음으로

갖게 되는 'Envy'는 엄마의 좋은 가슴^{Good}

Breast을 향한 것이라고 클라인은 생각했다.

그것은 곧 생명을 주는 대상에 대한 분노

이고, 때문에 스스로의 생명에 대한 위협

* 'Envy'는 좋은 대상을 파괴하고(물론 환상 속에서), 그 결과 대상의 통합은 불가능해진다. 아이의 마음은 편집-분열 자세를 극복하지 못한다. 그래서 'Envy'는 인간의 공격성 중에도 가장 악질적인 Malignant 것이라고 클라인은 생각했다.

을 의미한다. 그러므로 'Envy'는 죽음의 본능의 정수를 보여준다.

뭔가를 차지하려는 마음도 아니고 자신을 불행하게 만든 특정한 누구(나쁜 대상)를 향한 것도 아니라는 점에서 조커의 적개심에는 'Envy'가 걸맞은 이름이다. 그가 화난 건 혼자만 불행하기 때문이다. 그래서 결심한다. 모두 불행하게 해주겠다고. 그러기 위해서는 사람들에게서 뭔가를 뺏어야 했다.

조커의 절망

조커라고 처음부터 질투의 화신이었겠는가? 세상에 행복이라는 게 있다는 걸 알았을 때 그도 노력했을 것이다. 괴물 같은 아버지에게서 벗어나면 행복해질 거라 생각했을 것이다. 그것만으로 안 되었을 땐 돈을 벌려 했을 것이고, 그다음엔 사랑이 찾아오면 행복해질 거라 기대했을 것이다. 새롭게 또 새롭게 희망을 만들면서 남들처럼 살아보려 했을 것이다. 마음속 슬픔과 공허함이 사라지길 바라면서.

물론 잘되지 않았을 것이다. 이미 망가진 마음으로, 잘될 리가 없잖은가. 거듭되는 좌절 속에서 점점 슬픔과 공허함이 영원히 사라지지 않으리라는 걸 예감했을 것이다. 그렇게 희망이 사라지고 깊이를 알 수 없는 절망이 그의 마음을 채웠을 것이다. 납득할 수도, 이해할 수도 없었을 것이다. 내가 잘못한 것도 없는데, 남들이 잘한 것도 없는데 왜 남들은 행복하고 나는 행복할 수 없는지. 똑같은 세상에 사는데, 나에게는 도저히 행복할 수 없는 세상으로 보이는데, 이따위 세상에서 남들은 어떻게 행복할 수 있는지.

그러다 문득 알게 됐을 것이다. 행복도, 불행도 이유가 있는 게 아니라는 걸. 이유 없이도 어떤 사람은 대체로 행복하고 어떤 사람은 대체로 불행하다는 걸. 그 차이는 어이없게도, 세상과 인간에 대한, 근거도 없는 어리석은 믿음이 만들어낸다는 걸. 그리고 죽었다 깨어나도 나에게만은 그 믿음이 안 생기리라는 걸.

최소한의 정의

마침내 찾아낸 행복의 비결이라는 것이 멍청하기 짝이 없는 믿음이라는 걸 알았을 때 조커의 마음이 어땠겠는가? 정신이 제대로 박힌 인간이라면 가질 수도 없는 믿음 때문에 행복하다면, 그리고 그 잘난 믿음을 나만 가질 수 없다는 걸 알았다면, 그래서 나는 불행할 수밖에 없다는 걸 마침내 알게 됐다면, 그 믿음을 고집하는(그리고 향유하는) 인간들이 얼마나 밉살스러웠겠는가?

너무하지 않은가? 어째서 세상은 행복할 수 없는 곳이라는 명백한 '진실'을 외면하는 것이 행복의 비결이 될 수 있단 말인가? 어째서 세상을 직시하는 인간은 불행해야 한단 말인가? 이럴 수는 없는 것 아닌가? 세상이 똑바로 돌아갈 수 없다면 다만 기본값의 불행만이라도 누구에게나 공평해야 하는 것 아닌가? 그래서 조커는 맹세했을 것이다. 그 어리석은 믿음을 빼앗아주겠다고.

세상이 얼마나 난장판이고 인간은 얼마나 쓰레기인지 깨닫게 해주겠다고. 절망과 고통이 어떤 것인지 알게 해주겠다고. 나만큼 아프게 해주겠다고. 그래야 공평하니까. 그것이 최소한의 정의니까.

사이코패스? 매스컴의 헛소리

실제로 조커 같은 인물이 나타난다면 세상은 아수라장이 될 것이다. 불특정 다수를 향한 동기마저 불분명한 범죄. 사람들은 저마다 살겠다고 아우성을 치고, 경찰을 질책할 것이다. 그 와중에 언론은 물 만난 고기처럼 선정적인 기사를 쏟아낼 것이다. 당연히 소위 전문가들도 바빠질 것이다. 그들은 매스컴에 등장해 주저 없이 전가의 보도傳家寶刀, 사이코패스 타령을 꺼내들 것이다. 남의 고통에 둔감하고 죄책감이 없고 어쩌고, 립싱크를 되풀이할 것이다. 마치 조커가 알고 지내는 동생이나 되는 것처럼(브루스 웨인도 전문가들의 희생자(?)다). 흉악범들은 모두 한마음 한뜻일까? 말 한마디 안 나눠보고 어떻게 그렇게 잘 아는 걸까?

흉측한 일이 있을 때마다 예외 없이 등장하는 사이코패스 타령은 두 가지 사회적 효과를 낳는다. 첫째, 이해할 수 없는 것이 불러

일으키는 공포를 줄여준다. 전문가라는 사람들이 매스컴에서 떠드
는 것만으로도 사람들은 범인에 대해 뭔가 알고 있다고 착각하고 마
음의 안위를 얻는다. 한마디로, 착각에 기댄 집단 '자위自慰'다.

　전문가들이 질리지도 않고 늘 똑같은 이야기를 하는 데는 이유
가 있다. 사람들이 그걸 원하기 때문이다. 대중은 복잡한 설명을 원
하지 않는다. 그냥 누군가는 범인의 심리를 안다는 믿음, 그거면 된
다. 머리 아픈 이야기는 사절이다. 행여 잘 모르겠다는 이야기는 절
대 금기다.

　둘째, 분열과 투사를 통해서 '우리'와 전혀 다른 괴물 하나가 탄
생하고, 그 괴물만 제거하면 다 해결될 거라는 또 하나의 착각이 완
성된다. 모든 문제는 괴물 탓이고 '우리'는 전적으로 선량한 피해자
다. 모두 한마음으로 괴물에게 저주를 퍼붓는 와중에 '우리'에 대한
진지한 고민은 실종된다.* 사이코패스 타
령은 뭔가에 대한 진지한 생각의 결과가
아니다. 생각과 고민을 멈추게 하는 자기
기만이다.

　조커는 이런 빤한 수작을 눈감아주지
않는다. 그는 분명히 선언한다. 자신은 괴
물이 아니라고. '우리'와 다르지 않다고.
'우리'의 도덕과 규범은 전부 위선일 뿐,
어려움이 닥치면 '우리'는 본색을 드러내

* 사이코패스는 현재 정신의학의 정식
진단명도 아니다. 굳이 분류하자면 반사
회적 인격 장애의 한 유형이라고 할 수
있지만, 정확히 정의되지 않은 모호한 개
념이다. 하지만 그런 건 알 바 아니다. 그
저 사람들의 관심을 잡아끌면 된다. 그것
이 언론의 생리다. 거기에 매스컴 타기를
좋아하는 전문가들이 편승해서 한바탕
쇼가 펼쳐지는 것이다. 늘 똑같은 피상적
이고 정형화된Stereotyped 설명. 그런 설
명은 새로운 정보를 제공하지 않는다. 기
존의 편견을 강화할 뿐이다. 그리고 바로
그 이유 때문에 사람들에게 먹혀든다. 사
람들은 편견을 사랑하니까. 사람들이 원
하는 건 골치 아픈 이야기가 아니라 적개
심의 배설이니까.

고 서로를 잡아먹을 거라고. 그렇다는 걸 증명해주겠다고. 고담의 곳곳을 누비며 그는 '우리'와 괴물, 선과 악의 경계를 허문다.

그가 괴롭히는 건 고담 시민만이 아니다. 여객선 장면에 이르면 마침내 관객도 생각에 빠진다. 나라면 안 누를 수 있을까? 안 누른 다면, 그건 인간에 대한 믿음과 애정 때문인가? 아니면 죄책감일 뿐 인가? 그런 희생이 옳기는 한 건가? 내 배의 누군가가 버튼을 누른 다면 비난하게 될까? 아니면 고마워할까? 마음이 먹먹해진다. 하비 를 비롯해서, 선의 편에 서 있어야 할 많은 사람들이 악의 유혹 앞에 무너지는 것을 목격하면서 관객의 마음속에도 균열이 생긴다. 그 안 으로 의혹과 두려움이 스며든다. 인간이란 정말 그렇게 악하고 약한 존재인가?

절망의 사도

조커가 빼앗으려 한 것은 돈도 목숨도 아니다. 인간과 세상에 대한 믿음, 즉 주관적 전능감이다. 그가 사람들의 마음에 궁극적으 로 불러일으키려 한 건 공포가 아니다. 절망이다. 그를 물리칠 수 없 어서가 아니라 저희들 스스로의 밑바닥을 보고 느끼는 절망. 그가 사라져도 영원히 아물지 않는 상처로 남을 절망. 그게 그가 사람들 에게 선물하고 싶은 것이다. 그렇게 해서 그에게만 없는 그 잘난 믿 음을 빼앗아 부숴버리고 싶었던 것이다.

그래서 배트맨이 그의 첫 번째 표적이 된다. 인간들의 한심한 착각, 주관적 전능감을 부추기는 자이기 때문이다. 얼마나 꼴 보기 싫었겠는가? 그런 자를 추종하고 흉내 내는 것들은 또 얼마나 혐오스러웠겠는가?(공개처형감이다). 그 역겨운 꼴을 그냥 두고 볼 수는 없었을 것이다. 그래서 그들의 골목대장을 혼내주려 했을 것이다.

조커의 계획은 배트맨을 죽이는 것이 아니었다. 정의를 위해 싸우다 죽은 영웅. 그건 곤란하다. 여전히 절망보다 희망 쪽이니까. 그가 원한 건 배트맨의 타락이다. 알고 보니 똑같은 쓰레기. 그런 배트맨이 필요했다. 절망의 시나리오를 완성하기 위해서. 그의 표적이 하비 덴트로 바뀌게 된 것도 같은 이유다.

인간의 밑바닥

〈굿 윌 헌팅〉의 윌이 치료자들을 도발할 때, 그는 상대가 틀림없이 바닥을 드러낼 거라고 예상했지만 그래도 마음 한구석에는 상대가 견뎌주었으면 하는 희망(자신도 의식하지 못하는)이 자리 잡고 있었다. 조커의 도발은 그렇지 않다. 그의 목적은 철저히 인간의 바닥을 드러내는 것이다. 윌은 누군가를 섣불리 믿었다가 받게 될 상처가 두려워서 상대를 도발했다. 그건 방어적 공격이었다. 남을 아프게 하는 것보다는 나를 지키기 위한. 반면에 조커의 도발은 철저히 남을 향한 것이다. 공격을 위한 공격이다. 그에게는 지켜야 할 것이 남아 있지 않다. 그가 원하는 건 너 죽고 나 죽는 것이다. 나는 이미 죽어 있기 때문에.

세상과 인간에 대한 믿음을 갖는다는 것은, 인간의 선한 면만 보는 것이 아니다. 인간에게 충동적이고 어리석고 위험한 밑바닥이 있다는 것을 부정해야 믿음이 생기는 것이 아니다. 그런 면이 있지만 다 잘될 거라고 믿는 것, 우리 안에 폭탄이 들어 있지만 터지지 않게 할 수 있을 거라 믿는 것이다.

어찌 보면, 우리 안에 내재한 폭탄이 수시로 터지지 않아도 되는 환경을 만들려 노력해온 것이 인간의 역사다. 그래서 이만큼이라도 서로의 추한 밑바닥을 굳이 드러내 보이지 않고 살 수 있는 환경이 만들어졌다. 우리가 믿는 것은 인간이 그런 노력을 할 수 있는 존재라는 것, 앞으로도 그러리라는 것, 그래서 세상은 조금씩이라도 나아지리라는 것에 대한 것이지 인간은 선하다는, 또는 선해야 한다는 것이 아니다.

그런데 세상에는 미련을 버리지 못하는 사람들이 있다. 그들은 인간의 '인간답지 못함'에 늘 절망하고 화낸다. 세상이 어찌 이럴 수 있느냐고, 인간이 어찌 이럴 수 있느냐고, 회의와 환멸이 느껴진다고 말한다. 하지만 인간이 그렇게 선한 존재라고 누가 말했는가? 초등학교 수업 시간에? 그들이 집착하는 인간답다는 것은 무엇인가?

조커나 윌이 남의 밑바닥을 들추려 하는 것도 어찌 보면 인간에 대한 미련이 남아 있기 때문이다. 남들은 받아들일 수 있는 인간의 한계를 그들이 용납할 수 없는 건, 그들이 여전히 인간에 대한 비현실적인 기대를 갖고 있음을 보여준다. 마음이 순수해서 그런 게 아니다. 인간의 밑바닥을 인정하면서도 가질 수 있는 믿음을 그들은 갖지 못했기 때문이다. 마음의 셈은 그런 식이다. 뭔가를 포기하려면 새로운 뭔가가 주어져야 한다. 인간에 대한 비현실적인 기대를 포기하려면 그런 것 없이도 살 수 있는 믿음이 생겨야 한다. 그렇지 않은 한 포기는 없다.

어둠의 기사騎士

브루스 웨인이 배트맨이 된 것은, 혼자 세상의 악을 뿌리 뽑을 수 있다고 생각해서가 아니었다. 그런 일은 불가능하다는 걸 그는 알고 있었다. 그는 사람들의 마음속에 세상에 대한 믿음을 주고자 했다. 그 믿음으로, 영웅이 아닌 평범한 사람들이 불의에 맞서주기를 바랐다. 폭력이 아닌 적법한 방법으로. 폭력보다 훨씬 많은 노력과 참을성을 요하는 일이어도, 그것만이 세상을 바꿀 수 있는 길이라 그는 믿었다. 사람들에게 영감을 주는 하나의 상징, 그것이 그가 원한 역할이었다. 하지만 그의 노력은 엉뚱하게 흘러갔다. 사람들은 그의 메시지를 이해하지 못하고 액션만 이해했다.

그 딜레마 속에서 등장한 것이 하비 덴트다. 가면 뒤에 숨은 밤의 영웅이 아닌 정정당당한 낮의 영웅. 고담의 화이트 나이트. 그라면 사람들에게 믿음을 줄 수 있을 거라고 웨인은 생각했다. 그런 덴트가, 투 페이스가(나쁜 대상에 감염된) 되어버린 것이다. 조커의 마지막 카드는 성공했다.

머리를 쓰는 문제에서는 한 사람보다 여러 사람이 낫다. 하지만 마음의 문제, 감정의 문제는 반대다. 감정에 관한 한, 집단은 한 사람보다 훨씬 미숙하다. 개인으로는 현명하고 의젓한 사람들도 집단을 이루면 호들갑스럽고 폭력적인 대중大衆이 되어버린다. 개개인의 사람들이 모자라서가 아니다. 집단의 마법이다.

그래서 대중에게는 분열이 필요하다. 선과 악의 모호함 같은 것은 개인이 견딜 수는 있어도 대중이 견딜 수 있는 것은 아니다. 대중에게는 확실한 선과 악의 경계가 있어야 한다. 그걸 조커는 깨려 했다. 그 경계를 허물어서 대중의 마음속에 공황을 일으키려 한 것이다. 혼자 불행한 게 억울해서.

덴트가 투 페이스가 된 것이 무엇을 의미하는지 웨인은 정확히 알고 있었다. 그 상황에서 어떻게 해야 사람들의 믿음을 지킬 수 있는지도 알고 있었다. 세상에 대한 사람들의 믿음을 지키기 위해서는 선과 악의 경계가 지켜져야만 했다. 그것만이 고담이 무너지지 않을 수 있는 길이었다. 덴트에 관한 진실은 비밀로 남아야 했다. 죽어서나마 그는 고담의 화이트 나이트여야 했다. 그래서 웨인은 결심한다. 모든 사건의 범인이 되기로. 증오와 공포의 대상이 되기로. 대중이 제 마음속 나쁜 환상을 투사할 수 있는 스크린이 되기로. 그렇게 기꺼이 미움의 대상, 악의 원흉이 되어 고담을 지키는 다크 나이트가 되기로.

그도 부모의 원수를 갚으려 총을 잡았었다(〈배트맨 비긴스〉) 그

'눈에는 눈, 이에는 이'의 마음을 빠져나올 수 있었던 건 물론 부모로부터 받은 사랑 덕이었다. 웨인과 조커가 고담이라는 세상(또는 대상)을 대하는 태도는 '착한 마음'과 '불량한 마음'의 차이를 극명하게 보여준다.

세상은 아름다운 것만도, 추잡한 것만도 아니다. 무엇이 더 많이 보이고 무엇에 더 사로잡히는지는, 당연한 이야기지만 마음에 달려 있다.

_〈다크 나이트〉(2008)

'나'라는 환상을 버리자

인간의 조건
쿠사나기 소령의 선택

성형이 보편화되고 있다. 기술은 날로 발전하고, 심지어는 안면 이식까지 이루어졌다. 이런 추세라면 누구든 옷 갈아입듯 얼굴을 갈아치울 때가 올지도 모르겠다. 그러면 어떻게 서로를 알아볼까? 목소리? 글쎄. 목소리 또한 성형이 가능하다. 이러다간 만나면 반갑다고 지문 감식부터?

겉모습으로 사람을 식별할 수 없게 되어가는 현실에 사람들은 잘 적응해가는 듯하다. 얼마간 보이지 않던 연예인이 딴 사람이 되어 나타나도 이젠 놀라지도 않는다. 사람들은 겉모습의 변화에 점점 관대해지고 있다.

사람들이 진취적이 된 걸까? 천만에. 그냥 언제부턴가 섹시하다는 말이 찬사가 된 것처럼 스르륵, 성형도 용납할 수 있는 게 되어버린 것뿐이다. 대중의 심리란 그런 것이다. 그냥 별 생각 없이 묻어가는 것.

사람들이 모든 변화에 관대한 것은 아니다. 겉모습의 변화에 유연하게 대처하는 것과는 달리, 마음의 문제에 관한 사람들은 태도는 여전히 매우 완고하다.

그 완고함은 정신과 약에 대한 사람들의 태도에서 가장 잘 나타난다. 약을 처방할 때 많이 듣게 되는 질문 중 하나가 의존성에 관한 것인데, 널리 퍼진 편견과는 달리 정신과 약이 의존성을 야기하는 경우는 매우 드물다. 그나마 가능성이 있는 항불안제의 경우에도 실제 의존성이 생길 확률은 미미한 수준이다. 뇌에 대한 효과가 항불안제와 매우 비슷한 알코올에 의존하는 사람들이 아마 수백 배는 많을 것이다. 그런데도 사람들은 술에는 관대하고 약에는 인색하다. 알코올 의존이 명백한 사람들마저 술은 자신의 의지로 마시는 것이라 괜찮고 약은 의존하는 거라 나쁘단다. 정신과 의사의 입장에서는 어이없는 이야기지만, 사람들은 그렇게 생각한다.

심지어는 약을 복용해서 불안이나 우울함이 나아지는 것조차 치료가 아니라 의존이라 생각한다. 그렇게 나아지는 건 진짜 내 마음이 아니라는 것이다. 약을 끊으면 더 나빠질 거라 생각한다. 몸에 쓰는 약은 평생 먹어도 의존이 아니지만 마음에 쓰는 약은 잠깐만 써도 의존이라 생각한다.

이런 태도는 정신분석에 대한 생각에도 나타난다. 분석 과정에서 치료자의 관점 또는 정신분석 자체의 관점에 영향을 받아 나를 잃어버리게 되는 건 아닐까 많은 사람들이 두려워한다. 마치 세뇌를 당하는 것처럼.

몸과 마음에 관한 이런 상반된 태도는 몸은 변해도 되지만 마음은 변해서는 안 된다는 생각을 반영한다. 그리고, 그렇다는 것은 우리의 마음속*에 나를 규정하는 뭔가가 있다고 사람들이 믿고 있음을 의미한다. 그것을 '나'라 불러보자. 나를 나이게 하는 '나'. 이를테면 나의 '본질'을 규정하는 '나'. 그러므로 변해서는 안 되는, 그런 '나'.**

그런 게 있을까? 우리 마음에? 아니, 어디에라도?

* 어떤 사람들은 마음보다는 정신 또는 영혼이라는 단어를 선호할 것 같다.

** 여기서의 '나'를 다른 말로 표현하는 것은 매우 까다로운 일이다. 굳이 정의해보자면 정체성이라는 개념이 가장 가까울 것 같다. 정신분석 용어로는 자기표상과 자기라는 느낌Sense Of Self이 합쳐진 개념 정도가 될 것 같다.

고스트? 마음?

그런 건 없다고 〈공각기동대〉(1995)의 주인공 쿠사나기 소령은 말한다. 미련 없이 '나'를 버리고, 그녀는 네트워크 속 일개 프로그램에 불과한 인형사와의 결합을 택한다. 결합 후에는 쿠사나기도 인형사도 남지 않는다. 네트워크 속에 새롭게 태어난 이름 없는 자의식이 있을 뿐이다. 그녀가 택한 것은 쿠사나기라는 이름을 가진 '나'

의 소멸이었다. 이 선택은 무엇을 의미할까? 그녀를 이해하려면 마음이라는 것에 대한 이 영화의 관점을 이해할 필요가 있다.

과학기술이 '끔찍하게' 발전한 2029년. 사람들은 공장에서 제작된 의체로 원래의 몸을 교체한다. 적게는 일부분, 많게는 몸 전부를. 그리하여 인간은 신체의 한계를 뛰어넘는다. 강력한 힘을 갖춘 팔다리, 망원 기능과 적외선 투시 기능을 갖춘 눈. 술을 마시다가도 필요하면 바로 깰 수 있도록 알코올의 대사 속도까지 조절할 수 있다.

뇌도 예외는 아니다. 전두엽을 제외한 모든 부위가 컴퓨터로 교체된 인간의 뇌는 컴퓨터의 기능을 흡수한다. 다른 수단 없이도 원격 소통이 가능하고 네트워크에 직접 접속해서 막대한 양의 정보를 순식간에 검색하고 학습할 수도 있다.*

* 〈공각기동대〉의 세계는 재래식과 첨단이 뒤섞인 세계이다. 사람들의 뇌에 컴퓨터가 결합된 것도 그렇고 재래식의 구시가지와 신시가지가 공존하는 것도 그렇다. 이런 배경 설정은 〈메멘토〉에서 언급한 인간의 뇌의 구조를 연상시킨다.

뇌와 컴퓨터가 결합하여 만들어내는 것을 〈공각기동대〉에서는 '고스트'라 부른다. 그렇다면 고스트는 마음인가? 아니면 다른 무엇인가? 마음을 가진 인간이 컴퓨터의 기능을 흡수한 것인가? 아니면 공장에서 생산된 로봇에 인간의 전두엽이 이식되어 마음 비슷한 것을 가진 로봇이 탄생한 것인가? 무엇이 마음이고 무엇이 아닌가? 마음이란 무엇인가?

마음이라는 것

동물에게도 마음이 있을까 하는 생각을 누구나 한 번쯤은 해보 았을 것이다. 있을까, 마음이란 게? 아메바에게 마음이 있다고 생각 할 사람은 아마 없을 것이다. 반면에 많은 사람들이 개는 사람과 매 우 비슷한 마음을 가지고 있다고 믿는다.* 그럼, 새는? 도마뱀은? 알 수 없는 일이다. 도마뱀이 되어볼 수도 없는 노릇이고. 다만 한 가지는 분명해 보 인다. 인간과 같은 마음을 갖는 동물은 인 간뿐이라는 것.

> * 개에게 사람의 생각과 감정을 이입해 서 개의 습성을 마음이라 생각하는 것. 전형적인 투사의 예다. 〈세상에 이런 일 이〉나 〈TV 동물농장〉 같은 프로그램에 적극 이용되는 방법이기도 하다.

수십억 년 동안 유전자는 진화라는 이름으로 생물이 환경에 적 응하는 다양한 방법을 실험해왔다. 기린의 목, 고슴도치의 가시, 스 컹크의 악취선, 새의 날개. 그렇게 유전자는 종마다 특별하게 발달 된 뭔가를 만들었다.

인간이라는 종에서 유전자가 택한 실험은 뇌였다. 우리에게 코 끼리의 코가 신기한 것처럼, 다른 동물들에겐 인간의 뇌가 신기할 것이다. 보잘것없이 약해빠진 몸에 뇌만 기형적으로 발달한 동물이 인간이다. 인간의 뇌는 진화의 특별하고도 기이한 산물이다.

식물에는 신경계통이라 할 만한 것이 없고 하등동물에도 원시 적인 신경계통이 있을 뿐이다. 고등동물이 되어야 뇌라 부를 수 있 는 것이 생긴다. 그렇게 진화해온 신경계통은 인간에 이르러 이전 단계에서 보였던 양적이고 점진적인 변화가 아닌, 완전히 새로운 차원의 질적 변화를 보인다. 99도까지 뜨거워지기만 하던 물이 100도에서 끓어 수증기가 되듯이. 그 결과, 마음이라는 놀라운 현상이 출현한다. 까마득한 옛날의 어느 날, 나무 사이를 건너 뛰어다니던 파충류의 일족에게서 하늘로의 비상이 시작되었듯이.

의식의 출현

인간의 마음이 갖는 가장 큰 특징은 의식Consciousness의 존재에 있다.* 다른 동물들과는 달리 인간은 자신의 뇌에서 일어나는 일을 의식한다. 어떤 감각을 지각하고 있는지, 어떤 감정이 일어나고 있는지, 어떤 생각이 떠오르는지 느낄 수 있다. 다른 동물들은 환경으로부터 받아들인 정보에 자동적으로(무의식적으로) 반응하는 반면, 인간은 자신의 정보처리 과정 자체를 의식하면서 그것에 대해서 생각하고 능동적으로 계획을 세울 수도 있다.

* 더 정확히는 에덜먼이 말하는 고차원적 의식High Order Consciousness.

** Neural Network, 즉 여러 신경회로가 연결되어 만들어지는 것.

의식이 어떻게 출현하는지는 아직 명확히 밝혀져 있지 않다. 다만, 뇌의 특정 부위나 특정 신경망**에 의해 발생하는 것은 아니라고 생각된다. 뇌의 거의 전 영역에서 동시에 일어나는 정보처리 과정의 통합(Integration)과 동조(Synchrony)에 의해 발생하는 것이 의식이라는 가설이 널리 받아들여지고 있다.

어쨌든, 신경과학에서는 뇌의 진화에 의해 정보처리 과정이 점점 복잡해지는 어떤 시점에 스스로의 정보처리 과정 자체를 자각하는 의식이 출현한다고 생각하고 있다. 마치 유기물의 합성이 점점 복잡해지는 어떤 시점에 생명이라는 현상이 출현하는 것처럼.

때문에, 인공지능이 점차 발달하게 되면 언젠가 스스로를 의식하게 될 수 있을 거라는 생각이 설득력을 갖는다. 스스로의 의식과 의지를 갖는 인공지능이 인간과 적대관계를 형성할 거라는 수많은 영화의 소재는, 그러므로 허무맹랑한 이야기만은 아니다.

이 글의 주제인 '나'의 출현에도 당연히 의식은 꼭 필요하다. 출생 직후 인간의 마음에서 일어나는 정보처리는 환경에 무의식적으로 반응하는 동물의 정보처리와 크게 다르지 않다. 그러다가 뇌가 발달하면서 의식이 생겨야 '나'도 생긴다. 자신의 뇌에서 무슨 일이 진행되는지를 의식하게 되었을 때, 즉 인간만이 가질 수 있는 그 마음이 작동하기 시작했을 때 '나'도 탄생할 수 있는 것이다.*

* '나는 생각한다. 고로 나는 존재한다.' 데카르트의 방법론적 회의의 종착점은 의식이었다. 의식이 있으므로, 그 의식의 주체가 있을 수밖에 없다는 것. 그것이 그의 존재 증명이다.

** 좀 더 정확하게는, 의식의 출현 자체에도 기억이 필요하다는 것이 현재의 정설이다.

'나'를 규정하는 기억

의식과 더불어 '나'의 탄생에 꼭 필요한 것은 기억이다.** '나'라는 것이 있으려면, 그것에 어느 정도 연속성과 일관성을 부여할 수 있는 기억이 있어야 한다. 내 이름이 무엇인지, 집이 어디인지, 어제는 무얼 했는지, 그리고 어떤 신념과 가치로 세상을 살아왔는지. 그런 기억 없이 '나'는 존재할 수 없다. 카프카의 소설 《변신》의 주인 공 그레고르가 어느 날 아침 자신이 벌레로 변해버린 것을 깨달을 수 있었던 것도 '나'를 정의하는 기억이 있었기 때문이다. 기억이 없 었다면 그는 아마 자신이 원래 벌레라고 생각했을 것이다. 결국 '나' 라는 것은 우리의 의식이 뇌에 저장된 기억을 참조해서 만들어내는 것이다. 기억이 없으면 '나'도 없다. "누구나 자신을 규정해줄 무언 가가 필요하다. 나도 마찬가지다."라고 레너드는 말한다. 그래서 그 에게는 문신과 메모가 필요하다. '나'를 규정하는 기억으로서.

   기억이 '나'를 규정한다는 것은 여러 영화의 소재로 쓰였다. 〈토 탈 리콜〉(1990)에서 아널드 슈워제네거는 퀘이드와 하워드라는 두 개의 '나' 사이에서 선택의 기로에 놓인다. 〈아일랜드〉(2005)에서 링 컨은 자신이 복제인간이고, 만들어진 기억에 의해 '나' 또한 만들어 졌음을 알고는 경악한다. 〈공각기동대〉의 쓰레기차 운전사 또한 조 작된 기억에 의한 희생양이었다. 〈다크 시티〉(1998)에서는 밤마다 외 계인들이 지구인들에게 새로운 기억을 주입해서 완전히 딴 사람을 만든다. 그렇게 세상을 뒤죽박죽으로 만들어놓고 즐거워한다. 〈6번 째 날〉(2000)에서는 복제인간에 원래 인간의 기억을 주입해서 완벽 하게 똑같은 인간을 만들어낸다.

마음과 몸의 관계

마음에 대해 사람들은 다양한 생각을 갖고 있다. 신경과학은 마음이 뇌, 즉 몸에서 만들어진다고 생각하는데, 이런 관점에 절대 동의하지 않을 사람이 많을 것이다. 많은 사람들이 마음은 뇌의 활동 같은 것으로는 설명되지 않는, 특별한 것이라 생각한다.

그런데 재미있는 것은, 마음이 뇌, 즉 몸에서 만들어지는 것이라는 신경과학의 견해가, 역설적이게도 몸과 마음의 분리가 가능하다는 SF영화의 상상력의 근원이 되기도 한다는 사실이다. 즉, 마음의 내용이 기억의 집합 같은 것이라면, 언젠가는 한 사람의 마음의 내용을 뇌로부터 복제해서 분리하는 것이 기술적으로 가능하지 않겠느냐는 상상이 가능하다. 그리고 그렇게 분리된 것을 다른 사람 (또는 복제인간)의 뇌에 덮어씌우면 그 사람으로 하여금 스스로를 원래 마음의 주인처럼 느끼게 할 수 있다는 상상도 가능하다. 나아가서는 인공지능을 이용해서 원하는 내용을 갖는 마음 자체를 만들 수 있다는 상상까지도.

하지만 기억의 분리 같은 것이 가능해진다 해도 SF영화 속 상상이 쉽게 실현되지는 못할 것이다. 몸과 마음의 관계가 그렇게 단순하지만은 않기 때문이다.

첫째, 마음은 몸(뇌)에서 만들어질 뿐만 아니라 매 순간 끊임없이 몸(뇌를 포함한)의 영향을 받는다. 누구나 몸이 아프면 의기소침해진다. 갱년기에 짜증이 많아지고 우울해지는 것은 호르몬의 변화 때문이다. 갑상선 이상 또한 마음의 변화를 일으킨다. 여든 살 노인에게 스무 살 청년의 기억이 주입된들, 여기저기 아픈 몸을 가지고 청년의 패기가 유지되겠는가? 더구나 노인의 뇌 자체가 정보처리 속도나 기억력 면에서 현저히 떨어질 텐데 같은 기억만으로 같은 마음을 가질 수 있겠는가?

둘째, 뇌의 문제는 또 하나의 중요한 이슈를 제기한다. 바로 정신결정론의 문제이다. 만일 〈6번째 날〉처럼 복제인간을 만들어 기억을 주입한다면 같은 사람의 뇌이므로 같은 마음을 갖게 될 거라 생각할 수도 있을 것 같다. 하지만 복제된 뇌가 원래의 뇌와 정확히 같은 구조를 가질 수는 없다. 후천적 경험에 의해 결정되는 신경회로의 연결 때문이다. 유전으로 결정되는 부분은 복제할 수 있겠지만, 경험에 의한 변형까지 똑같이 만들 수는 없을 것이다. 그렇기 때문에, 예를 들어 엄마에 대한 기억이 복사되어 주입되었다고 할 때, '엄마 회로'에 다양한 감정의 회로들이 복잡하게 얽혀 있는 원래의 뇌와, 그런 연결이 없는 복제된 뇌가 만들어내는 마음은 다를 것이다.

현상으로서의 마음

그러므로 기억이 마음에서 차지하는 위치가 중요한 것은 사실이지만, 그렇다고 마음이라는 것이 추출해서 넣었다 뺐다 할 수 있는 기억의 집합체라고 할 수는 없다. 특정한 사람의 뇌에 기억이 저장되어 있을 때, 그 사람의 뇌가 자신의 몸을 포함한 주변의 모든 환경으로부터 방대한 양의 정보를 받아들여 기존의 기억과 함께 순간 순간 만들어내는 현상. 그것이 마음이다. 그 과정에서 새로 받아들 이는 정보에 의해 뇌 자체에 미세한 변화(신경회로의 연결 또는 연 결의 퇴화)가 계속 일어나고, 그에 따라 마음에도 변화가 계속된다.

인간의 뇌는 한순간도 쉬지 않는다. 그러므로 인간의 마음 또한 한순간도 같은 상태에 머물지 않는다. 끊임없이 변해간다. 흐르는 강물처럼.

과정으로서의 '나'

당연히 '나' 또한 끊임없이 변한다. 어떤 순간의 '나'에는 그 순 간의 모든 것이 반영된다. 뭔가 잘했을 땐 훌륭한 '나', 못했을 땐 한 심한 '나', 위험할 땐 겁먹은 '나', 감기에 걸리면 귀찮아하는 '나'가 출현한다. 서로 죽이고 죽는 전쟁 같은 극한 상황을 경험해도 지금 의 '나'가 남아 있을 거라 기대할 수는 없다. 실제로 그렇게 수많은 '나'가 파괴되는 걸 우리는 목격한다.

〈6번째 날〉에서, 복제된 아담 깁슨이 원래의 아담 깁슨과 정확 히 같은 '나'를 갖는다 해도(그럴 수 없다는 이야기를 이미 했지만), 복제된 순간부터 그 둘은 다른 경험을 하고 다른 삶을 산다. 10년 후 에 그들의 '나'가 같을까?

'나'는 매 순간 달라지는 마음이 만들어내는, 매 순간 달라지 는 과정Process이다. 우리 마음은 순간, 순간 몸으로 느끼는 것과 시공간의 개념을 포함하는 환경으로부터의 무수한 정보, 다른 사람과의 관계에서 경험하는 느낌 등을 모두 포함하는 '나'를 구성해낸다. 브루너Bruner는 '나'는 '끊임없이 다시 기술되는 이야기Self Is A Perpetually Rewritten Story'라 했다. 사람들은 변함없는 '나'를 믿고 싶어 하지만, 유감스럽게도 그런 건 없다. 그런 '나'는 바람일 뿐이다.

마음을 갖게 된 이상 인간은 '나' 없이 살 수 없다. '나' 없이 느낄 수 없고 판단할 수 없고 행동할 수 없다. 또한 마음을 갖게 된 이상 어느 정도의 일관된 '나'가 만들어지는 것도 사실이다.* 일상의 우리는 그 '나'를 당연한 것, 변하지 않는 것으로 받아들이고 산다. 하지만 엄밀히 말하자면 '나'는 늘 같은 것이 아니다. 계속 변하는 것이다.

* 사람마다 '나'의 일관됨에는 차이가 있다. 여러 상황에서 비교적 일관된 '나'를 보이는 사람들이 있는 반면, 작은 변화에도 심하게 요동치는 '나'를 가진 사람들도 있다. 그런 사람들은 매우 심한 감정의 기복을 겪곤 한다. 우울해지면, 그런 사람들은 자신에 대해 극단적일 정도로 나쁜 이미지를 갖는다. '나'의 변화폭이 어느 한계를 넘어가는 사람들은 치료를 요하기도 한다.

변화, 정해진 것은 아무것도 없다

'나'라는 게 그런 거라면, 소멸할 '나' 같은 건 없다고 쿠사나기는 생각했다. 인형사와의 합체를 결정한 것은, 그러므로 쿠사나기에게는 '나'의 소멸이 아니라 확장이었다. 그녀가 택한 것은 '나'의 대규모 업그레이드였다. 〈공각기동대〉의 관점은 다른 SF영화들보다 더욱 급진적이다. 변화는 불가피하다고 말하면서 이 영화는 묻는다.

쓰레기차 운전사처럼 해킹당할 것인가, 쿠사나기처럼 능동적으로 선택할 것인가?

우리의 세상도 〈공각기동대〉의 세상과 크게 다르지 않다. 영화 같은 물리적 플러그인이 없을 뿐, 우리 뇌는 네트워크에 연결되어 있고 해킹은 이미 진행 중이다. 세상에는 세상을 보는 시각만 있을 뿐, 진실 같은 건 없다. 그러므로 우리는 끊임없이 남의 시각, 남의 논리에 의해 해킹되고 있다. 식탁 위의 조간신문이, 9시 뉴스가, 드라마 시리즈가, 리얼 버라이어티쇼가, 정치인들이, 경제 전문가들이 우리 뇌를 해킹한다. 매일 TV 앞에 앉아 선진국의 훌륭함에 대해, 연예인들의 우성 유전자에 대해 우리는 기꺼이 세뇌를 자처한다.

사람들은 정신과 약에 마음을 '조종'당하는 것을 두려워하지만, 한편으로는 늘 제 마음에 인위적인 조작을 가한다. 알코올은 말할 것도 없고 니코틴과 카페인 등 뇌에 작용하는 여러 물질을 탐닉한다. 엔도르핀 분비의 짜릿한 순간을 맛보기 위해 도박을 하고 명품 가방을 산다. 게임과 인터넷에 빠져든다. 답답하면 점을 보고 자기 암시에 빠져든다. 삶의 돌파구로 결혼을 하고 아이를 낳는다. 술은 괜찮고 약은 안 되고, 점은 괜찮고 정신분석은 위험한가?

모든 학습 또한 인위적 노력이다. 새로운 정보를 저장하고 조직하는 과정에서 우리 마음은 바뀌어간다. 당연히 '나'도 변해간다. 한 분야의 전문지식이 쌓일수록 세상을 보는 특별한 관점이 생기고 다른 사람들과 생각이 달라진다. 그건 괜찮은가? 공부해서 사람이 달라지는 건 훌륭하고 정신분석으로 달라지는 건 큰일 날 일인가?

정신분석 또는 정신의학에 대해 과도한 두려움을 갖는 사람들의 마음속에는 나쁜 의도를 가진 사람에 의해 내 마음이 조종당하게 될 거라는 편집적 공포가 자리 잡고 있다.* 내가 판단하고 선택해서 주체적으로 '나'를 만들어간다는 자신감이 있으면 변화를 두려워할 이유는 없다. 그런 자신감을 토대로 만들어지는 '나'가 유연하면서도 견고한 '나'다. 변하지 않는 '나'에 집착하는 사람들의 '나'는 경직되어 있으면서도 허약한 '나'일 뿐이다.

*정신분석에 대한 오해가 이런 편집성을 증폭시키는 면이 있다. 예를 들어, 정신분석이 인간의 마음을 성性으로만 설명한다든지, 남성 우월주의의 시각을 갖고 있다든지, 종교에 적대적이라든지 하는 오해가 널리 퍼져 있다. 그런 건, 정신분석의 입장이 아니다. 프로이트의 이론을 지엽적으로 받아들인 사람들의 오해 또는 환상일 뿐이다.

사람들의 두려움과는 정반대로 정신분석에서는 치료자의 주관적 관점이 의도적으로 배제된다. 치료자가 아무 의견도 내놓지 않아 많은 사람들이 답답해할 정도다. 우리가 늘 당하는 해킹의 가장 강력한 효과, 암시성에 관한 한 정신분석은 종교나 점, 연예인의 상대가 되지 못한다. 대중 심리학Pop Psychology의 명쾌함(피상적이기 때문에 가능한)과 흡인력도 정신분석에는 없다.

정신분석은 아무것도 주장하지 않는다. 정신분석이 세상에 대해 갖고 있는 관점이 있다면, 어떤 관점도 절대적으로 옳을 수 없다는 것이다. 정신분석은 이렇게 살라 저렇게 살라 말하지 않는다. 그

대신 지금 어떻게 살고 있는지, 왜 그렇게 살고 있는지, 그렇게 살 수밖에 없는 이유가 무엇인지 묻는다. 어떤 '나'가 좋다고 정신분석은 말하지 않는다. 그 대신 지금의 '나'가 어떤 모습인지, 왜 그런 모습인지 묻는다. 어차피 '나'는 있어야 하고 선택은 각자의 몫이다. 무얼 선택하든 정신분석은 참견하지 않는다. 다만 왜 그런 선택을 하는지, 왜 다른 선택은 못 하는지 또 물을 뿐이다. 그 질문에 답하다 보면 변화가 생긴다. 그 변화가 어떤 모습일지는 아무도 모른다. 정해진 것은 아무것도 없다.

어차피 변해가는 것, 어차피 내가 만들 수밖에 없는 것이 '나'라면 두려움을 떨치고 적극적으로 만들어가는 게 어떨까?

_〈공각기동대〉(1995)

마음과 의식에 대한 이야기를 좀 더 해보자. 동물도 마음을 가지고 있는가라는 질문에 대한 답은, 마음이라는 것의 정의에 따라 달라질 수밖에 없다. 그러므로 진화의 어느 단계에서부터 생물에게 마음이 생기는지, 그 불가능한 답을 고민할 것이 아니라 마음이라는 것의 진화론적이고 기능적인 측면을 생각해보자.

진화론은 모든 것을 적응의 관점에서 생각한다. 마음도 예외가 아니다. 생물이 생존하기 위해서는 환경으로부터의 정보 Information를 받아들여 그것을 처리Processing해야 한다. 진화의 어느 단계부터인가 신경계통이 발달해서 그 과정을 전담하기 시작하고, 인간에 이르면 복잡한 구조를 갖는 뇌가 완성된다. 그 결과로 생겨난 것이 인간의 의식이다.

잠자는 시간을 제외하면 우리는 늘 의식을 갖고 있기 때문에 의식은 우리에게 매우 친숙하다. 그래서 마음에 관한 인간의 이해도 의식에 대한 것에서부터 시작되었다. 무의식적인 현상들에 대한 생각은 훨씬 나중에 시작되었다. 그래서 우리에게는 아직도 무의식적인 현상들이 낯설고 신기하다. 정신분석의 주제도 무의식이고, 이 책에서 마르고 닳도록 이야기한 것도 무의식이다. 하지만 '우주적인' 관점에서 볼 때 무의식은 전혀 신기한 것이 아니다. 모든 생물이 갖고 있는 정보처리 과정이다. 오히려 정말 신기한 것은 의식이다.

숨을 쉬고 피를 돌리고 체온을 유지하고, 쓰레기를 먹지 않고 건물 옥상에서 뛰어내리지 않게 하는, 위험이 닥쳐오면 도망치거나 싸우게 하는, 새끼를 낳으면 지극정성으로 돌보게 하는, 생존과 번식에 필요한 거의 모든 것을 자동으로 처리하는 무의식에 비하면 의식의 역할이란 매우 작은 것이다. 게다가 이제껏 수없이 이야기한 것처럼 의식은 무의식의 지배를 받는다. 이렇게 보면 의식이라는 것은 별것 아닌 것처럼 보인다. 무력하고 수동적이고, 무의식이 흔드는 대로 흔들리는, 그런 것처럼 보인다.

하지만 인간의 인간다움은 의식에 있다. 극단적으로 특화된 뇌의 기능, 의식을 통해 인간은 자신의 무의식, 즉 자동으로 이루어지는 생명 현상에 능동적으로 개입하기 시작한 것이다. 그 개입 중 하나가 '마음'을 알고 조절하는 일이다. 프로이트는 무의식의 정체를 밝히고 그 중요성을 역설했지만, 뒤집어보자면 그로부터 의식의 반란이 시작된 것이다. 수동적으로 당하기만 하던 의식이, 마음의 관찰자가 되어 무의식을 들여다보고 간섭하기 시작한 것이다.

진화의 놀라운 선물 덕에 인간은 새로운 생물의 역사를 만들어가고 있다. 아직은 미미한 수준일지라도.

'우리'도 우리가 만드는 것이다

인간의 조건
네빌이 마주한 인간의 본질

아직 '나'에 미련이 남는가? 변하지 않는 나의 본질 같은 것이 있었으면 좋겠는가? 그렇다면 이번에는 '나'를 규정하는 '우리', 즉 인간에 대해 이야기해보자. 인간이란 무엇인지, 인간에게 본질 같은 것이 있는지.

좀비와 인간의 차이

〈나는 전설이다〉(2007)에는 두 가지 버전이 있다. 극장판과 달리 감독판에서는 주인공 네빌이 좀비들과 자폭하지 않는다. '그들'이 쳐들어온 이유가 여자를 구출하기 위해서라는 걸 알게 된 그는 여자를 얌전히 내어주고 제가 한 짓을 사과한다. 여자를 납치한 것뿐만 아니라 '그들'의 의사에 상관없이 '병'을 치료해서 '우리'로 되돌리려 한 것까지. 이 반전으로 감독은 관객에게 질문을 던진다. '우리'는 누구이고 '그들'은 누구인가?

외모가 변했다고 인간이 아니라 할 수 있는가? 그렇다면 사고를 당한 사람들은? 성질이 포악해졌다고 인간이 아니라 할 수 있는가? 뇌 손상을 입어도, 또는 정신질환에 의해서도 사람은 난폭해질수 있다. 비이성적인 존재가 되었다고 인간이 아니라 할 수 있는가? 정신지체나 치매에 걸린 사람들도 비이성적이긴 마찬가지다. 결국 DNA로 따져봐야 하는가? 인간과 인간이 아닌 것의 경계는 무엇인가?*

만일 바이러스에 의해 우성優性 변이가 일어난다면 어떻게 될 것인가? 힘도 세지고 머리도 좋아지고 마음씨마저 착해서 '우리'를 해치지도 않고 존중해주기까지 하는, 그런 '그들'이 생긴다면 어찌할 것인가? 그때는 기꺼이 그 바이러스를 받아들여 '그들'이 될 것인가, 아니면 결국 '우리'의 존속에 위협이 될 '그들'을 적으로 규정하고 싸울 것인가?

반대되는 생각도 해보자. 〈블랙〉(2005)의 주인공, 듣지도 보지도

* 원작소설은 한술 더 뜬다. '그들' 중 낮에도 돌아다닐 수 있고 이성적인 사고도 가능해서 이미 사회를 만든 자들이 생겼다. 그런 자들이 그렇지 않은 '그들' 즉, 좀비들을 제거한다. 자신들에게 위협이 된다는 이유로. 그리고 '우리'의 마지막 생존자, 전설이 되어버린(그래서 제목이 '나는 전설이다') 로버트 네빌도 결국 그들에게 제거된다. 인류는 멸망한 것인가? 새로운 인류가 탄생한 것인가? '그들'이 인간이든 아니든, 한 가지는 분명하다. 그들은 스스로를 '우리'라 부를 것이라는 것, 전설이 된 우리를 '그들'이라 부를 것이라는 것.

못하는 소녀 미셸이 인간이 아니라고 생각할 사람은 없다. 하지만 사하이 선생을 만나기 전의 그녀가 '우리'인가? 생물학적으로 인간이라는 것만으로 '우리'라 할 수 있는가? '우리'의 기준은 무엇인가?

옛날 사람들은 바보였을까?

좀비 이야기가 너무 극단적이라면 다른 이야기를 해보자. 신과 인간이 사랑과 증오로 뒤엉켜 함께 살던 시절이 있었다. 알에서 사람이 태어나고, 마늘 먹은 곰이 사람이 되던 시절도 있었다. 성검 엑스칼리버와 마법사 멀린의 시대도 있었고 마녀를 불에 태워 죽이던 시절도 있었다. 지금의 기준에서 보면 허황된 것들을 실제라 믿는 사람들이 대다수였던, 그런 때가 있었다. 어떻게 그럴 수 있었을까? 그때의 사람들은 바보여서? '우리'는 똑똑해서 그런 어리석은 믿음에서 자유로워진 걸까?

그들이 그런 걸 믿었던 가장 큰 이유는 물론 '우리'가 세상을 해석하는 시각인 자연과학이 발달하지 않았기 때문일 것이다. 태풍이 지나갈 때의 변화무쌍한 하늘을 보며, 순식간에 세상이 어둠에 잠기는 개기일식을 경험하며, 그들이 무슨 생각을 할 수 있었겠는가? 신이나 마법 같은 것 외에 무엇으로 해석이 가능했겠는가?

하지만 그것이 해석의 문제만은 아닐 거라는 가설을 나는 갖고 있다. 그들에게 '실제로' 신비한 일들이 일어났을 거라고 나는 상상한다. '우리'에게보다 훨씬 많이.

외상, 마음의 와해

우리가 감당할 수 없을 정도의 충격을 겪었을 때, 마음이 통상적인 방법*으로 적응하지 못하고 와해되는 현상을 정신분석에서는 외상Trauma이라 부른다. 외상은 생명의 위협을 느낄 정도의 위험에 처하거나, 직접 겪지는 않더라도 끔찍한 일을 목격했을 때 일어난다.

* 동화나 조정.

외상 상태에 있는 사람은 완전히 무기력한 상태가 되어 멍해질 수도 있고 불안이 너무 커 공황에 빠질 수도 있다. 이인증離人症, Depersonalization이라는 것이 생기기도 하는데, 이것은 갑자기 비현실적인 느낌이 들면서 주변이 낯설어 보이고, 나도 내가 아닌 것처럼 느껴지고, 내가 둘로 분리되어 하나의 내가 다른 나를 지켜보는 것 같은 느낌이 드는 현상이다. 외상을 겪은 후에는 플래시백Flashback이라는 것도 생긴다. 이것은 외상이 일어나던 당시의 어떤 장면을 반복해서 경험하는 현상인데, 현실과 구분이 힘들 정도로 생생하다. 이인증이나 플래시백은 그것을 경험하는 사람에게도 매우 낯설고 이상한 현상이다. 이런 현상을 겪으면 마음속에서 일어나는 일과 바깥세상에서 일어나는 일 사이의 구분이 어려워지고 혼란에 빠지게 된다.

다행스럽게도 21세기 대한민국에서 외상은 드문 일이다. 하지만 인간이 늘 이렇게 살았던 건 아니다. 걸핏하면 인간들은 세상을 지옥으로 만들었다. 백년전쟁이 말해주듯 살상과 폭력과 파괴가 일상인 적도 있었다. 그 와중에 유럽 인구의 80퍼센트가 페스트로 죽기도 하고 마녀사냥이란 허울로 사람을 불에 태워 죽이는 게 구경거리가 된 적도 있다. 그런 세상에서도 지금 '우리'가 외상이라 부르는 것이 드문 현상이었을까? 그렇지 않았을 것이다. 어쩌면 일상에 가까웠을지도 모른다. 이인증과 플래시백 같은 현상도 보편적인 경험이었을 수 있다. 만일 그랬다면 그때의 사람들은 마음이 만들어내는 것과 현실을 명확히 구분하지 못했을 것이다. 당연히 신비한 일이 많았을 것이다. 그런 사람들끼리 모여 살았다면 '우리'에게는 말도 안 되는 것들이 충분히 가능하지 않았을까?

'우리'는 환경에 의해 만들어진다

인간을 인간이게 하는 장기臟器, 뇌가 가진 놀라운 적응력 덕분에 인간은 환경에 따라 매우 다른 모습으로 살아간다. 대한민국에는 엄마의 내공(?)으로 만점짜리 토플 성적표를 받아오는 초등학생들이 있다. 반면에 아프리카나 남미에서, 말 그대로 내깔겨져 살아가는 아이들은 열 살도 안 되어 담배와 총질부터 배운다.* 대한민국 아이들과 그 아이들에게서 공통적인 '우리'를 찾을 수 있을까? 미셸이 사하이 선생을 만나지 않았다면 그녀는 원래의 모습으로 평생을 살았을 것이다. 그래도 그녀를 '우리'라 할 수 있을까?

인간의 아이들이 버려지지 않고 굶지 않고 병들지 않고 맞지 않

* 한쪽은 관리의 극치, 한쪽은 방치의 극치다. 토플 만점이 담배와 총질보다는 그래도 나아 보이기는 한다. 최소한 어디 가서 자랑은 할 수 있으니까. 아, 물론 엄마가.

고 강간당하지 않고 살기 시작한 것이 얼마나 되었을까? 그렇지 못했던 때, 지금보다 훨씬 더 인간이 인간을 함부로 대했을 때의 평균적인 사람들은 '우리'가 인격 장애라 부르는 '병'의 여러 특징을 갖고 있었을 거라고 나는 생각한다. '우리'보다 폭력적이고 다혈질이고 감정의 기복도 훨씬 심했을 것이다.* 그런 사람이 대다수인 때가 있었다면 그때의 사람들은 모두 인격 장애 환자였다고 말할 것인가?

* 문명이 사람을 비인간적으로 만든다는 건, 제 삶의 고단함을 환경 탓으로 돌려보려는 사람들의 순진한 믿음일 뿐이다. 인류학자들에 의하면 공통적인 언어가 발달하기 전까지의 사회에서, 서로 죽고 죽이는 일은 거의 일상이었다고 한다.

그때와 지금은, '우리'의 기준 자체가 다르다. 사람의 마음에 관한 한 정상과 비정상을 가르는 정해진 기준 같은 건 없다. 평균에서 얼마만큼 벗어나는지가 유일한 기준이다. 그리고 그 평균, 즉 대다수의 사람들이 어떤 모습인지는 환경에 의해 결정된다.

'우리'라는 것은 환경에 의해 만들어지는 것이다.

'우리'를 끌어내는 마법

외상이나 성격 이야기는 증명하기 쉽지 않은, 내 추측일 뿐이다. 하지만 환경이 '우리'를 만든다는 데에는 다른 예도 얼마든지 있다. 대표적인 것이 언어다. 언어는 '우리'에게 무엇을 봐야 하는지 가르친다. 에스키모에게는 일곱 가지 눈雪이 있고 우리말에도 많은 종류의 눈이 있다지만, 내 눈眼은 함박눈과 싸라기눈밖에는 구별할 줄 모른다. 언어는 무엇을 들어야 할지 가르친다. 한국 닭과 미국 닭은 다르게 운다. 언어는 무엇을 느껴야 할지 가르친다. '우리'에겐 '정情'과 '한恨'이 있고, 미국 사람에겐 'Attachment'와 'Resentment'가 있다.* 뉴기니의 구루룸바 족에는 '멧돼지가 된 상태'를 의미하는 단어가 있고, 그 상태가 된 사람은 정말 제가 멧돼지라 생각하며 날뛴다고 한다(황당한 이야기지만 '우리'의 신내림도 그들에게 황당해 보일 것이다). 언어는 어떻게 생각해야 하는지 가르친다. 볼 수도, 만질 수도 없는 무의식이 중요하다 하고, 남는다고 어디에 보관할 수도 없는 시간이라는 걸 아껴 쓰라 한다.

인간으로 태어났다는 것만으로 '우리'가 되는 건 아니다. '우리'가 되려면 수없이 많은 것을 배워야 한다. 아무거나 먹으면 안 되고 높은 데서 뛰어내려서도 안 되고 불에 손을 갖다 대서도 안 된다는 걸 배워야 한다. 줄 서는 법도 배워야 하고 어른에게는 존대를 해야 한다는 것도 배워야 한다. 가지고 싶다고 남의 것을 뺏으면 안 되고 화난다고 남을 때려서는 안 된다는 것도 배워야 한다.

더 까다로운 것들도 있다. 요령 있게 싸우는 법, 체념하는 법, 직면하는 법, 책임지는 법, 즐기는 법, 사랑하는 법, 스스로를 위로하는 법, 스스로를 통제하는 법을 모두 배워야 한다. 바랄 수 있는 마음과 바라지 않을 수 있는 의젓함을 모두 갖추어야 한다. 남을 존중하면서도 내 몫을 챙길 줄도 알아야 한다. 무조건 남 탓도, 무조건 내 탓도 하지 않을 수 있어야 한다. 내 삶의 문제를 남에게 전가하지 않는 법도 배워야 한다.

사하이 선생이 한 일은 미셸에게 말과 글과 지식을 가르친 것이 아니다. 그는 미셸을 '우리'로 만들었다. 그의 말대로 그건 교육이 아니라 마법이다. 한 생명에게서 '우리'를 끌어내는 마법. 또는 한 생명을 우리에게 데려오는 마법. 대부분의 경우 그 마법은 부모에 의해 일어난다. 그런데 어떤가? 모든 부모가 같은 마법을 사용할 것 같은가? 언제 싸워야 하는지, 어떻게 남을 존중하는지 모든 부모가 똑같이 가르칠 것 같은가? 모든 부모가 직면할 줄 알고 사랑할 줄 알 것 같은가?

'우리'라는 것은 특정한 사회적 맥락에서 특정한 사람에게 배워서 만들어진다. 그나마도 사람들이 생각하거나 희망하는 만큼 공통적인 '우리' 같은 건 존재하지 않는다. 우리는 우리가 알고 있는 것보다 훨씬 서로 다른 존재들이다.

인간에게 본질 같은 건 존재하지 않는다. 그건 허구일 뿐이다. '나'와 마찬가지로. 인간이 어떤 존재인지는, 어떤 존재일 수 있고 어떤 존재인 것이 바람직한지는 정해져 있는 것이 아니다. 지금 이곳에 살고 있는 우리가 서로 의논해서 만들어가는 것이다. 정해진 '우리'에 대한 집착은 생산적인 의논을 방해할 뿐이다.

'우리'와 정신분석

정신분석이 듣는 비난 중 하나는 보수적이라는 것이다. 좀 더 거창하게 표현하면 '체제 수호적'이라는 비난이 정신분석에 가해진다. 이런 비난에는 두 가지 이유가 있다고 생각한다. 첫 번째 이유는, 많은 사람들이 정신분석의 전부라고 오해하고 있는 프로이트의 이론 때문이다. 그의 이론은 분명히 남성 우월주의의 시각을 갖고 있다. 그 시각에 대한 비판은 합당하다. 하지만 프로이트의 시각이 곧 정신분석의 시각은 아니다.

두 번째 이유는, 정신분석이 적응을 강조한다는 데 있다. 치료로서의 정신분석은 분명히 그렇다. 예를 들어, 학교를 못 다니는 아이가 학교에 다닐 수 있게, 직업을 못 갖는 사람이 일을 할 수 있게, 현실을 못 견뎌 죽음을 생각하는 사람이 현실을 받아들일 수 있게 하는 것이 치료로서의 정신분석이 목표로 하는 것임에는 틀림이 없다. 한마디로 말하자면 '주어진 현실'에서 한 인간이 '적응적으로' 자신의 잠재력을 발휘하며 '행복하게' 살 수 있게 되는 것이 정신분석의 목표다. 이렇게 써놓으면 과연 '체제 수호적'인 듯하다.

하지만 아무 생각 없이 현실에 만족하며 사는 사람을 양산하는 것이 정신분석의 목표는 아니다. 현실에는 분명히 수많은 문제가 있다. 그런 문제를 부인하며 세상은 아름다운 것이라는 자기최면에 빠져 사는 건 정신분석의 지향점이 아니다. 그걸 행복이라 정의하지도 않는다. 세상이 이 모양인데, 건강한 사람이라면 어떤 식으로라도 세상을 바꾸려는 노력을 하는 것이 당연하지 않겠는가?

정신분석이 지향하는 적응은 현실 안주가 아니다. 인간의 역사가 지속되는 한 세상은 바뀌어가야 한다. 다만, 그것이 구체적인 한 사람의 문제가 되었을 때, 정신분석은 그 사람의 동기에 대해 질문을 던진다. 왜 바꾸려 하는가? 물론 현실의 불합리함 때문이겠지만, 그 안에 해결되지 않은 적개심이 있는 것은 아닌지, 변화를 핑계로 화풀이를 하려는 것은 아닌지 묻는다. 세상의 문제를 인식하는 것과 세상을 증오하는 것은 다른 문제다. 마음속에 미움이 있어야 싸울 수 있다고 생각하는 사람이 많지만 그건 사실이 아니다. 밉지 않아도, 마음의 여유가 있어도 얼마든지 싸울 수 있다. 더 잘 싸울 수 있고 즐겁게 싸울 수 있다.

적응이라는 개념에는 '우리'가 포함되어 있다. 한 사람의 문제로 봤을 때, 정신분석은 그 사람을 '우리' 중 한 명으로 만들려고 한다. 하지만 그 '우리'는 인간에게 본질 같은 것이 있다고 믿는 사람들이 생각하는, 구체적인 내용을 갖는 '우리'가 아니다. 정신분석의 '우리'는 매우 광범위하다. 대부분의 사람들이 상상하는 것보다도 훨씬 더.

정신분석은 사람들에게 어떻게 살라고 말하지 않는다. 왜 그렇게 사는지 물을 뿐이다. 어떤 모습이 좋다고 말하지 않는다. 지금의 모습에서 모순과 갈등을 찾아낼 뿐이다. 어떤 모습이든 편한 모습이면 정신분석은 지지한다. 어떤 모습이든 불편하고 부자연스러운 모습이면 정신분석은 질문을 던진다. 선택은 각자의 몫이다.

정신분석은 체제의 수호자인가? 그렇지 않다. 정신분석은 아무 것도 지키려 하지 않는다. 정신분석은 변혁을 꿈꾸는가? 그렇지도 않다. 정신분석은 아무 꿈도 꾸지 않는다. 다만 당신에게 묻는다. 무얼 왜 지키겠다는 건지, 또는 무얼 왜 바꾸겠다는 건지.

_⟨나는 전설이다⟩(2007)

마음을 대하는 태도

1

어찌 보면 평범한 우리 모두의 엄마, 달리 보면 무서운 범죄자인, 그 〈마더〉(2009)에 대해 이야기해보자. 그 엄마의 행동을 용서할 수 있는가? 사람을 죽이고 남의 자식에게 누명을 씌운 그 행동을? 하지만 그 엄마의 마음을 비난만 할 수 있는가? 제 배로 낳은 새끼에 대한 죄책감과 연민, 그 두려움을?

사람의 마음이란 그런 것이다. 무모한 것, 위험한 것, 자칫 삐끗하면 '우리'가 '몬스터'가 될 수 있는, 그런 것이다. 비합리적인 것, 상식적으로는 공존할 수 없는 모순이 버젓이 같이 들어 있는 것이다. '숭고한 모성애'와 '사이코패스의 마음'이 종이 한 장 차이로 갈릴 수 있는, 그런 것이다. 그리고 무엇보다도 복잡하기 이를 데 없는 것이다.

그만큼 조심스럽게 다루어져야 할 것이다. 그 안에 무엇이 있어도 존중받아야 할, 마음이란 그런 것이다. 하지만 동시에 어느 한 곳이라도 마냥 덮어두기만 해서는 안 되는, 말썽을 부리고 있다면 아파도 열어젖히고 들여다봐야 하는, 그런 것이기도 하다. 그것이 마음을 다루는 올바른 방법이다.

많은 이야기를 했지만, 사람의 마음을 제대로 그려내기에는 턱없이 부족하다. 그러므로 이 책을 읽고 코끼리의 다리 정도는 봤으리라고 생각하지는 마시길 바란다. 다리는커녕 발톱도 보여드리지 못했으니.

다만, 경외심 어린 호기심이 생기셨으면 한다. 인간을 인간답게 하는 것, 또는 인간밖에 안 되게 하는 것, 마음에 대해서.

2

잘 알겠는데 그래서 어쩌라는 거냐고 묻고 싶으실 것 같다. 간단한 답이 있다면 벌써 말했을 것이다. 입이 간지러워서 어떻게 참겠는가. 그렇다고 인간이란 그런 것이니 어쩔 수 없다 생각하고 그냥 살자는 뜻은 아니다. 정신결정론에 대한 이야기에서 언급했듯이, 정신분석에서 말하고자 하는 것은 숙명을 받아들이자는 것이 아니다. 마음을 알면 미래를 바꿀 수 있다는 것이 정신분석의 생각이다. 마지막 장에서 언급했듯이, 인간이 무엇이라는 것 또한 정해져 있지 않다. 우리가 만들어가는 것이다.

"어떻게?"

그게 문제다. 그 '어떻게'가 없는 건 아니지만, 간단히 말할 수 있는 게 아니라는 것이.

자신의 마음을 깨닫고 바꾸는 방법에 대한 이야기는 치료로서의 정신분석에 대한 이야기로 이어질 수밖에 없다. 애초에 정신분석이라는 학문 자체가 치료 방법으로 출발한 것이기도 하다. 그러므로 정신분석에 대한 이야기를 하면서 치료 이야기를 배제한다는 것 자체가 어불성설일지도 모른다.

사실, 이 책에 대한 아이디어가 처음 떠오른 것은 〈매트릭스〉를 봤을 때였다. 그 스타일리시한 SF영화가 정신분석의 세계관과, 치료 또는 깨달음의 과정에 대한 이야기를 풀어나가는 훌륭한 재료가 될 수 있겠다는 것이 영화와 정신분석을 엮어보자는 생각의 출발점이었다. 그 글을 쓰면 사람의 마음이 바뀌는 것이 어떤 과정이라는 이야기를 할 수 있을 것 같았다. 〈굿 윌 헌팅〉에서 왜 윌이 숀에게는 마음을 열었는지, 그의 치료는 어떤 과정을 거쳤는지, 치료에 대한 사람들의 로망, "It's not your fault(네 잘못이 아니다)."와 실제 치료는 어떻게 다른지 등을 설명하는 글도 머릿속에 있었다.

하지만 막상 써놓고 보니, 마음을 깨달아가는 과정에 대한 글은 아직 무리라는 게 느껴졌다. 그 복잡하고 미묘한 과정을 설명할 수 있는 언어가 아직 내겐 없다.

더구나 치료에 대한 글은 오해와 환상을 부추기기 십상이다. 글을 읽는 것은 사람이 아니라 사람의 마음이기 때문이다. 마음은 모든 것을 바꾼다. 글도 예외일 수 없고, 마음의 치료에 대한 글은 더욱 그렇다. 치료는 길고 지루하고, 때로는 고통스러운 작업이라고 아무리 강조를 해도 사람들은 그 안에서 "It's not your fault."와 따뜻한 포옹을 찾아내려 한다.

　치료에 대한 이야기는 황홀한 신세계임이 분명하지만 곳곳에 낭떠러지와 함정이 도사리고 있는 위험한 영역이다. 치료를 업으로 한다는 사람들조차 정신분석의 여러 개념을 잘못 알고 있는 경우가 많다. 그들 또한 마음을 갖고 있기 때문이다. 그래서 보고 싶은 것만 보고 듣고 싶은 것만 듣는다.

　난해하고 모호한 정신분석의 특성이 사람들의 환상을 더욱 자극한다. 그래서 때로 정신분석은 종교가 되고 이념이 된다. 치료의 영역으로 오면 더욱 그렇다. 그 환상에 얇은 책 한 권의 무게라도 더 얹고 싶지 않고, 그래서도 안 된다고 생각한다. 따라서 치료 이야기는 빼기로 했다.

　한 방울 한 방울 '말'이 스며 나와 내 안에 지금보다 훨씬 깊게 차오르고, 그것이 또 단단하게 여물어서, 치료로서의 정신분석에 대한 이야기를 남 앞에 내놓을 만큼 명확한 글로 쓸 수 있는 날이 올지…… 잘 모르겠다.

　지금으로서는 이렇게밖에 말할 수 없다. 많이 느끼고, 많이 생각하시라고. 존중과 의심이 공존하는 눈길로 마음이라는 것을 늘 들여다보시라고. 들여다보고 있을 때도, 정말 들여다보고 있는 것인지 의심해 보시라고.

마음은 호락호락한 것이 아니니.

당신은 마음에게 속고 있다

첫판 1쇄 펴낸날 2011년 5월 20일
9쇄 펴낸날 2023년 11월 30일

지은이 최병건
발행인 김혜경
편집인 김수진
편집기획 김교석 조한나 유승연 문해림 김유진 곽세라 전하연 박혜인 조정현
디자인 한승연 성윤정
경영지원국 안정숙
마케팅 문창운 백윤진 박희원
회계 임옥희 양여진 김주연

펴낸곳 (주)도서출판 푸른숲
출판등록 2003년 12월 17일 제2003-000032호
주소 서울특별시 마포구 토정로 35-1 2층, 우편번호 04083
전화 02)6392-7871, 2(마케팅부), 02)6392-7873(편집부)
팩스 02)6392-7875
홈페이지 www.prunsoop.co.kr
페이스북 www.facebook.com/prunsoop   인스타그램 @prunsoop

©최병건, 2011
ISBN 978-89-7184-855-5(03180)